내 아이,
신앙이면 충분하다

이철승 지음

기독교문서선교회

기독교문서선교회(Christian Literature Crusade: 약칭 **CLC**)는 1941년 영국 콜체스터에서 켄 아담스에 의해 시작되었으며 국제 본부는 영국의 쉐필드에 있습니다.

국제 CLC는 59개 나라에서 180개의 본부를 두고, 약 650여 명의 선교사들이 이동도서차량 40대를 이용하여 문서 보급에 힘쓰고 있으며 이메일 주문을 통해 130여 국으로 책을 공급하고 있습니다.

한국 CLC는 청교도적 복음주의 신학과 신앙서적을 출판하는 문서선교기관으로서, 한 영혼이라도 구원되길 소망하면서 주님이 오시는 그날까지 최선을 다할 것입니다.

MY CHILD, FAITH IS ALL HE NEEDS

by
Chul Seung Lee, Ph. D.

Korean Edition
Copyright © 2012 by Christian Literature Crusade
Seoul, Korea

이 시대의 고뇌하는
크리스천 부모에게 드립니다.

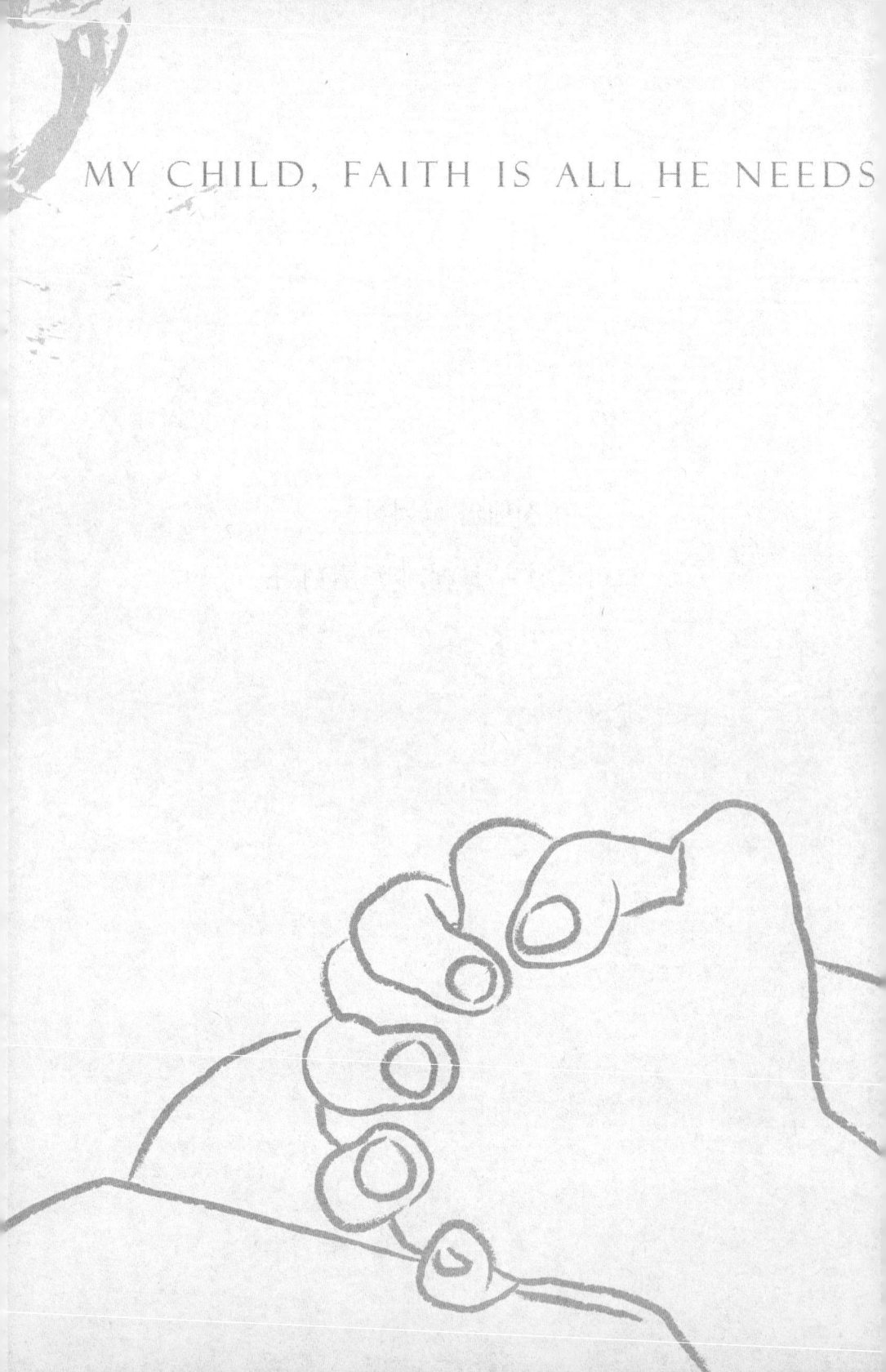
MY CHILD, FAITH IS ALL HE NEEDS

추천사 1

정정숙 박사
신학·목회상담학박사, 총신대학교 명예교수

한국 사회의 교육열은 세계가 인정할 정도로 높다. 그러나 이러한 교육열이 정도를 벗어나 교육에 대한 사회적 문제로 제기되고 있는 실정이어서 그 심각성이 더하여 가고 있다. 이러한 현상이 교회 안에도 들어와서 신앙교육은 뒷전이 되고 학교 성적 위주의 교육이 주류를 형성하고 있어서 가정이나 교회에서의 신앙교육은 위기 상황을 맞고 있다.

답답한 우리의 현실 속에서 한 줄기 희망의 빛이 켜졌다. 이철승 박사가 저술한 『내 아이, 신앙이면 충분하다』라는 책을 통하여 우리의 현실에 대한 과감한 도전의 메시지를 보내고 있고, 희망의 불꽃을 지피고 있다.

저자는 본서를 통하여 다음과 같은 중요한 메시지를 전하고 있다.

첫째, 신앙교육이란 방법이 아니고 본질이다. 이것은 신앙교육의 중요성을 강조하는 것으로서 우리가 귀담아 들어야 할 주제이다.

둘째, 자녀의 무기는 신앙이다. 자녀들의 교육과 성장을 위해서는 영적 성장이 무엇보다 중요한데 그 성장을 위한 무기는 바로 신앙이라는 사실이다. 자녀의 공부나 다른 활동이 신앙을 바탕으로 해서 이루어져야 하는데 이것이 바로 기독교 세계관을 우선적으로 정립하는 것이다.

셋째, 신앙교육을 시키는 것은 교회학교의 교사가 아니라 부모의 책임이다. 신앙교육으로 자녀를 세우기 위해서 부모의 모범이 필요하고 부모가 모델이 되어야 한다는 점을 강조한다.

추천자는 위기의 신앙교육을 기회의 신앙교육으로 만들자는 저자의 희망의 메시지에 박수를 보내며 부모들에게 귀한 격려의 책이라고 믿어 추천하는 바이다.

추천사 2

류응렬 박사
신학박사, 총신대학교 신학대학원 설교학 교수

참사랑하고 존경하는 이철승 교수의 책을 추천하게 되어 기쁘게 생각한다. 아이들이 우상이 되고 다음 세대를 말할 때마다 위기라는 단어가 떠오르는 시대가 되었다. 십대의 임신과 가출이 낯선 얘기가 아니고 청소년 범죄와 자살이 일과처럼 들려지는 현실을 바라보며 한탄의 소리는 높지만 해결책을 찾지 못하는 질풍의 시대에 본서는 신앙이 유일하고 진정한 해답이라고 명쾌하게 결론을 짓는다. 저자의 외침은 체계적인 이론과 실천적인 방법이 조화를 이루어 책을 읽는 사람들에게 자녀교육이라는 목적지를 향한 성경적인 이정표를 제시한다.

신앙으로 바르게 교육하여 하나님과 세상 앞에 자랑스런 아이로 키우고 싶은 마음이 없는 부모가 어디에 있겠는가? 어떻게 성경을 사랑하고 하나님을 경외하고 예수님을 신뢰하는 신앙적인 아이를 키워낼 것인가? 고민의 깊이만큼 현실은 어둡게 보인다. 십대가 성년이 되면서 교회를 떠나고 신앙을 버리는 비율이 절반이 넘는다. 사실 그들은 신앙을 버리는 것이 아니라 교회를 다녔지만 예수님을 모른 채 종교생활을 했을 뿐이다. 교회를 다니는 것과 예수님을 만나고 신앙을 가지는 것은 별개의 일이기 때문이다. 교회의 체계적인 신앙훈련이 없는 것도 문제지만 더 근본적인 이유는 부모가 충실하게 신앙교육을 하지 못한 데서 발견된다.

저자는 부모보다 더 위대한 스승이 없으며 가정보다 더 좋은 학교가 없다는 것을 강조한다. 자녀교육에 가장 확실한 모델이 부모라는 것을 지적하면서 부모님이 아이들의 신앙 인격과 영성 그리고 삶의 모든 면에서 모델이 되기를 촉구한다. 부모가 신앙교육을 제대로 하지 않는 것을 직무유기라고 저자가 외치는 이유는 그것이 하나님이 부모에게 지상에서 맡겨주신 가장 위대한 사명이기 때문이다. 이런 점에서 본서는 아이들의 교육을 위한 지침서이기도 하지만 부모님의 신앙을 촉구하는 도전서라고 말할 수 있다. 아이들을 바르게 가르치기 위한 고민은 부모님의 신앙을 바르게 세우는 데서 근본적인 해답을 찾기 때문이다.

신앙교육은 하나님의 지엄한 명령이며 생명을 바쳐야 할 사명이다. 한국교회의 미래와 하나님 나라의 내일이 다음 세대에 달려 있다. 가정과 사회를 바꾸고 세상을 변화시킬 미래의 주역인 자녀들을 꿈꾸는 분들이라면 본서를 통하여 먼저 자신의 변화를 경험할 것이다. 부모의 변화는 자녀를 신앙으로 세우는 시작이 될 것이다. 그때 우리는 하나님이 빚어가실 새로운 가정과 거룩한 나라를 꿈꾸게 될 것이다.

시작하는 글

내가 교육에 대한 관심을 가지게 된 것은 신학공부를 하면서부터이다. 그 가운데 교회라는 교육의 장은 특별한 관심 분야였다. 열정적으로 최선을 다해 아이들을 만나고 가르쳤다. 작은 영혼들이 큰 사람으로 변화하면서 영적으로 성숙해지는 모습을 보는 것은 그야말로 최고의 기쁨이었다. 내가 공부하고 경험한 지식을 나누기 위해서 공부를 마친 후 제일 먼저 한 일은 『교회교육의 회복』이라는 책을 저술한 것이다. 그리고 그 이후 가정사역을 하면서 부모를 바로 세우는 일과 자녀들에 대한 신앙교육이 무엇보다도 절실함을 알게 되었다. 내가 만난 각 가정들은 나에게 신앙교육에 대한 중요한 도전과 깨달음을 주었다.

본서는 나의 다음 세대를 위한 탐구의 걸음이며, 부모들을 향한 외침이며, 신앙교육을 위한 새로운 도전이다. 한 가정이 세워지고 자녀들이 출생하고 부모가 되기 위한 준비 없이 막연한 기대감에서 직면하는 자녀교육은 상상 그 이상이었다.

부모는 아이가 태어나게 되면 누구를 닮았을까? 신체적으로 이상은 없을까? 아이가 커서 무엇이 될까? 내 아이의 인생은 어떻게 될까? 아이에 대한 기대감과 소망 그리고 기쁨이 가득하다. 그러나 이런 소망과 기쁨은 아이가 자라면서 무엇을, 어떻게 가르쳐야 하는가 하는 현실의 벽에 부딪치기 시작한다. 이때 부모는 어찌해야 할 지 몰라서 방황하고 마음먹은 대로 되지 않아서 슬픈 감정을 경험한다. 내가 아이에게 하는 일이 무엇인지, 내가 아이를 가르치는 목적이 있는지를 생각하게 되면 눈앞이 캄캄해 온다.

부모라면 당연히 자녀에게 무엇인가를 기대하게 된다. 좋은 교육을 받게 해주려고 하고, 좋은 사람을 만나서 도전을 받기를 바라고 좋은 학교에 들어가고, 좋은 직장을 구하고, 좋은 사람을 만나 행복한 가정을 이루기를 원한다. 그러나 그것보다 더 큰 소망이 있어야 한다.

본서를 통하여 신앙교육에 대한 중요성을 일깨워주고 자녀의 영적 성장이 최상, 최고의 가치임을 믿게 하고 싶다. 자녀교육에 관심 있는 부모라면 자녀교육에 관련된 책 몇 권 정도는 가지고 있거나 읽었을 것이다. 그리고 그 책에서 말하는 방법을 아무런 고민이나 적절성에 대한 고려가 없이 내 아이에게 시도해 볼 것이다. 결과는 또 다른 갈증만 남는다. 여전히 자녀와 갈등하고 있으며 교육의 문제는 풀 수 없는 수수께끼처럼 남아 있다. 다른 사람의 성공담이 나에게는 왜 적용이 안되는 것일까? 이게 무슨 말인가? "방법은 방법일 뿐이다"라는 것이다.

하나의 원리에 의해 도출된 방법은 보편성이 아닌 그 나름대로의 특수성을 지니고 있다. 모든 가정에서 적용될 수는 없다는 것이다. 그럼에도 부모들은 자녀교육에 당장 필요한 방법을 요구한다. 뭔가 눈에 번뜩이는 획기적이고 쇼킹한 방법을 갈망하고 있다. 오늘도 여전히 한순간에 내 자녀의 신앙교육 문제를 해결할 만한 그 무엇인가를 찾아 순례를 떠나고 있다. "조금만 더 참고 기다려보세요, 조금만 더 노력해 보세요"라고 하면 "나는 인내할 만큼 했고 노력할 만큼 했어요"라고 대답하면서 급하게 무엇인가를 할 수 있는 것을 원한다. 부모가 가진 이 욕구는 당연하다. 채워주고 싶은 마음도 있다. 그러나 잠시 갈증을 해소할지 모르지만 근본적인 갈증은 여전히 남아 있게 된다.

신앙교육은 방법이 아니라 본질이다

신앙교육이라고 하는 것은 하나의 방법이 아니다. 신앙교육은 원리요, 그 원리에서 기도와 고민의 과정에서 나타나는 새로운 창조의 과정이다. 부모인 나와 내 자녀와의 사이에서 일어나는 창조의 과정이다. 성경적 원리와 실제가 서로 어우러지고 부모와 아이, 기도와 성령의 도우심 그리고 각 가정이 지닌 독특한 상황과 가치관에 따라 만들어내는 창조성이다.

따라서 본서에서는 자녀의 신앙교육을 이야기하면서 하나의 방법을 제시하는 많은 서적처럼 하나의 통일된 모델과 방법론을 제시하지 않는다. 그 이유는 그 모델이나 방법 역시 어느 한 가정의 이야기일 뿐 모두의 모델과 방법은 되지 못하기 때문이다. 우리는 다르다. 가족 구성원이 다르고, 자녀의 기질과 성격, 관심과 가치관, 학습태도와 인지능력, 성장과정에서 받는 상처와 아픔, 반응과 집중력이 다르다. 그리고 부모의 가치관과 가정의 환경, 부모의 마음과 태도, 관심도와 사랑, 표현 방법, 부모가 지닌 내면의 상처 등 모두 다르다.

또한 각 가정마다 독특한 분위기와 전통이 있다. 사람에게 각자의 DNA가 있듯이 가정에도 다른 가정에서 찾아볼 수 없는 것들이 있다. 그런 의미에서 자녀교육에서 성공의 이야기를 담은 하나의 방법이나 모델은 오히려 부적절한 것이다.

그러므로 본서는 부모들이 자녀교육에 대하여 하나의 획기적이고, 획일적인 방법이나 요구하는 기술을 충족시켜 주려는 목적으로 저술되지 않았다. 본서는 좀 더 근원적인 것을 말하고, 도전을 주며, 거기에서 부모와 자녀의 관계가 하나님의 창조 역사처럼 새로운 각 가정의 신앙교육이 창조될 수 있는 원리와 실제를 제공하려고 하였다. 유대인 격언에,

> "만일 눈앞에 천사가 나타나 토라의 모든 것을 가르쳐 준다 해도 나는 거절할 것이다. 배우는 과정이 배움의 결과보다 훨씬 더 중요하기 때문이다."

라는 말이 있다. 이는 배우는 과정의 중요성을 말하고 있다. 배움이라는 것은 곧 부모와 자녀 사이에서 이루어지는 하나의 창조의 과정이다.

신앙교육은 한 아이가 태어나서 부모의 품에 안기어 길러지고 독립적인 인격체로 자라나서 부모의 곁을 떠나 하나님이 허락하신 또다른 가정을 이루기까지의 과정을 말한다. 이 과정에서 부모와 자녀에게 성령의 도우심을 통한 창조의 과정이 이루어지게 된다. 신앙교육은 결과와 성공에 대한 방법이 아니다. 신앙교육은 성공한 자녀를 만들고자 하는 고민이 아니다. 신앙교육은 하나님의 자녀로 세워가는 영적 교육이다. 부모가 바라기를 내 자녀는 오로지 세상에서 출세

하기만을 원하지 않는다면, 진심으로 내 자녀가 하나님의 자녀가 되기를 갈망한다면, 내 자녀가 예수님의 심장을 가지고 자라나서 하나님께 쓰임받기를 원한다면, 내 자녀가 불의에 대해 저항할 수 있고 세상의 타락과 당당하게 맞설 수 있는 자가 되기를 원한다면, 그런 분에게 분명 본서의 원리와 실제는 도전이 될 것이다. 그런 분들에게는 분명 본서를 통하여 신앙교육에 대한 하나의 작은 도전과 다음 세대를 위한 소망의 물결이 될 것이다.

본서의 또 다른 특징은 성경을 근거로 한 신앙교육을 위한 중요성과 이론을 제시할 뿐만 아니라 실제 가정 사역을 통한 경험과 한 가정의 아버지로서 자녀들을 키우면서 깨달은 진리와 경험이 담겨 있다. 그러나 이것 역시 부모 스스로가 창조적인 신앙을 교육하는데 조그마한 힌트나 도움이 되는 도구일 뿐 유일한 방법이 아니다.

내 자녀의 가장 큰 무기는 신앙이다

나는 내 아이들이 가지고 있는 가장 큰 무기는 돈도 아니고, 재능도 아니고, 탁월한 유전자도 아니라고 생각한다. 내 아이들이 잘 성장하였다는 것은 공부를 잘해서가 아니다. 무엇보다도 그들이 하나님을 알고, 두려워하고, 스스로 신앙을 고백하면서 자신들의 인생을 철저하게 하나님께 의지하면서 살고 있다는 것이다. 대학생이 된 큰아이가 하나님이 주신 기회로 외국으로 유학을 떠날 때에 주변의 많은 분들이 걱정이 되지 않느냐고 물어왔다.

"형편도 어려운데, 먼 외국인데 어떻게 혼자 보내세요?"
"더군다나 딸인데 염려되지 않으세요?"

부모가 집을 떠나 먼 타국에서 생활하는 자녀가 걱정이 되지 않는다면 이상할 것이다. 그런데 그 이상함이 우리 부부에게 있었다.

그렇다면 걱정이 되지 않았던 이유가 무엇일까? 돈이 많아서일까? 아니다. 출발할 당시에 악조건이었다. 그러면 아이가 탁월해서일까? 환경이 좋아서일까? 아니다. 대답은 단 하나이다. 상투적으로 들릴지 모르지만 그동안 씨름해왔던 신앙교육 때문이었다. 딸은 중학교 때부터 QT를 하면서 스스로 자신의 문제와 씨름하며 그 해답을 하나님의 말씀에서 찾는 훈련이 되어 있었다. 스스로 자신의 신앙을 점검하면서 하나님께 나아갔고, 진로를 찾지 못해 고민할 때에 자신의 진로를 위해 하나님께 질문하고 기도하면서 영적 씨름을 했었던 아이다. 어려울 때나 기쁠 때에나 감정과 이성 그리고 삶의 중심은 늘 신앙이었다. 그러니 전혀 걱정할 필요가 없었다. 헤어져도, 먼 길을 떠나도 부모와 딸 사이에는 공통분모가 있었다. 그것은 하나님이 기르시고, 하나님이 인도하시고, 하나님이 지켜 주실 것에 대한 믿음이었다. 이것이 신앙교육을 통해 다져진 서로에 대한 신뢰였다.

어떤 부모는 아이들이 자라나서 자연히 신앙을 가지게 될 것이라고 생각한다. 철이 들면 스스로 믿음을 선택할 것이라고 믿는다. 그래서 신앙을 강요하지 않는다고 말한다. 그러면서 아이들의 공부, 친구관계, 놀이방식, 진로에 대한 것, 입고 먹는 문제에 대해서는 영향력을 행사하려고 한다. 자녀들에 대한 영향력 행사에서 더 나아가서 지배하려고 한다. 이런 부모의 모습은 하나님 앞에 무책임한 것이며 이중적인 태도이다.

부모가 신앙을 가르치지 않는 것은 직무유기이다

　부모가 자녀에게 신앙을 가르치는 것을 무시하거나 소홀히 하는 것은 불의와 분쟁과 이기심과 어두움과 유혹과 간사함과 약육강식의 세상 속에 자녀를 방치하는 것과 같다. 태도와 가치관, 신념이나 바른 성품은 자녀가 자란 후 기다렸다가 가르치거나 저절로 형성되는 것이 아니다. 어릴 때일수록 자녀에게 성경과 대면하는 것을 즐기도록 해야 하며, 바른 인격을 가지고 영적 진리에 마음을 열고 받아들일 수 있도록 인도해야 한다. 신앙을 가르치지 않는 것은 아이의 인생을 모래 위에 세우는 것과 같다.

> [24]그러므로 누구든지 나의 이 말을 듣고 행하는 자는 그 집을 반석 위에 지은 지혜로운 사람 같으리니 [25]비가 내리고 창수가 나고 바람이 불어 그 집에 부딪치되 무너지지 아니하리니 이는 주추를 반석 위에 놓은 까닭이요 [26]나의 이 말을 듣고 행하지 아니하는 자는 그 집을 모래 위에 지은 어리석은 사람 같으리니 [27]비가 내리고 창수가 나고 바람이 불어 그 집에 부딪치매 무너져 그 무너짐이 심하니라(마 7:24-27).

　모든 것이 신앙의 힘이다. 오직 신앙만이 우리 자녀를 반석 위에 세울 것이다. 신앙은 부모로 하여금 확신을 갖게 할 것이고, 자녀에게는 자신의 인생을 신뢰하면서 나아가게 할 것이다. 신앙은 긍정적인 동기를 갖게 하며 분명한 목적의식을 가지고 세상으로 나아가게 한다. 신앙은 넘어져도 일어서며, 비가 내려도 떠내려가지 아니하며, 바람이 불어도 무너지지 아니하며 유혹이 있어도 이기게 한다. 신앙은 부모와 자녀, 서로의 영혼과 삶을 춤추게 한다. 신앙은 부모로 하여금 자녀를 망망대해로 떠나보내어도 두렵지 않게 한다. 자녀는 배우고 본 바를 행할 것이고 하나님이 함께 하시는 것을 확신하기 때문이다.

> 너희는 내게 배우고 받고 듣고 본 바를 행하라 그리하면 평강의 하나님이 너희와 함께 계시리라(빌 4:9).

부모와 자녀가 떨어져 있더라도 삶의 사고방식은 동일하다. 신앙을 축으로 하여 움직여진다. 신앙으로 살아간다. 신앙이 있으면 평강의 하나님이 함께 계시기 때문에 두려움이 없는 것이다. 미지의 땅에서도 마음껏 항해하도록 한다. 풍랑이 일어도 두려워하지 않는다. 신앙은 인생의 파도가 크면 클수록 선장되신 주님을 의지하게 한다.

만약 부모가 신앙교육을 통하여 자녀의 성공, 세상의 평판과 부를 이루는 것에 초점을 둔다면 신앙 교육의 진정한 위대함을 보지 못할 것이다. 하나님과의 수직적인 관계와 세상과의 수평적인 관계는 잃어버리게 될 것이다. 자녀에 대한 소망보다는 절망이 더 클 것이다. 신앙교육은 어느 누가 가져다주는 방법을 적용하는 것이 아니라, 자신의 죄인 됨을 깨닫고 자녀의 어리석은 모습을 보면서 부모와 자녀가 함께 깨닫고 적용하며 실천하고 하나님 앞에 같이 서서 성경의 원리를 가지고 인생의 해답을 찾아가는 것이다.

"내가 죄인이고, 나의 아이도 죄인이었다. 주님 앞에 같이 나아가 긍휼을 입어야하고, 함께 자라 가야 한다는 걸 실생활 가운데 깨닫고 적용하는 법을 배웠다. 아이의 문제행동과 말을 고치기 위해 다른 사람이 만들어 놓은 정답이나 방법을 찾으려고 노력하기보다는 삶 가운데 나의 말과 행동, 생각, 신앙 등 나의 모습을 들여다보는 연습을 하게 되었다. 살면서 겪게 되는 여러 상황과 사건을 통해 주님 앞에 가까이 나아가기 위해 몸부림쳤고, 나를 변화시키기 위한 노력을 하다 보니 아이가 보이고, 내가 보였다. 내가 조금 달라지니 어느새 아이도 달라진 것을 느낄 수 있었다."

이것이 신앙교육이다. 이것이 신앙교육하는 태도이다. 이 원리와 태도를 위해 우리는 먼저 자녀와 자신에게 다음의 질문들을 던지고 정직하게 답해야 한다.

"진정 내 아이가 다른 어떤 것보다 하나님이 누구이신가에 대해 알아가는 일에 관심을 가지는가?"
"내 아이가 예수 그리스도가 누구이신가에 대해 질문을 하는가?"
"내 아이가 예수 그리스도가 나의 구주가 되심에 관심을 가지고 있는가?"
"내 아이가 성경말씀을 자신의 삶에서 적용하려고 하는 태도를 보이는가?"
"내 아이가 어려울 때에 예수님을 의지하는 모습이 있는가?"
"내 아이가 하나님과 교통하는 모습이 보이는가?"
"내 아이가 하루하루 주님을 만나려고 하는 몸부림이 있는가?"
"내 아이가 '하나님이 주신 비전이 무엇일까'라고 고민하면서 그 답을 찾으려고 노력하는 모습을 보이는가?"
"부모인 나는 학교 공부도 중요하지만 그것보다 더 자녀의 신앙교육에 관심이 있는가?"
"부모인 나는 내 아이가 공부하는 일보다 성경을 읽는 일에 열심이기를 바라는가?"

"부모인 나는 아이의 공부하는 태도보다 신앙의 태도를 더 유심히 관찰하고 있는가?"
"부모인 나는 아이가 성장하면서 '영적 성장은 이루어지고 있는가' 라고 질문해 본 적이 있는가?"
"부모인 나는 자녀에게 신앙을 가르치는 일을 기뻐하는가?"
"혹시 신앙을 가르치는 일을 잘 알면서도 거부하거나 소홀히 하고 있지는 않은가?"
"'신앙교육이 어떻게 내 아이를 바르게 인도할 수 있을 것인가'하고 회의적인 시선을 보내고 있지는 않은가?"
"내 자녀들이 관심 없다고, 듣지 않는다고, '신앙이 뭐 그렇게 중요해요?'라고 말한다면 어떤 대답을 할지 고민한 적이 있는가?"
"부모인 나는 주일에 교회와 학원을 선택해야 할 때에 지체 없이 '교회에 가야 한다'라고 말할 수 있는가?"

이 질문들에 자신 있게 대답하지 못한다거나 혹은 이 질문이 무슨 의미가 있겠느냐고 반문하거나 무시하고 싶다면, 하나님 앞에서 뒤틀린 내 우선권을 바로 잡아야 한다. 바르게 가르치지 못한 내 심장이 양심의 가책으로 뛰는 것을 느껴야 한다. 그리고 내 귀는 이사야의 경고를 귀 기울여야 한다.

> [9]그들이 이르기를 그가 누구에게 지식을 가르치며 누구에게 도를 전하여 깨닫게 하려는가 젖 떨어져 품을 떠난 자들에게 하려는가 [10]대저 경계에 경계를 더하며 경계에 경계를 더하며 교훈에 교훈을 더하며 교훈에 교훈을 더하되 여기서도 조금, 저기서도 조금 하는구나 하는도다(사 28:9-10).

이사야 선지자는 오늘의 부모에게 강한 도전을 던지고 있다. 도대체 누가 도를 전할 것인가? 누가 그 일을 할 것인가? 당시 선지자는 하나님으로부터 받은 계시의 말씀을 백성에게 전하여 그들로 하여금 깨닫게 하고 여호와 하나님의 뜻을 따르면서 살아가도록 하는데 있다. 이것이 선지자의 사명이다. 이 시대의 부모의 역할도 동일하다. 부모의 사명은 우리의 자녀들이 재미없어 해도, 무시하려고 해도 하나님의 말씀을 바르게 가르쳐야 하는 것이다. 하나님의 말씀을 깨닫고 그 말씀을 의지하면서 살아가도록 해야 한다. 그것만이 우리의 자녀가 사는 길이요, 가정이 사는 길이다. 이 진리는 내 자녀가 다음 세대가 되기 위해서는 부모가 선지자의 사명으로 살아가야 한다는 사실에 다시 한 번 직면하게 한다. 이 사명을 가진 부모에 의해 신앙의 가르침을 받고 전인격이 준비된 우리의 자녀들에게 아론의 축복의 말씀이 그대로 구현되기를 소망한다.

> [24]여호와는 네게 복을 주시고 너를 지키시기를 원하며 [25]여호와는 그의 얼굴을 네게 비추사 은혜 베푸시기를 원하며 [26]여호와는 그의 얼굴을 네게로 향하여 드사 평강주시기를 원하노라(민 6:24-26)

이 말씀은 하나님의 택함을 받은 이스라엘 백성들에 대한 제사장이 하는 축도의 기본 내용이지만 신앙으로 삶을 살아가려고 하는 우리의 자녀들에게도 동일한 은혜가 임할 줄 믿는다.

본서가 나오기까지 곁에서 아이들을 신앙으로 잘 길러준 아내에게 고마움을 전한다. 아내는 아이들과 말씀과 씨름하면서 하나님의 자녀로 산다는 것이 어떤 것인지를 가르쳐주었다. 또한 여러 해 동안 내 안에 있는 지식과 생각과 경험들을 끄집어 내어주고 가정과 자녀에 대해 많은 깨달음을 준 몇몇 지체들에게 감사를 전한다. 그들은 고통 가운데서도 본서를 쓸 수 있도록 힘을 주었고, 영적 순수함을 더해 주었다.

나는 본서가 오늘의 시대를 살아가면서 신앙교육에 대해 고민하는 부모들에게 도전과 깨달음을 줄 수 있게 되기를 바란다. 신앙교육이 얼마나 절실하며 위대한 것인가를 알게 되기를 원한다. 신앙교육을 위해 몸부림치는 소망의 물결이 일어나기를 희망한다. 그리고 우리의 자녀들이 부모의 신앙교육을 통하여 위기에 처한 가정과 학교 그리고 이 사회에서 복음의 영광스러운 모습으로 살면서 하나님의 놀라운 일들을 행하게 되기를 기도한다.

Contents

추천사 1 (정정숙 박사, 총신대학교 명예교수)   7
추천사 2 (류응렬 박사, 총신대학교 신학대학원 교수)   9
시작하는 글   11
     신앙교육은 방법이 아니라 본질이다   13
     내 자녀의 가장 큰 무기는 신앙이다   15
     부모가 신앙을 가르치지 않는 것은 직무유기이다   17

1부. 위기의 신앙교육, 기회의 신앙교육

신앙교육 1. 신앙교육, 위기인가? 기회인가?   30
     신앙교육이 위기이다   30
     신앙이 무엇인가를 바르게 알자   34
     내 아이가 다른 세대일까? 다음 세대일까?   39
     신앙교육만이 살 길이다   45

신앙교육 2. 가정이 흔들리고 있다   52
     패러다임이 변하고 있다   52
     그리스도인 가정이 불안하다   56
     부모는 자녀에 대해 잘 모르고 있다   60

두 얼굴을 가진 부모는 위험하다	67
부모보다 더 뛰어난 스승은 없다	75
신앙교육 3. 가정, 그 아름답고 소중한 곳을 지켜라	**80**
성경의 가정을 보면 내 가정이 보인다	81
언약의 공동체로서의 가정을 세워라	86
신앙을 가르치는 가정으로 만들어라	92
자녀에게 가정은 도피처가 되어야 한다	97
가정은 예배를 드리는 곳이어야 한다	105

2부. 왜, 장애물, 어떻게 그리고 부모 신상털기

신앙교육 4. 왜 신앙을 가르쳐야만 하는가?	**112**
하나님의 명령이다	114
생명보다 귀하기 때문이다	117
사명이기 때문이다	121
신앙교육에 실패하면 가정도 실패한다	126
축복의 사람이 되기 때문이다	129

신앙교육 5. 신앙 교육을 잘하려면 장애물을 뛰어 넘어라   136

   무기력에서 벗어나라   136

   자녀에게 올인하는 것을 멈추어라   142

   전자매체를 통제하라   144

   내면의 상처를 회복하라   155

   게임중독에서 벗어나게 하라   168

신앙교육 6. 신앙 교육은 좁은 길이다   176

   자녀를 우상으로 삼는 것에서 탈출해야 한다   178

   욕심을 내려놓아야 한다   181

   과잉보호에서 벗어나야 한다   185

   형식보다는 본질에 초점을 맞추어야 한다   192

3부. 신앙교육으로 자녀 세우기

신앙교육 7. 자녀를 세우는 네가지 원리를 이해하라   200
    성경에 대하여 가르치라   201
    하나님에 대하여 말하고 보여주라   211
    예수 그리스도가 누구이신가에 대해 알게 하라   220
    스스로 신앙을 고백하고 찾게 하라   226

신앙교육 8. 자녀를 세우는 네가지 방법을 실천하라   232
    자연스럽게 하라   232
    인내심을 가져라   239
    자녀의 마음과 소통하라   241
    비언어적 요소를 활용하라   254

신앙교육 9. 부모가 모델이 되는 것보다 더 좋은 것은 없다   262
    습관의 모델이 되라   264
    삶의 모델이 되라   269
    인격의 모델이 되라   273
    영성의 모델이 되라   280

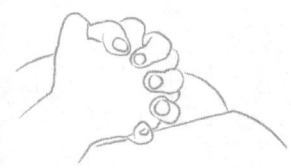

신앙교육 10. 신앙의 열매를 기대하라	288
자존감을 회복하게 한다	289
바른 세계관을 형성하게 된다	295
스스로 비전을 발견하게 된다	298
강한 가정이 세워진다는 것을 기대하라	301
에필로그	304
신앙교육 사명선언문	308
참고도서	314

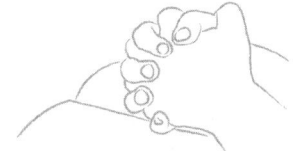

1부

위기의 신앙고백, 기회의 신앙고백

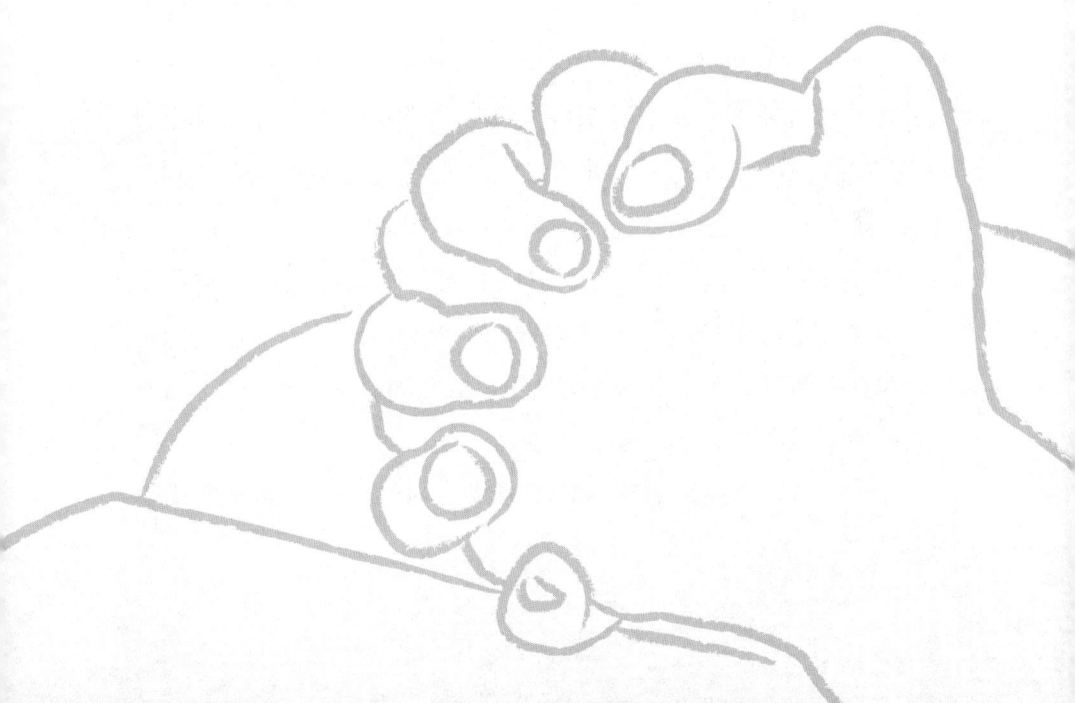

신앙교육 1

신앙교육, 위기인가? 기회인가?

> 너와 네 자손이 네 하나님 여호와께로 돌아와 내가 오늘 네게 명령한 것을 온전히 따라 마음을 다하고 뜻을 다하여 여호와의 말씀을 청종하면(신 30:2).

신앙교육이 위기이다

과거 한국 사회를 떠들썩하게 한 사건이 있었다. 일명 막가파 사건이다. 막가는 인생이라는 뜻을 지닌 이름이다. 그들은 이름 그대로 부유층을 대상으로 닥치는 대로 나쁜 짓을 골라서 하였으며 살인까지 서슴지 않았다. 마구잡이식 범행을 행한 것이다. 지금 부모들의 교육이 그들과 비슷한 점이 있다. 자신의 상황이나 자녀의 기질과 성격 그리고 관심도에 상관하지 않고, 성공할 수만 있다면 닥치는 대로 막가파식의 교육을 한다. 마구잡이식이다. 상대방이 하는 것을 같이 하지 않으면 불안해 견디지 못해서 내 자녀도 해야 한다는 식이다. 이런 현상은 크리스천 부모들에게서도 나타난다. 내 자녀를 성경적 가치관을 가지고 바르고 정직하게 그리고 영적인 아이로 가르치고자 하는 주관성이 없다.

자녀에 대한 목표는 좋은 학교에 보내는 것이 유일하다. 오로지 좋은 학교에 들어가는 데 초점을 맞추고 있다. 좋은 대학에 들어가야 하나님이 복을 주신 것으로 여긴다. 하나님이 도와주셨다고 생각한다. 좋은 대학에 들어가면 좋은 자녀로 여긴다. 좋은 학교에 들어가면 복된 자녀라고 여기고 있다. 내 아이가 대학에 들어갈 만큼의 영적 수준이 성장하였는지, 세상 속으로 들어가서 세속적 가치관과 부딪쳐 싸울만한 영적 준비가 되어 있는지, 내 아이가 어떤 내면을 지니고 있는지에 대해서는 관심이 적다. 이런 현상은 교회 안에서도 마찬가지이다. 교회 안에서도 겉으로 드러나는 모습만을 가지고 평가하기를 좋아한다.

왜 우리가 이런 사고를 지니게 되었는지 다시 한 번 생각해 볼 일이다. 왜 예수님을 믿는 우리가 이렇게 생각하고 행동해야 되는지 고민하고 또 고민해야 한다. 적어도 우리는 달라야 한다고 생각한다. 적어도 예수 그리스도를 믿는 부모라면 이런 사고에서 벗어나야 한다. 진심으로 예수 그리스도를 두려워한다면 세상에서 성공하는 것만 강요하거나, 공부하는 것만 요구해서 어떻게 하든 너는 출세해야 된다고 가르쳐서는 안 된다. 마음으로 하나님을 두려워하고 삶으로 하나님을 의지하는 법을 가르쳐야 한다.

부모가 된 우리가 누구를 제일 두려워해야 하는가? 누구에게 잘 보여야 하는가? 대답은 분명하다. 여기에는 그 어떤 선택의 여지가 없다. 그리스도인이라면 당연한 답을 가지고 있다. 바로 하나님이다.

> 지존하신 여호와는 두려우시고 온 땅에 큰 왕이 되심이로다(시 47:2).

하나님을 두려워해야 한다. 그런데 정말 그런가? 교육적인 면을 들여다보면 대답은 확연하게 달라지게 된다. 하나님을 두려워하는 모습이 없다. 부모의 마음에 있어야 할 그리스도의 자리에 재물이 있다. 그 자리에 성공이 있다. 그 자리에 출세가 있다. 그 자리에 번영이 있다. 그리스도를 두려워하기보다는 재물과 돈을 제일 무서워한다. 그래서 우리는 닥달을 하면서 공부를 시키고 있다. 부모에게 진정한 성경적 가치관과 세계관이 없으니 자녀에게 공부만 시키는 이유도 틀린 것은 아니다.

신앙을 가르치지 않으니 부모로서 실패하고 자녀의 인생이 실패하는 것이다. 믿음 좋은 부모가 반드시 믿음 좋은 자녀를 양육하는 것은 아니다. 믿음 좋은 부모라 할지라도 신앙교육을 제대로 하지 않으면 믿음 없는 자녀로 기르게 된다. 주변에 교회에서 중요한 직분을 맡고 사람들로부터 존경을 받는 분들이 많다. 그러나 그들의 자녀들 가운데는 신앙의 길을 떠나서 살아가는 사람들이 많다. 부모가 믿는 그 아름답고 값진 신앙이 왜 그의 자녀에게는 전수되지 못하였는가? 왜 믿음 좋은 부모에게서 신앙을 배우지 못하였는가? 지나치게 강요하였거나, 가르치지 않았거나, 보여주는 신앙이 아니었거나, 삶의 최고의 가치를 성공이나 공부에 두었을 가능성이 높다. 그리고 교회에서는 신앙을 이야기하는 척하다가 가정에서 공부만 하라고 강요하거나 혹은 최고의 가치를 세속에 두었을 것이다. 이런 부모에게서는 결국 예기치 않은 그릇된 결과를 손에 쥐게 될 것이다.

아이들은 신앙과 삶, 교회와 가정에서 이중적인 태도를 보여주는 부모들로부터 배우게 되는 것은 가치관의 혼란이다. 좀 더 극단적으로 말하면 부모로부터 영적 혼란을 배우게 된다. 이런 부모에게 자녀는 이렇게 말한다.

"아빠, 엄마는 틀렸어요! 왜 신앙이 가장 중요하다고 말해놓고 가정에서는 그 모습을 보여주지 않나요? 엄마는 신앙이 중요하다고 말씀하시면서 왜 날마다 공부만 강요하나요?"

그들의 눈에는 부모의 언행이 앞뒤가 맞지 않는 것이다. 분명 신앙이 중요하다고 하면서 실제로는 공부만 이야기한다. 왜 하나님의 자녀가 공부를 해야 하는지에 대해서는 말하지 않는다. 무엇이 성경적인 생각이며 무엇이 성경적으로 옳고 그른가에 대해서 말하기보다는 오로지 공부해서 출세하기만을 요구한다. 우리의 자녀들은 이런 부모를 더 이상 신뢰할 수 없다. 그래서 자녀 눈에 비친 부모는 이중인격자이다. 이중인격자인 부모를 자녀들은 실망하게 된다. 그러니 부모가 뭐라고 하든 그 다음부터는 설득력이 없게 되는 것이다.

그리스도인 부모는 마땅히 내 자녀가 '어떻게 신앙적으로 성장할 수 있을 것인가?', '어떻게 하나님의 자녀로 잘 성장할 것인가?'에 대해 관심을 가져야 한다. 내 아이의 영적 건강에 대해 고민하고 그 대안을 찾아야 한다. '내 아이가 영적으로 약해지지는 않을까?', '내가 가정에서 영적으로, 성경적 가치관을 바르게 가르치고 있는가?', '왜 내 자녀가 나의 가르침을 외면할까?', '왜 내 아이가 영적 가르침을 들으려고 하지 않을까?'에 대해서 고민해야 한다.

그러므로 이 시대의 부모는 자녀를 나에게 맡겨 주시고, 이 세상에서 빛과 소금이 되어 살게 하신 하나님 앞에 서야 한다. 가정에 신앙교육이 없음을 인정하고 다시 응전의 기회로 삼아야 한다. 세상의 관심과 가치관에 의하여 자녀를 보고 있다면 그 시선을 신앙으로 돌려야 한다. 가정에서 말씀이 역동적으로 활동하는 역사가 없다면 성경을 귀에 들려주고, 하나님을 의지하는 삶을 살아가도록 가르쳐야 한다.

신앙이 무엇인가를 바르게 알자

 우리는 가장 큰 도전에 직면해 있다. 그것은 미래에 대한 변화도, 기술도, 혁신도 아니다. 신앙이다. 신앙이 큰 도전에 직면해 있다. 신앙이 위기이다. 이 시대는 이해되고, 보이고, 만져져야 믿는다. 이성적으로 이해되어야 믿는다. 과학적 사실이 지배하고 있다. 1 더하기 1은 반드시 2가 되어야지 무한대라는 사실을 믿으려고 하지 않는다. 이성이 지배하는 시대에 우리의 자녀들이 믿음의 길을 따라갈 수 있는가? 우리의 자녀가 선진들이 살아왔던 것처럼 하나님을 두려워하면서 믿음의 도를 보여줄 수 있는가? 우리의 자녀에게도 신앙은 있는 것인가? 믿음대로 살아갈 수 있는 것인가? 이 질문들에 대한 대답과 확신은 내 자녀들이 잘 살 것인가? 내 자녀들이 성공할 것인가? 이보다 더 시급한 일이다.

 부모는 자녀들의 신앙의 상태에 대한 관심보다는 자녀가 가져오는 성적표에 더 관심을 갖는다. 자녀가 제대로 씻지 않거나 방을 아무렇게나 방치하는 일에 대해서는 분노하지만, 정작 자녀의 마음의 상태나 영적 질서가 잡히지 않고 무질서한 것에 대해서는 관심을 갖지 않는다. 아끼던 물건이 찌그러지거나 파손된 것에 대해서는 짜증내고 격노하지만 자녀의 마음에 금이 가고 하나님과의 관계가 단절되는 것에 대해서는 크게 생각하지 않는다. 자녀가 무질서하고 폭력적인 행동을 보여도 '알아서 하겠지!', '나이가 들면 고쳐지겠지!', '어릴 때에는 그럴 수 있어!'라고 쉽게 생각하고 영적 무능과 무지에 대해서 소홀하다.

 자녀가 몸에 열이 나고 아프게 되면 밤낮을 곁에 지켜 간호하지만 영적 병에 걸려 신음하고 있는 고통의 소리에 대해서는 주의를 기울이지 않는다. 머리 모양은 어떠해야 하고, 얼굴의 여드름이나 예쁘지 않은 부분에 대해서는 성형까지 해서라도 고치려고 하지만, 영적으로 병든 부분에 대해서는 무관심하다. 성경은 부모가 자녀에 대해 육의 일보다는 영의 일에 더 힘써야 함을 경고한다. 우리의 자녀들이 하나님의 전신갑주로 무장되어야 함을 말씀한다.

> [13]그러므로 하나님의 전신 갑주를 취하라 이는 악한 날에 너희가 능히 대적하고 모든 일을 행한 후에 서기 위함이라 [14]그런즉 서서 진리로 너희 허리 띠를 띠고 의의 호심경을 붙이고 [15]평안의 복음이 준비한 것으로 신을 신고 [16]모든 것 위에 믿음의 방패를 가지고 이로써 능히 악한 자의 모든 불화살을 소멸하고 [17]구원의 투구와 성령의 검 곧 하나님의 말씀을 가지라(엡 6:13-17).

그렇다면 신앙이란 무엇인가? 도덕적인 완전함인가? 신비적인 체험인가? 교리적으로 체계적인 진술을 믿는 것인가? 또한 신앙은 전수되는 것인가? 부모가 믿으면 자연적으로 아이에게 신앙이 이어지는 것인가? 아니다. 신앙은 각 세대마다 하나님 앞에 서는 것이며 거듭남이 있어야 한다. 부모의 경건한 신앙으로 자녀에게 저절로 구원에 이르게 할 수 없다. 신앙의 사전적인 의미로는 "인간의 내적 태도나 신뢰 혹은 신념"을 말한다. 전통적으로 신앙이라는 것은 하나님을 아는 일이며, 의지적으로 행동하는 일을 포함하고 있다. 신앙은 내가 누구이며, 어디로 가며, 무엇을 위해서 사는가에 대한 질문에 답을 찾는 것이다. 기독교 교육학자인 웨스트호프(Westerhoff)는,

> "신앙이라는 것은 하나의 활동이다. 신앙은 우리의 타인과의 관계가 행동으로 나타난 결과로써 생기며, 타인과 함께 행하는 활동을 통해서 변혁되고 발전되는 것이며 또한 다른 사람들과 함께 행하는 활동 속에 일상적으로 표현되는 것이다."

라고 한다. 신앙이라는 것은 의미를 찾는 행동이며 관계적이고 앎의 행위라고 한다.

따라서 신앙이라고 하는 것은 우리가 하나님을 믿는 믿음이며 삶으로 그 믿음을 드러내는 것이라 할 수 있다. 하나님을 아는 앎과 행함이다. 이 신앙은 우리의 삶의 터전이요, 기초요, 목적이다. 신앙이라는 것은 단순히 지적이거나 영적인 부분만을 이야기하는 것은 아니다. 봉사를 잘하는 것만을 의미하는 것이 아니다. 내가 진심으로 하나님을 믿고 그리스도가 구주가 되심을 고백하는 것뿐만 아니라, 그분이 내 삶을 인도하시며, 그리스도의 사랑을 이웃에게 드러내는 삶 모두를 말한다. 인간의 이성으로 이해되는 부분도 있지만 전적 신뢰와 믿음이다. 푸른 초장도, 쉴만한 물가도, 사망의 음침한 골짜기도 어디에 있든지 그리스도를 신뢰하고 믿는 것이다. 성경에 예수님이 극찬하신 신앙이 있다. 백부장 고넬료이다. 예수님이 그의 신앙에 대해 말하기를,

> 예수께서 들으시고 놀랍게 여겨 따르는 자들에게 이르시되 내가 진실로 너희에게 이르노니 이스라엘 중 아무에게서도 이만한 믿음을 보지 못하였노라(마 8:10).

그가 이렇게 칭찬 받은 것은 예수님은 그 무엇도 행하실 수 있으

신 분이시라는 사실을 확신하고 그분이 이루어주실 것에 대한 전적인 신뢰를 하였기 때문이다. 그는 예수 그리스도를 의심하지 않았으며 그분만이 자기의 하인을 고쳐주실 분이라는 것을 믿었다. 신앙의 장인 히브리서 11장에서는 "믿음은 바라는 것들의 실상이요 보이지 않는 것들의 증거"(히 11:1)라고 한다. 신앙은 마치 예수님께 나아 온 어린아이처럼 생명의 주관자에 대한 전적인 신뢰를 표하는 것이다. 그리고 신앙에는 하나님과의 관계도 있지만, 세상 속에서의 관계도 있다. 혼자만 믿고 잘사는 것이 아니다. 신앙은 자신이 믿는 믿음의 사실을 드러내며 바른 삶을 보여주는 것이다. 이것이 신앙이다.

신앙은 그대로 머물러 있는 것이 아니다. 신앙은 행동이다. 신앙은 개념이 아니라 삶이다. 신앙은 자신이 누구이며, 어떤 존재여야 하며, 어떻게 살아야 하며, 무엇을 해야 하는지에 대하여 그리스도에 대한 사랑과 고백 그리고 성령의 도우심을 통해 일어나는 변화이다.

신앙 발달학자인 파울러(Fowler)는 신앙을 유아기에 우리를 길러준 사람들과 맺게 되는 최초의 관계 속에서 형성되기 시작하는 것이라고 한다. 또한 신앙이라고 하는 것은 자신과 가장 가까운 사람들과의 신뢰나 존중 혹은 배신 등의 경험을 통해 성장된다고 한다. 이것을 웨스트호프는 "경험적 신앙"이라고 말한다. 부모들이 신앙을 보여주거나 가르치면 자녀들은 탐구하며, 시도하고, 상상하기도 하며, 부모의 신앙을 관찰한 후 모방하기도 한다. 그리고 스스로 신앙을 경험하면서 반응하게 된다. 즉 우리의 자녀들은 부모의 삶에서 보여지는 신앙을 보고, 듣고, 느끼고, 생각하고 상상을 한다. 따라서 부모의 삶, 그 중심에 신앙이 자리하고 있어야 한다. 신앙교육은 자녀로 하여금 올바른 인성을 갖도록 하고, 바른 리더십을 갖게 하며 다음 세대에 대한 희망을 가지게 한다. 그리고 신앙교육은 자녀의 내면을 변화시키며 삶에 대한 진정성과 그 목표 그리고 방향을 설정하는 데 도움을 준다. 특히 어린이들에게서의 경험적 신앙은 그들의 삶에 중요한 기초가 된다.

삶은 항상 불안하다. 삶은 초조하다. 삶에는 위기가 있다. 삶에는 아픔이 있다. 어디로 가야 할지, 무슨 일을 해야 할지 모를 때가 많다. 이런 생각은 자아가 성숙하고 정신적 나이가 들어감에 따라 자주 질문하게 되고, 이것은 삶에 대한 불안감을 가중시킨다. 헤어짐의 아픔과 상처로 인한 아픔과 고통이 수반된다. 삶에는 실패가 있다. 실패로 인하여 좌절감을 맛본다. 부모가 미련하고 욕심이 많아서 실패한다. 부모가 악해서 좌절감을 맛본다. 부모가 실수해서 상처를 준다. 노아를 보라. 그는 의인이었다. 하나님은 그와 언약까지 맺으셨다. 그로 인하여 유일하게 멸망의 순간에 생명을 보존할 수 있었다. 하지만 그도 한 순간의 실수로 자녀에게 저주를 하게 된다.

[24]노아가 술이 깨어 그의 작은 아들이 자기에게 행한 일을 알고 [25]이에 이르되 가나안은 저주를 받아 그의 형제의 종들의 종이 되기를 원하노라 (창 9:24-25).

삶에는 오해와 불신과 모함이 있다. 나는 바르게 걸어가는데 다른 사람들이 갈 지(之)자로 걷는다고 흉본다. 나는 바른 행동을 하는데 사람들은 나쁜 행동을 했다고 비난한다. 삶에는 육체적 질병이 있다. 앓고 싶지 않은 병이 찾아온다. 삶은 내면의 정신적 고통이 있다. 자기 자신에 대한 부정적인 감정과 열등감, 실패에 대한 두려움, 자기 증오적인 수치감과 낙심으로 인해 찾아오는 절망감, 적대감과 거절에 대한 분노의 고통들이다.

　어떻게 할 것인가? 무엇이 이런 인간의 실존적 아픔을 이기게 해 줄 것인가? 정답은 신앙이다. 왜 신앙이어야만 하는지에 대한 더 구체적인 이유가 여기에 있다.

　따라서 이 시대의 신앙이야말로 바른 삶과 바른 가치관 그리고 바른 행동을 야기시키는 원천이다. 인간의 삶은 끊임없이 변화하고 있지만 신앙의 그 가치와 힘은 변하지 않는다. 나는 죄인이며 그리스도의 은총에 의해 죄로부터의 해방을 고백하는 믿음의 출발은 곧 신앙의 위대한 역사를 만들어가는 원동력이다.

내 아이가 다른 세대일까? 다음 세대일까?

　우리는 세대라는 말을 표현하기를 좋아한다. 그런데 세대는 어떻게 분석하고 나누냐에 따라 학자들마다 조금씩 그 명칭이 달라진다. 다음 세대인 우리의 자녀들은 기성 세대와는 다르다. 먼 나라에 대한 열정이 많다. 낯선 오지에 가는 것을 두려워하지 않는다. 열정이 있다. 햄버거나 외국 음식도 한국 음식만큼 즐겨 먹고, 번지점프, 탐험 같은 모험적인 여가활동을 좋아한다. 마음 설레이는 일은 반드시 하고야 만다. 여행을 하려고 할 때에는 배낭을 메고 다니면서 낯선 방문자이기를 즐겨한다.

　이들은 다재다능하다. 전자제품을 잘 사용하고 자기의 주장을 분위기나 신분에 상관없이 서슴없이 드러내기를 좋아한다. 순진하면서도 쉽게 좌절하기도 잘한다. 이들은 휴대전화를 자기의 분신처럼 여긴다. 인터넷 사용을 밥 먹듯이 자유자재로 한다. 온라인으로 자신의 의견을 드러내기를 좋아한다. 온라인이 자신들의 삶의 터전이라고 생각한다. 기성 세대들이 이해하기 어려운 수많은 신조어들을 만들어낸다. 럭비공처럼 어디로 튈지 모른다. 이해하기 어렵다. 일본말로 하면 아리까리 하고, 독일말로 하면 애매모호하고, 아프리카말로 하면 긴가민가 하고, 프랑스말로 하면 알쏭달쏭 하다.

자신들이 좋아하는 연예인들에 열광한다. 그들을 만나기 위해 고난도 마다하지 않고 순례의 길을 떠난다. 김연아나 박지성과 같은 스포츠 스타에 열광한다. 연예인이 죽으면 따라 죽으려고 한다. 모방자살이 급증하는 세대가 이들 세대이다. 도대체 이들을 이해하기 어렵다. 자신의 우상을 찾아 떠나는 것을 두려워하지 않으며 그 길이 어떤 길인지에 대해서는 관심이 없다. 오직 자신이 보고자하고 얻고자 하는 것에만 몰두해서 따라간다.

휴대전화는 목숨처럼 여기지만 성경책은 그들의 삶에 별 의미가 없다. 교회는 인정하지만 나오는 것은 싫어한다. 이런 우리의 다음 세대를 향해 미국의 조지 폭스 복음주의신학교 교수인 킴볼(Kimball) 목사는,

"요즘 세대는 예수님은 좋아하지만 교회는 멀리하는 세대들(They Like Jesus but Not the Church)이다."

라고 정의를 내렸다. 즉 요즘의 세대들은 예수님은 인정하지만 기독교와 교회를 싫어한다는 것이다. 그러면서 그는 교회를 향해 다음 세대를 위한 준비를 경고하고 있다. 또 마브 패너는 믿음에서 멀어져

가는 다음 세대를 바라보면서 안타까운 진단을 내리고 있다. 이처럼 다음 세대는 문화적으로, 정신적으로, 영적으로 경계선이 없으며 불편함과 문제를 안겨다 준다. 그런 의미에서 다음 세대를 위해 고민하고 준비하는 것은 앞서가는 하나의 상징적 몸부림이다.

우리가 직면하고 있는 현실, 즉 다음 세대가 이어받아야 할 상황은 그리 긍정적이지 못하다. 가정은 다음 세대에 관심을 갖고 그들을 하나님의 사람으로 준비시켜야 한다. 이 일을 가정이 해야 한다. 가정에서 신앙교육이 실패하면 다음 세대는 기대하기 어렵다. 오로지 다른 세대가 나올 뿐이다.

사사기 2장을 보라. 한 민족의 비극적인 상황이 나온다. 그들의 모습은 가히 충격적이다. 어떻게 이런 일이 일어날 수 있는가? 위대한 지도자인 모세와 여호수아의 지도력 아래 이루어진 가나안 땅에서의 믿음의 여정은 정말 대단한 것이었다. 그들이 지나왔던 광야는 정말 사람이 살기 어려운, 그래서 더욱더 하나님의 도우심과 믿음이 없이는 살 수 없는 그런 척박한 곳이었다. 어느 신학자가 출애굽의 여정을 둘러보면서 "이러한 척박한 환경 속에서 그 많은 사람들이 사십 년을 견뎌 왔다는 것은 실로 기적이 아닐 수 없다"라고 말했던 것처럼 시련과 기적을 통해 살아있는 신앙을 경험했다.

그런데 반전이 일어났다. 놀라운 경험을 한 그들이 하나님을 모른다고 한 것이다. 다른 세대가 출현한 것이다. 어떻게 이렇게 될 수 있는가? 무엇이 잘못된 것일까? 홍해를 가른 역사적인 하나님의 기적은 어디에 묻혀 버렸는가? 이제는 그들의 기억에서조차 사라져 버린 것인가? 도대체 다른 세대가 나타난 그 이유가 무엇인가? 가정에서 그 대답을 찾는다. 가정에서 신앙교육이 없었던 것이다. 자녀에게 신앙을 전수해주지 못했던 것이다. 그래서 불행하게도 믿음의 세대가 지나간 후에 다음 세대가 아닌 다른 세대가 일어나고 그들은 여호와를 알지 못했다.

> 그 세대의 사람도 다 그 조상들에게로 돌아갔고 그 후에 일어난 다른 세대는 여호와를 알지 못하며 여호와께서 이스라엘을 위하여 행하신 일도 알지 못하였더라(삿 2:10).

이 말씀을 직역하면 '그리고 그들 뒤에 다른 세대가 일어났다'라는 말이다. 여기에 '다른'이라는 말은 '아헤르'라는 히브리어인데, 이 말은 하나님을 모르는 세대를 의미한다. 그들이 단순히 하나님에 대해 믿지 못했다는 것이 아니라 그들의 마음 속에 하나님에 대한 경외심과 진정한 신앙심이 없었다는 것이다. '알지 못했다'라는 말은 무지라기보다는 불신앙을 가리키는 말이다. 그들은 하나님의 은혜와 하나님께 대한 그들의 책임 모두를 져버렸다. 이런 다른 세대들은 바로 이어서 우상숭배를 이끄는 다른 세대의 주인공들이 되어버렸다는 것이다.

그런데 우리의 자녀인 지금의 세대가 바로 그렇다. 신앙이 무너져 내리고 있다. 하나님을 경외하지 않는다. 그들 마음에 불신앙이 자리하고 있다. 이들은 풍요 속에서 성장하였고 빈곤을 이해하지 못하며 절박함이 없다. 악행을 행하고서도 그 악행을 보지 못하고 알지 못하고 뉘우치지 않는다.

더 나아가서 지금의 이 세대는 하나님을 알지 못한다. 하나님을 의지하는 법을 모른다. 하나님의 인도하심을 기억하지 못한다. 반드시

남에게 해를 끼치고 못된 짓만 행하는 것만이 악행이 아니라 하나님을 떠나고 자신의 세계를 주장하고 신앙을 버리면 그 역시 악행인 것이다. 이들에게 하나님의 창조와 그리스도의 십자가의 죽음 그리고 하나님이 나에게 주신 시간이라는 개념은 없다.

이처럼 마음의 악행과 하나님을 모르고 마음대로 살려고 하는 악행은 반복성의 특징을 지니고 있다. 반복되는 죄이다. 심리학에 사이코패스(psychopath)라는 말이 있다. 이 말은 '반사회적 인격장애자'라는 말이다. 독일학자 슈나이더가 소개한 말이다. 잔인한 사회악적인 행위를 태연하게 벌이면서도 그 행위에 대한 죄책감과 도덕심이 존재하지 않고 타인의 고통에 무관심하고 동정심도 없는 사람을 말한다. 문제는 이 병에 걸리면 거의 치료가 불가능하다는 것이다. 어쩌면 우리들의 다음 세대가 이런 병에 걸려 있는지도 모른다. 동료 친구들을 왕따 시켜도, 구타해도, 심지어 살인까지 저지르는 일을 해도 그들은 죄책감을 느끼지 않는다. 우리의 믿음의 자녀들에게도 영적 사이코패스에 걸린 사람들이 많이 있다. 하나님 앞에 악행을 저지르고서도 태연한 척하고, 안 그런척 하고, 애써 외면하고, 더 나아가서 나의 죄로 말미암아 파생되는 수많은 가정의 먹구름에 대해서 무관심하고, 동정심도 갖지 않은 채 살아가고 있다. 치료가 되지 않고 있다. 반복하고 있다. 우리는 이쯤에서 '내 아이가 다른 세대가 아닐까?'하는 의문을 가져야 한다. 그리고 다른 세대가 되지 않도록 몸부림을 쳐야 한다. 자녀를 위해 울어야 한다. 통곡해야 한다. 하갈은 광야에서 먹을 것이 없어서 죽어가는 아들을 향해 울었지만 지금 우리는 영적으로 굶주려서 죽어가는 내 자녀를 위해 울어야 한다.

우리가 다음 세대에게 좋은 신앙의 모델이 되어주어야 한다. 경험하지 못하고 보지 못한 것을 그리는 것은 어렵지만 자기가 경험하고 본 것을 그리는 것은 쉽다. 다음 세대가 우리를 보고 배우게 하는 교육이야말로 가장 효과적인 방법이 될 것이다. 모세는 여호수아의 모델이었다. 여호수아는 항상 모세 곁에서 보고 배웠다.

> [12]여호와께서 모세에게 이르시되 너는 산에 올라 내게로 와서 거기 있으라 네가 그들을 가르치도록 내가 율법과 계명을 친히 기록한 돌판을 네게 주리라 [13]모세가 그의 부하 여호수아와 함께 일어나 모세가 하나님의 산으로 올라가며(출 24:12-13).

> 네가 사는 날 동안 아무도 너의 앞길을 가로막지 못할 것이다. 내가 모세와 함께 하였던 것과 같이 너와 함께 하며, 너를 떠나지 아니하며, 버리지 아니하겠다(수 1:5).

여호수아는 하나님이 모세에게 어떻게 행하셨는지를 가까이서 지켜보았던 사람이다. 보고 배울 수 있는 모델이 있다면 배우는 일이 쉽다. 그리고 정확하게 배울 수 있다. 갈렙도 여호수아로부터 배웠다.
 우리가 침묵하고 가르치지 않고 잘못하면 다음 세대도 망하게 될 것이다. 하나님을 모르는 다른 세대가 될 것이다. 그러므로 바르게 신앙을 가르쳐야 한다. 항상 하나님께 민감해야 한다. 하나님과 친밀해야 한다.

> [1]내 아들아 그러므로 너는 그리스도 예수 안에 있는 은혜 가운데서 강하고 [2]또 네가 많은 증인 앞에서 내게 들은 바를 충성된 사람들에게 부탁하라 그들이 또 다른 사람들을 가르칠 수 있으리라(딤후 2:1-2).

우리는 한 세대로 왔다가 사명을 다하고 떠날 준비를 하면서 다음 세대를 준비시켜야 한다. 무엇을 남길 것인가? 재물인가? 명예인가? 아니다. 신앙을 남겨야 한다. 내가 만난 하나님, 내가 경험한 하나님의 역사와 인도하심 그리고 살아있는 하나님의 말씀이다. 다음 세대를 하나님의 사람으로, 믿음의 사람으로 준비시키지 못하면 우리는 헛된 삶을 산 것이다.

신앙교육만이 살 길이다

> "어린 자녀들을 불쌍히 여기고, 그들을 가르치고, 그들을 위해 기도하고, 그들을 위해 눈물을 흘리고, 그들을 위해 하나님과 씨름하는 데 최선을 다하라. 하나님은 진실한 어머니의 기도와 눈물이 자녀의 영혼을 구원할 수 있다는 사실을 아신다."
>
> — 리처드 매더

신앙교육이란 무엇인가? 아이들에게 성경을 암송케 하는 것인가? 아이들이 교회에 빠지지 않고 가도록 하는 것이 신앙교육인가? 아이들에게 기도를 하도록 강요하는 것이 신앙교육인가? 아이들에게 매일 규칙적으로 성경을 읽게 하는 것인가? 아이들에게 성경의 말씀을 재미있게 들려주는 것인가? 수련회에 빠지지 않고 참석시키는 것이 신앙교육인가? 좁은 의미로 볼 때에는 이 모든 일들을 신앙교육이라 할 수 있다. 그러나 신앙교육이라는 것은 여기에만 국한되는 것은 아니다. 신앙교육이라는 것은 성경을 근거로 하여 부모나 교사에 의해 이루어지는 것으로서 성경적 세계관과 사실들의 가르침과 학습 그리고 경험 등에 의하여 이루어지는 모든 교육적 행위라 할 수 있다.

그리고 신앙교육은 인간관계, 성실성, 가치관, 자기중심적이 아닌 타자지향적인 삶과도 긴밀한 관계가 있다. 신앙교육을 통하여 기대하는 것은 한 개인의 물질적 부요나 성공 혹은 명예 등과 관련이 있지만 더 큰 의미와 산물은 변화된 삶과 인격, 성숙과 기독교적 세계관 그리고 그 무엇과도 바꿀 수 없는 영원한 성경적 가치를 지니고 실현하게 하는 것이다. 신앙교육을 통하여 자녀들이 삶에 지속적으로 영향을 미치게 되고 인생의 의미를 갖고 살도록 한다.

신앙교육은 신앙의 내용, 즉 성경말씀을 기초로 한 가르침과 배움을 통해 습득되고 이루어진다. 그러나 더 중요한 것은 말씀을 통하여 몸으로, 삶으로, 고귀한 가치로 체험된다는 것이다. 지식으로 머물러 있는 것이 아니라 실천을 통해 열매를 얻게 된다는 것이다. 그런 의미에서 신앙교육은 마음으로 깨닫게 되며, 몸으로 부딪치는 것이며, 삶에서 진리를 드러내는 것을 경험하는 것이다. 그리고 신앙 교육은 한 개인의 내면을 바꾸는 놀라운 일을 통하여 자녀의 내면을 변화시키게 하는 최상의 도구이다.

신앙교육에서 가정은 가장 중요한 실천의 장이다. 가정에서 신앙을 가르치는 부모가 희생을 두려워해서는 안 된다. 자녀의 신앙을 위해 한 알의 밀알이 되는 희생이 필요하다. 자녀의 신앙과 성숙은 부모가 깨어 기도하며 희생할 때에 나타나는 열매이다.

> 내가 진실로 진실로 너희에게 이르노니 한 알의 밀이 땅에 떨어져 죽지 아니하면 한 알 그대로 있고 죽으면 많은 열매를 맺느니라(요 12:24).

따라서 부모가 희생된 자신의 삶이 후회스럽고 안타깝게 여긴다면 바른 신앙을 가르칠 수 없다. 부모가 신앙의 가치에 우선순위를 두지 않으면 신앙교육은 어렵다. 부모가 예수 그리스도의 전인격을 닮아 자녀에게 가르치고 보여주는 삶을 살아가지 않는다면 신앙교육을 통해 자녀에게 새로운 변화를 기대하기 힘들다. 때로는 멘토처럼, 때로는 코치처럼 자녀를 위해 희생을 해야 한다.

> 내가 진실로 진실로 너희에게 이르노니 한 알의 밀이 땅에 떨어져 죽지 아니하면 한 알 그대로 있고 죽으면 많은 열매를 맺느니라(요 12:24).

부모는 자녀의 신앙을 위해 밀알이 되어야 한다. 부모 중 누가 할 것인가? 둘 다 해야 한다. 남편이 아내에게 미뤄서는 안 된다. 함께 마음을 모으고 지혜를 모아야 한다. 그러나 여건이 충족되지 않는다면 부부 중 영적으로 먼저 믿은 자, 깨어있는 자가 하는 것이 좋다. 분명한 것은 부모가 스스로 십자가에 죽기를 거부하고 자녀의 신앙을 위해 희생하기를 거부하려고 몸부림을 친다면 신앙교육은 결코 그 열매를 맺을 수 없다는 것이다. 하나님은 단호하게 이 시대의 부모에게 말씀한다.

> [8]스스로 속이지 말라 하나님은 업신여김을 받지 아니하시나니 사람이 무엇으로 심든지 그대로 거두리라 [8]자기의 육체를 위하여 심는 자는 육체로부터 썩어질 것을 거두고 성령을 위하여 심는 자는 성령으로부터 영생을 거두리라 [9]우리가 선을 행하되 낙심하지 말지니 포기하지 아니하면 때가 이르매 거두리라(갈 6:7-9).

내 아이에게 무엇을 심을 것인가? 그리고 무엇을 거둘 것인가? 부인가? 명예인가? 신앙인가? 부모가 심은 대로 자녀에게서 거두게 된다. 내 아이에게 상처를 심으면 상처를 거두게 되고, 불평을 심으면 불평을 거두게 되고, 눈물을 심으면 눈물을 거두게 된다. 신앙의 가치보다 성공과 출세를 심으면 출세지향적인 사람이 된다. 부모는 육체를 위하여 심는 자인가 아니면 성령을 위하여 심는 자인가, 둘 중의 하나이다. 썩어진 것을 심고자 하는 부모는 없을 것이다. 그러나 신앙교육에 가치를 두지 않으면 썩어진 것을 심기 쉽다.

여기 '썩어진 것'이라는 말은 멸망, 멸절, 영원한 죽음을 의미하지만 단순히 영원한 소멸만을 의미하는 것이 아니라 궁극적으로는 하나님과의 교통이 단절되어 나타나는 삶을 의미한다. 아무리 내 자녀가 똑똑하고 지혜롭다 할지라도 하나님과의 관계가 단절되면 더러운 인격이 나오고, 추잡한 행동이 나오고, 더러운 성질이 나오고, 육두문자가 쏟아지게 된다. 그런데 문제는 이런 것들이 모두 결국 내 아이를 죽이는 독이라는 점이다. 자신의 영혼을 파괴하고, 관계를 파괴하며, 인성을 망가뜨리며 그리고 자신의 삶에 고통의 나무를 키우는 것들이다.

아이가 태어나서 조금씩 자라면서 놀라운 것 하나를 발견하게 된다. 그것은 내 아이가 내 목소리를 듣고 반응한다는 것이다. 어떻게 이렇게 조그만한 아이가 내 목소리를 알고 반응할까? 신기할 정도이다. 말을 모르지만 아빠, 엄마가 하는 말에 반응을 한다. 자기를 사랑하고 있는 것과 미워하는 것을 인지하고 무슨 말인지는 모르지만 반응하고 있다. 눈으로 보고, 손으로 만지고 마음으로 느끼면서 경험한다. 우리는 이 사실에 즐거워하기도 하고 아이의 반응에 대견해하기도 한다. 그러나 한편으로 잊어버리는 것이 있다. 그것은 아이의 이런 작은 반응의 시기부터 아이는 나를 보고 있고, 배우고 있다는 사실이다. 이 사실을 알면서도 부모는 잘 인지하지 못한다. 그러다보니 아이들에게 심는 일에 대해 너무나 무심하다.

흔히 부모들이 착각하는 것이 하나가 있다. 나는 심지 않았는데 왜 내 아이에게 저런 나쁜 모습이 있을까? 하는 것이다. 그러나 엄밀하게 말하면 그 나쁜 과정에 부모가 내 아이의 현재의 모습을 위해 심는데 기여했다고 할 수 있다. 그것도 아주 크게 기여했다. 내 아이의 성격이 삐뚤어져 있는가? 생각이 엉뚱한가? 행동이 통제할 수 없을 정도로 거칠어졌는가? 신앙을 떠나 거친 세상을 향해 나아가고 있는가? 부모인 내가 내 아이에게 그렇게 심었기 때문이다.

부모는 자녀에게 신앙을 심는 자임을 성경은 분명히 밝히고 있다. 심는 행위인 '심는 자'는 과거에 끝난 일이 아니라, 내가 현재에도 심어야 하고, 미래에도 심어야 하는 능동적인 것이다. 내 아이가 이 땅 위에 그리스도인으로 바르게 설 때까지 포기하지 않고 심어야 한다. 또한 심은 결과인 '거두리라'는 말은 가능성이 아니라, 필연성임을 말씀하고 있다. 언젠가는 반드시 거두게 된다는 것이다. 신앙교육은 언젠가는 그 열매가 있다. 분명히 열리게 된다. 이것은 성경이 가르쳐주고 약속하는 진리이다. 그리고 그 열매는 달콤할 것이다.

그리고 신앙교육은 먼저 자녀를 바라보는 두 가지 시각에서 출발한다. 하나는 예수 그리스도의 시선이다. 다른 말로 하면 선을 향하는 마음이다. 내 자녀가 다른 사람에게 민감할 수 있고, 유머 감각을 가질 수 있고, 순종할 수 있고, 총명할 수 있고, 지혜로울 수 있고, 덕을 세울 수 있다. 다른 한편으로는 죄의 성향이다. 내 아이도 죄의 특성을 지니고 있다는 것이다. 내 아이가 어려도 속이는 본성을 가지고 있고, 게으르거나 둔감할 수 있으며 탐욕에 민감할 수 있다. 자신의 이기심으로 상대방을 모함할 수 있고, 빼앗기도 하고, 자신의 행위를 정당화하기 위해 적당히 거짓말을 할 수 있다. 다음은 순전하고 착하게만 여겨졌던 아이에게서 죄성을 발견하고 고백한 한 엄마의 고백의 글이다.

"거짓말 하고, 나쁜 말은 가르치지 않았는데 거침없이 하는 내 아이, 내 아이 안에 있는 죄성이 질기고 질기게 자리 잡았는지 빼내어도 빼내어도 끝이 보이지 않네요. 아직도 그대로입니다. 죄된 습관은 여전히 꿈틀거리며 내 아이 안에 있더라구요…"

이 두 가지의 시각에서 신앙교육은 출발한다. 그리고 그 목적은 아이가 성장하여 젊은이가 되었을 때 중요한 결정의 순간마다 그가 하나님의 뜻을 찾고 하나님이 원하시는 삶을 산다는 최고의 가치에 두고 있다. 신앙교육은 인생에서 누구를 만나며, 어떻게 공부해야 하며, 진로를 어떻게 선택해야 하며, 어떤 직업을 갖고, 결혼은 할 것인지, 누구와 결혼을 할 것인지 그리고 언제 결혼을 할 것인지 등에 바른 판단을 하게 하는 도구가 된다. 신앙교육은 개인의 삶의 질과 영적 행복에 중요한 영향을 준다. 신앙교육은 염려나 근심, 걱정 등으로 가득찬 세상에서 유일한 삶의 비결이 되게 해준다.

내 아이가 신체적으로 건강할 수도 있고 병약할 수도 있다. 무슨 일에든지 민감한 반응을 보이거나 둔감하여 아무런 반응을 보이지 않을 수도 있다. 정서적으로 온화하고 성품이 온순하여 애정이 넘치는 아이일 수도 있고, 난폭하고 불안정한 아이일 수도 있다. 분명한 점은 그 중심에 신앙이 자리할 수 있도록 가르쳐야 한다. 신앙이 흔들리지 않고 삶의 중심에 신앙이 있다면 다음의 바울의 고백처럼 절대로 무너지지 않으며 모든 것을 가진 자가 될 것이다.

> [9]무명한 자 같으나 유명한 자요 죽은 자 같으나 보라 우리가 살아 있고 징계를 받는 자 같으나 죽임을 당하지 아니하고 [10]근심하는 자 같으나 항상 기뻐하고 가난한 자 같으나 많은 사람을 부요하게 하고 아무것도 없는 자 같으나 모든 것을 가진 자로다(고후 6:9-10).

신앙교육, 그것은 이 시대의 패스워드(password)이다. 오늘날 우리의 가정에 있어야 할 패스워드는 신앙이요, 그 신앙을 가르치는 교육이다. 신앙이 인생의 문에 들어가는 패스워드요, 세상의 유혹과 싸움에서 보호되고 이길 수 있는 패스워드이다.

> [12]내가 진실로 진실로 너희에게 이르노니 나를 믿는 자는 내가 하는 일을 그도 할 것이요 또한 그보다 더 큰 일도 하리니 이는 내가 아버지께로 감이라 [13]너희가 내 이름으로 무엇을 구하든지 내가 행하리니 이는 아버지로 하여금 아들로 말미암아 영광을 받으시게 하려 함이라 [14]내 이름으로 무엇이든지 내게 구하면 내가 행하리라(요 14:12-14).

무엇이든지 믿음으로 구할 수 있는 이 패스워드만 있으면 우리의 자녀들은 세계 어디에도 들어갈 수가 있다. 왜냐하면 이 패스워드는 하나님의 마음을 움직이는 열쇠요, 고난을 이기게 하는 해답이요, 축복의 통로이기 때문이다.

신앙교육 2

가정이 흔들리고 있다

여호와께서 집을 세우지 아니하시면 세우는 자의 수고가 헛되며(시 127:1). ⁴…사람을 지으신 이가 본래 저희를 남자와 여자로 만드시고 ⁵말씀하시기를 이러므로 사람이 그 부모를 떠나 아내에게 합하여 그 둘이 한 몸이 될지니라 하신 것을 읽지 못하였느냐(마 19:4-5).

패러다임이 변하고 있다

 가정의 패러다임이 변화하고 있다. 급변하는 세계의 흐름과 문화 변동으로 인하여 전통적인 가정이 변하고 있다. 가족의 형태도 독신 가구, 한부모 가정, 재혼 가정 등으로 다양해지고 있다. 기능적으로 볼 때에도 부모 모두가 일하는 가정이 증가하고 있고, 급격하게 이혼율이 높아지고 있으며, 편부모 가정의 증가, 상대적으로 대가족의 감소 등이 나타나고 있다.
 그리고 산업화와 문화로 인하여 가정에 대한 가치관과 삶의 형태가 달라지고 있다. 변화의 중심에 경제가 자리하기도 한다. 경제적 상황이나 변화에 의해 가정의 형태와 모습도 영향을 받기 때문이다. 점차적으로 역사와 전통과의 접촉을 잃어가고 있다. 과거에는 세대 간의 유대감도 돈독했지만 이제는 더 이상 기대하기 어렵다. 세대 간의 사고와 가치관 그리고 문화의 차이는 점점 더 차이가 벌어지고 있다. 한 가정 안에서도 더는 할아버지 할머니를 가족으로 여기지 않는다. 핵가족화되면서 나타나는 변화이다. 가정의 사고, 문화, 습관, 형태가 빠르게 변하고 있다. 부부 중심 혹은 부모와 자녀로 구성된 2세대 중심으로 변하고 있다. 서로 간에 개념이 없다. 전혀 다른 사람들처럼 여긴다. 어른들과의 접촉이 부족하며 친척들과의 접촉 역시 부족하다.

과거에 가문을 중시하던 세대와 달리 요즘 젊은 세대들은 가족 중심인데다 문화 창출에 관심이 크다. 밤늦게까지 직장에서 일하고 돌아온다. 아이들의 잠자는 얼굴만 보면서 살아가는 가정도 있다. 아이들에게 아버지가 낯선 존재로 여겨지기도 한다. 다른 한편으로는 삶의 다른 요소인 문화나 예술 그리고 스포츠에 대한 관심들이 커졌다. 가정적이기도 하지만 여가 활동으로 스포츠나 문화 활동을 즐기고 있다. 그리고 그 표현도 자유로워졌다. 과거 시어른들에게 말할 수 없는 일도 자연스럽게 이야기하는 시대이다. 이런 예는 삶의 모든 부분에서 나타나고 있다고 해야 할 것이다.

최근 저출산과 고령화로 인한 문제와 홀로 거주하는 독신 가정의 증가는 우리 사회 가족의 또 다른 형태로 자리하고 있다. 출산과 육아의 문제는 더 이상 가정 내의 문제가 아니라 전 사회가 공동으로 해결해야 할 문제로 대두되었다.

"최근 통계청 발표에 따르면 30~34세 여성 중 미혼 비율이 1995년의 6.2%에서, 2010년 28.5%로 증가 했고, 같은 기간에 30~34세 미혼 남성 비율은 18.6%에서 49.8%로 늘었다고 한다. 2010년 현재 35~39세 남성 중 26.9%가 미혼이요, 40~44세 남성의 미혼 비중 또한 14.8%에 이르는 것으로 나타났다."

젊은 미혼 세대가 늘어나고 독거 노인도 늘어가고 있다. 독신자들이 늘어나는 것은 결혼을 기피하게 되고, 궁극적으로 저출산으로 인하여 가정이 무너지는 것을 초래할 수 있다. 그리고 이런 일련의 변화들은 주거 양식이나 식생활, 삶의 패턴 등 우리 사회에 이전에 경험하지 못한 다양한 도전들을 가져올 것이다.

그리고 한국사회도 이제는 다문화 가정의 출현에 주목해야 한다. 한국은 더 이상 단일민족 사회가 아니라 다문화 사회이다. 다문화 가정이 많다. 다문화 가정이라는 것은 한국인과 외국인이 결혼한 가정을 일컫는 표현이다. 이 표현에는 서로 다른 인종 사이에서 태어난 자녀에 초점을 맞춘 '혼혈인 가족'과 말 그대로 국경을 넘나드는 결혼의 형태를 의미하는 '국제결혼 가족', 마지막으로 한부모 가정·독신자 가정처럼 다양한 가족의 형태 중 하나로 정의하는 '다문화 가족'이 그것이다. 대체적으로 우리가 일컫는 다문화 가정은 한국인과 외국인과의 결혼에 의해 이루어진 가정을 지칭한다. 이 가정들에 대한 배척이나 자녀들에 대해 따돌림을 한다거나 무시해서는 안 된다. 그들을 수용하고 다문화 가정에 대한 이해와 배려 그리고 그들을 함께 포용하고 살아가는 공동체를 회복해야 한다.

그러나 문화적인 측면에서 좀 더 들여다보면 순혈통을 주장하는 우리의 가정 역시 다문화 가정의 범주에 포함할 수도 있다. 우리의 가정이 서로 다른 혼혈 가족이 아니라 할지라도 가정 안에 존재하는 서로 다른 문화가 다문화 가정처럼 보여진다. 자녀들이 누리는 문화와 부모 세대가 누리는 문화의 차이는 점점 더 심각해지고 있다. 부모들은 그들이 사용하는 언어를 전혀 이해하지 못하고 있고 그들이 무엇을 생각하고 살아가는지에 대해 우둔할 때가 있다. 그들이 스포츠 스타나 연예인에 열광하며 게임이나 디지털 문화에 익숙해 있는 속성을 잘 이해하지 못한다. 자녀들 역시 부모 세대에 이해와 배려가 부족하다. 나이가 들어 늙는 것은 누구나 직면하게 되는 미래인데 이 사실을 부인하려고 한다. 노인에 대해 외면한다. 이로 인해 가정 안에 대화가 단절되고 불신과 불만이 팽배해지고 있다.

가정 안에 있는 힘의 원리도 바뀌고 있다. 전통적으로 가정에서의 힘은 남성인 남편에게 있어 왔다. 힘의 우위는 경제적인 것이나 전통적 입장에 의해 있어 왔다. 그러나 문화 변동이 가정에서의 힘의 균형의 변화를 가져오고 있다. 문화 변동과 기술의 발전으로 인하여 가정에서 힘의 우위가 바뀌어지고 있다. 아직도 아버지의 일방적인 독주에 의해 가정이 의사결정이 이루어지기도 하지만, 자녀의 의견이나 아내의 의견이 많이 반영되고 있다. 더 나아가서 아버지가 정한 일방적인 방식으로 진행하지 않고 가족의 의사를 타진해서 추진하게 된다.

세속의 가치관은 가정을 건물이라고 한다. 침대가 나무가 아니라 과학이라고 유혹하듯이 말이다. 그러나 아무리 과학이라고 주장해도 침대의 본질은 나무이다. 이런 논리가 가정을 정의하는 것에도 통하고 있다. 가정은 건물이 본질이요 건물이 가정의 가장 중요한 구성요소라고 말한다. 건축업자의 말 뿐만이 아니라 이 세상 사람들이 하는 말이기도 하다. 그래서 사람들은 가정이라고 생각할 때에 우선적으로 건물에 관심을 둔다. 이제 가정을 이루려고 하는 사람들도 그들의 관심은 온통 건물이다. 어떤 건물에 살 것인가이다. 본질보다 비본질에 관심을 두고 있고 거기에 전력하고 있다. 그러나 가정은 누가 뭐래도 건물이 주요소가 아니라 사랑이다. 그 사랑도 그리스도로 묶여진 사랑이다.

그리스도인 가정이 불안하다

가정이 흔들리고 있다. 무너지고 있다. 병들어 가고 있다. 죽을 병이 걸려 곧 죽음의 목전에 이른 가정이 허다하다. 부모들은 안일함과 도박과 중독과 쾌락에 빠져있고 자녀들은 게임과 일탈을 서슴지 않고 있다. 경제적 고통으로 인하여 부모의 이혼이 증가하고 있고 결손 가정의 자녀들이 방치되고 있다. 가정 안에서 부모에 의한 폭력이 빈번하게 발생하고 있고, 무책임과 비인격적인 일이 자주 일어나고 있다. 가정에서 서로 이해하고, 격려하고, 신뢰하기보다는 때리고, 비난하고, 독설을 퍼붓고, 상처를 서로 주고받고 있다. 서로 아끼고 사랑하는 원리가 아닌 쾌락과 탐욕과 힘의 원리가 지배하고 있다.

그리고 가정에서 강자와 약자의 논리가 더 설득력이 있게 자리하고 있다. 부모는 강한 자로 군림하고, 자녀는 자신의 욕구를 채우기 위해 부모를 살해하고, 쾌락을 즐기기 위해 타락과 폭행을 일삼는다. 가정 안에 있는 문제로 인하여 자녀들은 상처 속에 버려지고 독기를 품으면서 살아가고 있고 부모들은 아픔을 다스리지 못한 채 그 무서운 독을 뿜어내고 있다. 서로 사랑하며 살아가야 할 대상이 미움과 증오의 대상이 되어 버렸다. 따스함은 보이지 않고 차가움만 존재한다. 습관적으로 폭행과 폭언을 일삼는 가정이 늘고 있다. 실직과 실패로 인하여 불화를 겪고 있는 가정이 늘고 있다. 가정의 문제로 아버지가 자살하고, 어머니가 자살하고, 자녀들이 자살한다.

이 시대의 가정은 영화 "타이타닉"에서처럼 "이 배는 최신식 증기선이므로 침몰하지 않아"라고 자만하면서 위험을 제대로 파악하지 못하고 있다. 3층 객실의 수많은 승객들이 갑판 아래에 갇혀 죽어가고 있다. 그럼에도 전혀 위기를 느끼지 못하고 그 상황을 타개하려고 하는 노력들이 보이지 않는다. 가정의 윤리도 무너지고 가정의 정체성도 잃어가고 있고 가정의 해체 현상은 그 가속도를 붙여 내리막길로 치닫고 있다. 가족 구성원끼리 연결해주는 사랑과 포용과 용서와 인내의 연결고리는 끊어져가고 있다. 가정은 더 이상 사랑에 의한 공동체가 아니다. 돈과 쾌락과 상처에 의한 공동체가 되어 버렸다.

그렇다면 그리스도인의 가정은 예외인가? 세속적 가정과는 다른가? 더 안전한가? 더 건강한가? 이 질문에 대답하기가 속이 편치 않다. 아니 솔직히 그렇지 못하다. 그리스도인의 가정 역시 세상의 술에 취해 비틀거리고 있다. 아프고, 불안전하고 세속적 가정과 비교했을 때에 다를 바가 없다. 그리스도인의 가정 역시 쾌락과 탐욕과 세속적 중독에 의해 비틀거리고 있다. 큰 파도치는 망망대해에 조그마한 돛단배와 같이 위태롭다. "타이타닉"의 주인공처럼 위험을 감지하고 배 밑바닥에서 필사적으로 갑판 위로 올라가야 하는데, 여전히 배 밑바닥에서 서성거리고 있다. 구조선을 향해 신호를 보내야 하는데 아직은 아니라고 생각한다. 속히 그 자리를 벗어나야 하는데 마치 롯의 아내처럼 머뭇거리고 있다.

> [24]여호와께서 하늘 곧 여호와께로부터 유황과 불을 소돔과 고모라에 비같이 내리사 [25]그 성들과 온 들과 성에 거주하는 모든 백성과 땅에 난 것을 다 엎어 멸하셨더라 [26]롯의 아내는 뒤를 돌아보았으므로 소금 기둥이 되었더라 (창 19:24-26).

롯의 아내는 소돔과 고모라를 빠져 나오면서 뒤를 돌아보지 않아야 했다. 더 이상 쾌락에 미련을 두지 말아야 했다. 그런데 지금의 그리스도인의 가정이 롯의 아내와 같다. 탐욕과 쾌락에 길들여져서 자꾸만 그곳을 향해 추파를 던지고 있다. 빠져 나오려고 하는 몸부림은 있지만 그곳을 잊지 못한다. 한 입으로 찬양을 하고 신앙을 고백하지만 그 입에서 차마 담아내지 못할 말을 주저하지 않고 뱉어 낸다. 심각한 언어적, 육체적 폭력도 일어난다. 심지어는 자살까지 일어난다. 결혼 한 지 얼마 되지 않음에도 이혼을 생각하면서 살아가는 가정이 많고, 결혼하지 말 걸 하면서 고통스러워하고 있다.

 복음이 있음에도 불구하고 싸우기를 잘하고, 상처 주기를 잘하고, 비난하기를 잘하고, 용납하지 못하고, 인내하지 못하여서 무너져 내린다. 교회의 직분자가 가정에서 믿지 않은 사람보다 더 거칠고 그 표현이 폭군적이다. 심한 욕설을 하는가 하면, 충동적이고 자극적인 표현을 하며, 분을 참지 못하여 주변의 물건을 무기로 사용하기도 한다. 아버지는 가정에서 권력자로 자리하고, 폭언과 과격한 행동을 일삼고 있다. 자기 고집과 아집에 사로잡혀 벗어나지 못하고 있다. 그리스도인의 가정임에도 상대방에게 지기를 싫어하고, 용납하기를 즐겨하지 아니하고, 시샘하기를 좋아하고, 상대방을 깔아뭉개고, 자신의 자존감과 위치 보존하기를 즐겨한다. 다른 사람들보다 상전에 앉기를 사모하고, 대접받기를 기대하고, 성경적인 남편과 아내의 역할에는 관심이 없다. 섬기려고하기 보다는 섬김을 받으려고 한다. 세속적 욕망이 강하다.

 이처럼 그리스도인 가정 역시 서로가 가지고 있는 트라우마(Trauma)를 쏟아내면서 서로를 죽이고 있다. 정신적 충격에 의해서 혹은 원치 않은 경험에 의해 트라우마를 가지고 있는 부부에게 필요한 것은 위로하고 격려하면서 사는 것인데 그렇게 살지 못한다. 우리

사회에 119가 필요하다는 것은 모두가 인지하고 있다. 그 이유는 위급할 때, 가장 빨리 달려와서 위급함을 구해주기 때문이다. 마찬가지이다. 그리스도인 가정에도 119가 와야 하는 지경에까지 이르렀다. 부부는 가장 가까이에 있는 사람으로서, 서로가 힘들고 위급할 때에 도와줄 수 있는 존재임에도 오히려 서로를 파괴하면서 살아가고 있다. 더 사랑하고, 더 깊이 있게 다가가야 하는데, 얼마 살 수 없는 이 땅에서 서로에게 상처 주면서 살아가고 있다. 난리에 난리다.

여기에서 한 걸음 더 나아가 가정에 있는 교육을 들여다보면 더욱 절망적인 생각이 든다. 가정에 신앙교육이 없다. 가정에 있는 신앙교육은 그 불꽃마저 꺼져가고 있다. 신앙교육을 위해 몸부림을 치는 흔적이 흐릿하다. 신앙교육에 대해 그 소중함이나 중요성마저 잃어가고 있다. 부모의 역할은 자녀를 교회에 데리고 가는 것이라던가 혹은 자녀를 교회에 맡기는 것이라고 생각하고 있다. 자신의 자녀를 신앙으로 가르치지 못하면서 누군가가 그 역할을 대신해 주기를 원하거나 교회가 그 역할을 대신해 주기를 원하는 것은 신앙교육에 대한 착각이다.

가정에 바람이 불고 있다. 세속화의 바람이며, 신앙이 없는 교육의 바람이다. 이 바람을 잠재우는 길은 다시 가정이 신앙으로 바로 서는 일 뿐이다. 흔들리는 가정을 안정되게 세우는 일 역시 신앙뿐이다. 부모 자신은 자신의 과거를 바꿀 수는 없지만, 자녀의 과거는 부모의 신앙교육에 의해 바꿀 수 있다. 부모가 신앙을 가르치고자 하는 노력은 자녀의 새로운 미래를 보게 한다. 확신이 없는가? 두려운가? 하나님은 그런 자에게 우리와 함께 하시겠다고 말씀하신다(사 41:10).

부모는 자녀에 대해 잘 모르고 있다

자녀에게 있는 죄성은 부모가 자녀를 이해하는 데 어렵게 만든다. 자녀를 양육하면서 부딪치는 문제는 선하고 좋은 면보다는 악하고 어리석은 면을 직면할 때이다. 아이들의 이중적인 모습을 발견할 때에 실망하거나 좌절하게 된다.

부모에게 "자기 자녀에 대해 알고 있습니까?"라고 질문을 하였을 때에 어떤 대답을 할 것인가? 대부분의 부모는 "잘 알고 있다"라고 대답한다. "내 아이의 성격은 이렇고요, 내 아이의 습관은 저렇고요, 내 아이는 국수를 좋아하고 김치 먹는 것을 싫어하고요, 내 아이는 축구를 좋아하지만 야구는 싫어해요, 내 아이는 게임을 좋아하고, 내 아이는 혼자 있기를 좋아하고요, 내 아이는 친구들을 만나는 것을 너무 좋아해서 탈이에요"라고 하면서 거침없이 자랑을 하듯이 말을 할 것이다.

그러나 과연 그럴까? 진심으로 내 자녀에 대해 알고 있는 것일까? 부모 눈에 비치는 모습으로 내 아이를 다 안다고 할 수 있을까? 아무래도 이 질문에 대한 대답은 고민을 해야 할 것이다. 잘 알지만 다른 한편으로는 자녀를 다 안다라고 말할 수 없을 것이다. 자녀가 말을 잘한다고 해서 내 자녀를 다 안다고 할 수 없다. 자녀가 말썽을 피우지 않는다고 해서 잘 안다라고 할 수 없다. 자녀가 순종적이라고 해서 "내 자녀는 너무나 잘 알고 있어요"라고 장담할 수 없다. 그 이유는 내 자녀 역시 겉으로 드러나는 것만 있는 것이 아니라 내면의 더 본질적인 죄성의 모습이 있기 때문이다. 그리고 때로는 자녀의 내면에 있는 상처와 아픔으로 인해 분출되는 것에 의해 나타나기 때문에 부모는 더 모를 때가 있다.

"평소 아이를 제대로 살펴보지 못했던 게 가장 후회됩니다."

이 말은 대구 중학생 자살사건의 가해 학생의 부모 중 한 명의 고백이다. 이는 다른 말로 하면 내가 내 아이를 몰라도 너무 몰랐다는 것이다. 내 아이가 그렇게 나쁜 짓을 했을 줄 전혀 몰랐다는 의미이다. 사실 그렇다. 가해 학생들은 겉으로는 그저 평범한 여느 다른 학생들과 별반 다를 바가 없었다. 가정에서 착한 아이이고, 학교에서도 성실하게 보였던 학생들이었다. 학교에서 공부도 그런대로 따라가는 아이였다. 이 아이의 부모는 당연히 내 자녀에 대해 안다고 생각했고, 내 자녀가 그런 끔찍한 일을 하게 될 줄 몰랐던 것이다. 그런데 그들이 행하였던 일들을 보면 충격적일 정도로 이상한 일들이 많았다. 정상적인 또래 아이들이라고 이해하기에는 믿기지 않을 정도의 확연하게 다른 행동들을 일삼았다. 일탈적인 행동이 도를 넘은 것이다.

이처럼 부모들은 위의 부모들과 같이 자기의 자녀를 잘 안다라고 하지만 모르고 있다는 것이 더 맞을 것이다. 자녀의 내면에 어떤 아픔이 있고, 아이가 꿈꾸는 욕망이 무엇인지, 진정으로 좋아하는 것 무엇인지, 무엇을 하고 싶어 하는지에 대해서 모른다. 따라서 내 자녀가 학교에 잘 다니고, 눈에 보이는 곳에서 놀고, 책상에 앉아 공부하고, 학원에서 열심히 다닌다고 해서 잘 안다고 생각하는 것은 위험한 일이다. 겉으로 드러난 모습을 보고서 내 자녀에 대해 잘 알고 있다 라고 여기지만 실상은 모르고 있다는 것이 더 정확한 진단이다.

자녀에게 있는 죄성을 보는 것은 쉽고도 어려운 일이다. 부모가 영적 시각으로 자녀의 삶을 들여다보지 못하면 발견하지 못한다. 어느 날 아들이 책상에 컴퓨터를 켜놓고 공부하는데 문득 이상하다는 생각이 들었다. 처음에는 열심히 공부를 하고 있는 줄 알고 있었다. 그런데 왠지 마음에 아들에 대해 확인하고 싶은 마음이 들었다. 그래서 아들에게 다가가서 "공부 잘되니"라고 물었다. 아들은 아주 자연스럽게, 주저함도 없이, 당연한듯이 "네"라고 대답했다. 하지만 그 대답에 신뢰하기가 어려워 "네"라고 하는 그 대답이 확인하고 싶어졌다. 그래서 아들에게 이해를 구하고 컴퓨터를 확인해 보았다. 내가 염려한 대로 여러 개의 창이 열려져 있었다. 공부와는 전혀 상관없는 창들이었다. 아들은 공부를 한 것이 아니었다. 거짓의 창을 열어놓고 진실은 그 속에 숨겨두었던 것이다. 그전까지 그 무엇을 하더라도 신뢰가 있었다. 잘할 것이라고 여겼다. 그래서 여느 부모들처럼 나는 내 아들에 대해 잘 안다고 생각을 해왔다. 적어도 겉으로 드러나는 모습만 보아서는 그랬다. 그런데 내가 몰랐던 것이다. 내 아들에게도 죄성이 크게 자리하고 있음을 안 것이다. 보여지는 것들에 의해 거짓의 창이 진실의 창인 것처럼 열려 있었던 것이다.

이처럼 우리가 자녀에 대해 무지하다는 것은 내가 직접 목격하거나 사건이 일어났을 때 깨닫게 된다. 문제가 드러났을 때이다. 아이가 거짓말을 한 것이 드러났을 때, 아이가 친구들과 싸웠을 때, 아이가 어머니의 지갑에 손을 대었을 때, 아이의 가방에서 이상한 것이 발견되었을 때에, 아이가 가출을 했을 때, 학교에서 선생님이 부모에게 면담을 요구해올 때, 다른 사람이 내 아이의 이상한 행동에 대해 이야기해 올 때, 학원에서 내 자녀가 오지 않았다는 전화를 해올 때, 핸드폰에 낯 뜨거운 장면이 담긴 수많은 사진과 어플을 보았을 때, 교회에서 담당 선생님이나 전도사님이 전화로 부모에게 아이에 대한 사실을 알려올 때, 경찰서에서 아이가 여기 있으니 와보시라고 출두 명령을 요구해 올 때, 그제서야 내가 몰랐다는 사실을 알게 된다. 내 자녀가 문제점 투성이라는 사실을 아는 것이다. 아래의 글은 평소에 자기 자녀를 잘 알고 있다고 자신했던 어머니가 어느 날 자녀에게서 거짓됨이 있음을 발견하고 실망한 글이다.

> "개학을 앞둔 어느 날, 성경쓰기를 하고 있는데
> 아들: "엄마 그거 왜 써요?"
> 엄마: "태교위해서 쓰기도 하고 이렇게 쓴 성경 한 권 가보로 물려주고 싶어서."
> 아들: "그럼 나도 쓸래요. 나도 지금부터 써서 내 아이한테 물려줄래요."
> 그렇게 해서 잠언쓰기를 시작한 아들이었다. 그런데 며칠 쓰더니 슬슬 꾀가 생기기 시작했다. 처음엔 하루에 다섯 절씩 쓴다고 고집부리더니 며칠새 하루에 한 절씩 기록했다. 그리고 매일 쓴 절 옆에 날짜를 적으라고 알려주었다. 어느 날 일하고 조금 늦게 집에 온 엄마를 향해 오더니
> 아들: "엄마 오늘은 엄마가 시키지 않았는데 오자마자 성경 먼저 썼어요."
> 엄마: "와 정말 우리 아들 이제 말 안 해도 혼자 하는 거야? 어디 갖고 와볼래?"
> 순간 내가 그렇게 말한 것은 너무도 천연덕스럽게 말하는 아이의 모습에서 거짓을 보았기 때문이었다. 아니나 다를까 지난 금요일 쓴 구절에 날짜를 적지 않은 걸 이용해서 거짓말을 한 것이었다. 너무 실망되었다."

아이의 내면에 있는 거짓을 본 것이다. 따라서 "내 아이는 절대로 거짓말 할 줄 몰라요", "내 자녀는 그런 일을 할 아이가 아니에요", "내 아이는 그럴 리가 없어요", "내 아이는 절대로 그런 일을 하지 않아요", "내 아이는 오히려 맞았지 친구를 때리지 않아요", "내 아이는 절대로 남의 것을 훔치지 않아요", "내 아이는 착해요"라고 말하는 것은 "나는 내 자녀에 대해서 모르고 있습니다"라고 말하는 것과 같다.

그러므로 자녀가 선한가? 그렇지 않다. 타락한 본성을 소유하고 있

다. 부모는 이 사실을 늘 지각하고 있어야 한다. 이는 자녀를 불신의 눈으로 바라보라는 것이 아니다. 신뢰하지 말라는 것이 아니다. 불신하라는 것과 자녀의 내면의 죄성을 보라는 것과는 다르다. 불신이라는 것은 내 자녀를 믿지 아니하는 것이다. 죄성을 보라는 것은 자녀를 믿지 말라는 것이 아니라 그의 약함을 보고 그의 어리석음을 보고 그의 본능적 죄악을 보라는 것이다. 믿는 것과 죄성을 보는 것은 다른 것이다. 믿는다고 해서 무조건 용납하고 그 안에 있는 죄성 마저 정당화하거나 용납해서는 안 된다는 것이다. 자녀를 이해하고 믿어야 한다는 세속적 교육의 가치가 죄성을 보게 하는 눈을 가리우게 한다. 그리스도인 부모는 이 점에서 혼란스러워해서는 안 된다. 맹목적인 믿음이나 부모의 불신은 오히려 자녀를 병들게 하고 어두움으로 몰아넣게 된다. 탐욕에 눈뜨게 하고, 거짓에 귀를 기울이게 하고, 이생의 자랑에 목소리를 높이게 한다. 그러나 부모가 자녀의 죄성을 보고 자녀가 자신에게 있는 죄성을 깨닫게 하는 것은 자녀를 병으로부터, 욕망으로부터, 거짓으로부터, 다툼으로부터 벗어나게 하며, 자신의 인생을 세상 가운데서 빛으로 나아가게 하는 출발이 된다. 주님이 우리에게 어린아이와 같은 믿음을 요구하셨지만 자녀 그 자체가 선한 의미는 아니다. 자녀 역시 악한 본성을 지니고 있음을 기억해야 한다. 성경은 이에 대해 이렇게 선언한다.

> 그러므로 한 사람으로 말미암아 죄가 세상에 들어오고 죄로 말미암아 사망이 들어왔나니 이와 같이 모든 사람이 죄를 지었으므로 사망이 모든 사람에게 이르렀느니라(롬 5:12).

자녀를 양육하면서 가장 먼저 놀라운 일을 발견하는 것이 있다. 그것은 가르치지도 않은 부정적인 말과 악한 행동이다. 어디서 그것을 배웠는지, 어떻게 그런 악한 말을 하는지 놀랄 때가 있다. 왜 이런 것이 나타나는 것일까? 이것이 바로 죄성이다. 그래서 어리고 순진한 자녀에게도 탐욕이 있고, 두려움이 있고, 반항심이 있고, 편안하고 게으름에 대한 욕망이 있고, 욕구로부터 나오는 대로 행동하고, 나쁜 말을 거침없이 내뱉고, 시기심이 있고, 어두움이 있다. 이것은 다윗이 묘사하고 있는 것과 너무나 흡사하다.

> ^{1}악인의 죄가 그의 마음속으로 이르기를 그의 눈에는 하나님을 두려워하는 빛이 없다 하니 ^{2}그가 스스로 자랑하기를 자기의 죄악은 드러나지 아니하고 미워함을 받지도 아니하리라 함이로다 ^{3}그의 입에서 나오는 말은 죄악과 속임이라 그의 지혜와 선행을 그쳤도다 ^{4}그는 그의 침상에서 죄악을 꾀하며 스스로 악한 길에 서고 악을 거절하지 아니하는도다(시 36:1-4).

부모는 이 사실을 알고 자녀에 대한 무지에서 빛 가운데로 나와야 한다. 자녀에 대한 무지를 깨닫는 것은 신앙을 가르치는 일에 새로운 도전과 출발이 된다. 모든 부모들은 다음과 같은 질문을 스스로에게 할 필요가 있다. "내가 지금 무엇을 하고 있는가? 나는 누구를 섬기고 있는가? 나는 내 아이를 바로 이해하고 있는가?" "나는 내 아이를 무조건 용납하고 있지는 않은가?"

그러므로 육신의 부모가 된 것은 결코 자랑이 아니다. 자녀에 대한 무지로부터 벗어나는 것이 자랑이다. 무지로부터 벗어나게 되면 곧 자녀 안에 있는 죄성을 보는 눈을 얻게 된다. 이 눈을 가질 때에 부모는 자녀에게 뿌린 것만큼의 좋은 열매를 기대하게 되는 것이다. 부모는 자녀에 대한 무지가 아닌 죄성을 이해하고 그 죄성에 대한 뿌린 눈물과 신앙에 따라 그 열매를 달리하게 되는 것이다.

> [16]그의 열매로 그들을 알지니 가시나무에서 포도를, 또는 엉겅퀴에서 무화과를 따겠느냐 [17]이와 같이 좋은 나무마다 아름다운 열매를 맺고 못된 나무가 나쁜 열매를 맺나니 [18]좋은 나무가 나쁜 열매를 맺을 수 없고 못된 나무가 아름다운 열매를 맺을 수 없느니라(마 7:16-18).

부모가 자녀를 가시나무처럼 가르치면서 그 나무에 포도의 열매를 기대한다는 것은 무지이다. 엉겅퀴와 같은 신앙을 가르치면서 무화과의 열매를 기대할 수는 없다. 좋은 나무가 되도록 해야 한다. 신앙교육을 위해 씨를 뿌리는 수고를 해야 한다. 시간을 내어서 자녀의 속으로 들어가보아야 한다. 내 자녀가 죄의 유혹을 받는 곳이 어디이며, 죄에 굴복하는 곳이 어디이며, 넘어지고 상처받는 곳이 어디인지를 들여다보아야 한다. 음악가들은 자신의 분야에서 좋은 연주자가 되기 위해 피나는 연습을 한다. 손에 물집이 생기고 혹은 입술이 부르트기까지 연습을 한다. 운동선수들은 어떤가? 그들은 시합에 나가기 전에 경기를 위해 노력하며, 절제하며, 금욕하면서 혹독한 육체적 연습을 한다. 혼신의 힘을 다해 연습하고 또 연습한다. 이처럼 예술가들과 운동선수들은 자신의 이미지와 예술적 표현을 위해, 시합을 위해 시간과 노력을 쏟는데 게을리하지 않는다. 하물며 부모는 하나님의 말씀을 가르치며 자녀를 양육하는 자이다. 얼마나 소중하고 숭고한 일인가? 자녀를 바로 이해하고 바로 세우는 일에 최선을 다해야 한다.

두 얼굴을 가진 부모는 위험하다

 신앙을 가르치기 위해 고민하면서 몸부림을 치는 부모가 있고, 세상의 가치관과 흐름에 몸을 맡기면서 바람이 부는 방향으로, 물이 흘러가는 대로 자녀를 대하는 부모가 있다. 그리고 자녀가 신앙적으로 잘 성장하기를 바라면서 다른 한편으로는 세상적으로 성공하기를 원하고 있다. 신앙과 성공은 적대적이지는 않다. 하지만 신앙은 고난을 이겨내는 힘이 되고 가난하게 살아도 행복한 삶을 살게 되는 원동력이 되지만 신앙이 없는 성공은 허영과 탐욕의 결과물이 되며 실패를 했을 경우 삶마저 무너지게 된다. 그러나 많은 부모들은 세베대의 아들의 어머니처럼 신앙으로 위장한 성공을 원한다. 세베대의 어머니는 어떠했는가? 그녀는 두 얼굴의 부모였다.

> [20]그 때에 세베대의 아들의 어머니가 그 아들들을 데리고 예수께 와서 절하며 무엇을 구하니 [21]예수께서 이르시되 무엇을 원하느냐 이르되 나의 이 두 아들을 주의 나라에서 하나는 주의 우편에, 하나는 주의 좌편에 앉게 명하소서(마 20:20-21).

 야곱과 요한의 어머니의 요구가 당연한 것일 수도 있다. 왜냐하면 이것이 부모의 솔직한 마음이기 때문이다. 그러나 우리가 이것이 부모의 마음이라고 생각한다면 우리가 믿는 신앙의 가치는 너무나 초라하게 된다. 예수 그리스도가 부모에게 향하신 기대는 무너지게 된다. 우리가 믿는 복음은 너무나 초라하게 된다.
 "내 자녀가 어떻게 하면 예수님과 함께 높은 자리에 앉을까?", "내 자녀가 어떻게 하면 높은 권세를 가질까?", "내 자녀가 어떻게 하면 높은 영광을 얻을 것인가?", "내 자녀가 어떻게 하면 이 세상에서 예수님과 함께 왕 같은 권세와 영화를 누릴까?"라고 생각하면서 신앙을 가르친다면 그것은 모순이다. 이런 마음을 가지고 있다면 그것은 예수님의 마음이 아니다. 그럼에도 우리는 세베대의 아들들의 어머니처럼 내 아이를 데리고 주님에게 나아와서 동일한 뜻을 전하려고 한다.

> "주님, 내 아이를 이 땅에서 능력 있게 하옵소서. 내 아이를 성공시켜 주옵소서, 내 아이가 공부 잘하고 훌륭한 사업가가 되게 하옵소서."

우리는 이런 욕망에서 벗어나야 한다. 부모인 나에게 세베대의 어머니처럼 동일한 마음이 든다면 속히 내려놓아야 한다. 내 아이를 주님의 우편에, 좌편에 앉히는 것은 내가 아니라 주님이 하신다. 즉 내 아이를 주님이 주장하시도록 해야하는 것이다. 주님이 주장하시도록 한다는 것은 내 아이가 말씀에 순종하는 훈련이 되어야 하며 주님의 사랑을 고백하는 아이가 되도록 하는 것이다.

성경에는 많은 가정의 이야기가 있다. 우리의 롤 모델이 되는 가정이 있고 그렇지 못한 가정이 있다. 특별히 신앙교육을 통해 올바른 방향을 제시해 주는 가정이 있는가 하면 실패의 모습을 보여주는 가정이 있다. 그리고 두 얼굴을 가진 부모의 모습이 적나라하게 나타나고 있다. 그러나 그 결과는 너무나 다르게 나타난다.

다윗은 부정적인 모습을 보여주는 부모였다. 그는 자녀를 섭섭하게 하지 않았다. 그 가운데 압살롬을 향한 부정은 남달랐다. 너무나 사랑하였다. 아꼈다. 자기의 위로자였으며 자랑거리였다. 가장 기대했던 아들이다. 자신의 뒤를 이어 훌륭한 일을 해줄 것이라고 믿었다. 그는 세베대의 어머니처럼 자신의 아들이 자기보다 더 강대하고 영화로운 나라를 세워주기를 원했다. 그러나 그런 아들에게서 배신을 당한다. 그는 자기의 분신이라고 여겼던 아들에게 쫓기는 신세가 되었다. 자녀가 불효하고 말을 듣지 않아도 가슴이 아픈데, 배반해서 칼을 들고 자기를 쫓고 있다. 존경의 막대기나 섬김의 것이 아니라 사람을 죽이는 날 선 검으로 그를 대적하였다. 그야말로 최악의 시나리오다. 아픔은 이루 말할 수 없었다. 자기 아들이 자신을 죽이려고 하는 것도 기가막힌 일인데 주변의 사람들도 한마디씩 거들었다.

> 너는 네 죄로 지금 고통당하는 것이 마땅하지 않느냐 하나님께서 너를 버리셨다(시 3:2).

사람들은 다윗에게 고통을 주기 위해 사랑하는 아들에게 쫓겨 다니는 참담함을 하나님이 허락하셨다고 손가락질을 하였다. 세상의 왕, 주님의 우편에 앉아서 영화로운 나라를 세우기를 원했던 아비의 심정은 어떠할까? 아버지인 다윗은 겨우겨우 목숨을 건져 살아가게 된다. 이것이 바로 두 얼굴을 가진 부모의 결과이다.

엘리는 어떤가? 자녀들이 세상에서 잘 되기를 바라는 부모의 비뚤어진 욕망의 모습을 보여주고 있다. 잘 되는 것만 바라다보니, 아들들의 죄성을 보지 못하였고, 성공의 인생만 바라다보니, 신앙의 절대적인 가치는 그 욕망 뒤에 사라져 버렸다. 그는 누구보다도 하나님을 섬기는 일이 무엇인지에 대해 잘 아는 사람이었다. 그는 아들들의 기를 살려주는 데 열중했다. 그의 아들이 저질렀던 잘못은 너무나 중하고 잘못된 것이었다. 어떻게 감히 하나님의 재물에 손을 대고 그 재물을 마음대로 사용할 수 있는가? 그것은 있을 수 없는 일이다. 그는 당연히 어릴 때부터 자녀들을 신앙으로 가르쳐야 했으며 하나님의 법을 사랑하도록 깨우쳐야 했다. 자녀들이 그릇된 길을 갈 때에 채찍을 들어야 했으며 엄하게 가르쳐야 했다. 그러나 그는 그렇게 하지 않았다. 엘리가 한 말을 들어보라.

> [23]그들에게 이르되 너희가 어찌하여 이런 일을 하느냐 내가 너희의 악행을 이 모든 백성에게서 듣노라 [24]내 아들들아 그리하지 말라 내게 들리는 소문이 좋지 아니하니라 너희가 여호와의 백성으로 범죄하게 하는도다 [25]그들이 자기 아버지의 말을 듣지 아니하였으니(삼상 2:23-25).

엘리의 이 말은 "어허 그 녀석들 참", "이제 좀 그만하지", "그러다가 다칠라" 이 정도였다. 그 이상도 이하도 아니었다. 아이들의 기를 살려주다가 아들들이 하나님으로부터 떠나고 죽임을 당하게 되었다. 단호하게 교훈과 책망과 바르게 함과 의로 교육해야 하는데 그는 그렇게 하지 않았다. 엘리는 자녀들의 일탈행동에 대해 침묵한 것이나 다름없다. 결국 그는 자녀들을 모두 잃는 최고의 슬픔을 경험하게 되었다. 아들들에게 있는 죄를 발견하고 그 죄들을 미워하도록, 죄악된 행동에서 떠나도록 책망하고 가르쳤어야 했는데 그렇게 하지 못했다. 어쩌면 아버지가 아들을 비참하게 죽음으로 몰아간 주범이 된 것이다.

이삭의 가정은 어떤가? 이삭과 리브가는 아들들을 사랑하는 데 있어 실패했다. 그들은 서로 다른 얼굴로 편애하였다. 부부가 아들 둘에 대해 서로 다른 감정과 호감을 갖고 애정을 주었다. 이삭은 장남을 좋아했고 리브가는 둘째 야곱을 좋아했다.

> 이삭은 에서가 사냥한 고기를 좋아하므로 그를 사랑하고 리브가는 야곱을 사랑하였더라(창 25:28).

이삭은 장자에 대한 신뢰와 함께 성격이 호탕하고 활발한 에서를 좋아하였다. 반면에 아내 리브가는 조금은 거친 장자보다 조용하고 온순하며 가정적인 둘째 야곱에 대해 더 깊은 애정을 가졌다. 부모의 편애는 결국 형제를 원수지간으로 만드는 데 기여하게 되었다. 서로 간에 경쟁심과 질투 그리고 시기심을 유발케 하였고 형제애를 무너뜨리는 데 일조하였다. 리브가는 형의 살기등등한 시선을 피해 동생 야곱을 먼 곳으로 피신시켜야만 했다.

기드온은 또 다른 부모의 어리석은 모습을 보여준다. 그는 자기의 가정을 아름답게 세우고 행복한 가정으로 만들어 가야할 책임이 있었다. 그러나 그는 콩가루 집안을 만든 가장이었다. 기드온은 자기의 욕망으로 많은 아내를 두었으며, 그들에게서 70명이나 되는 아들을 낳았다.

> [30]기드온은 아내가 많으므로 그의 몸에서 낳은 아들이 칠십 명이었고 [31]세겜에 있는 그의 첩도 아들을 낳았으므로 그 이름을 아비멜렉이라 하였더라(삿 8:30-31).

이는 기드온이 얼마나 문란한 생활을 하였는가를 보여준다. 그는 가정을 바르게 세우고 이끌어가야 하는 가장임에도 호사스럽고 타락한 생활을 하였다. 그 결과 기드온이 첩에게서 낳은 아비멜렉이 기드온의 친자 70명을 죽이고 불법적으로 왕위를 찬탈하고 이스라엘에 엄청난 고통과 비참한 결과를 가져왔다.

반면에 성경에는 자녀에게 높임을 받고 좋은 부모가 된 사람도 있다. 세속적 욕심으로 자녀를 성공시키려고 한 것이 아니라 신앙으로 몸부림치면서 자녀를 양육하고 보니 하나님께 높임을 받고 세상에서 높임을 받은 가정들이다. 세베대의 아들들의 어머니처럼 세상의 성공과 영화를 원하였던 것이 아니라 신앙을 최고의 가치로 가르쳤던 가정들이었다. 이 가정들의 공통점은 부모의 바른 신앙교육이었다.

아브라함과 사라는 믿음으로 아들을 얻었다. 귀하고 눈에 넣어도 아프지 않을 정도로 귀한 아들이었다. 그러나 아들에 대한 교육은 기를 살리는 것이 아니라 신앙이 우선이었다. 아들에게 철저히 하나님께 순종하는 법을 가르쳤다. 어떤 일이 있어도 신앙을 버리지 않도록 가르쳤다. 하나님을 두려워하는 삶을 살도록 훈계와 책망을 하였다. 부모의 신앙 교육을 받은 아들은 그 어떤 상황가운데서도 순종하였다. 가장 극적인 예가 모리아 산의 사건이다. 하나님은 아브라함에게 아들 이삭을 바칠 것을 말씀하신다. 아브라함은 지체 없이 아침 일찍 일어나 이삭을 데리고 모리아 산으로 갔다. 거기에서 단을 쌓고 아들을 바치려 하였다.

> [9]이에 아브라함이 그 곳에 제단을 쌓고 나무를 벌여 놓고 그의 아들 이삭을 결박하여 제단 나무 위에 놓고 [10]손을 내밀어 칼을 잡고 그 아들을 잡으려 하니(창 22:9-10).

이 절체절명의 순간에 아들 이삭은 아버지께 끝까지 순종한다. 당시 이삭이 청소년의 시기였다고 볼 때에 그에게는 아버지를 제압할 만한 힘을 지니고 있었다. 그러나 그는 자신의 죽음 앞에서 아버지를 거역하지 않고 완전한 신뢰를 보여준다. 이는 하나님을 믿는 믿음이었으며 아버지로부터의 받은 신앙 교육의 위대함이었다. 부모의 신앙이 자녀의 순종으로 나타난 것이다.

모세를 보라. 아므람과 요게벳은 모세가 어릴 적부터 정체성으로 무장시킨 부모였다. 상황은 어려웠다.

> [15]애굽 왕이 히브리 산파 십브라라 하는 사람과 부아라 하는 사람에게 말하여 [16]이르되 너희는 히브리 여인을 위하여 해산을 도울 때에 그 자리를 살펴서 아들이거든 그를 죽이고 딸이거든 살려두라(출 1:15-16).

모세는 아므람과 요게벳에 의해 태어났다. 하지만 유대인 아들이 태어나면 모두가 죽임을 당하는 어두운 시대였다. 불안과 아들을 향한 연민이 요게벳의 마음을 사로잡았다. 백일동안 숨겨서 키웠지만 더 이상 모세를 숨길 수 없게 되자 요게벳은 모세와 눈물의 작별을 하게 된다. 그러나 요게벳의 기도를 들으신 하나님이 유모로 자기의 아들을 교육하는 기회를 얻게 된다. 그때 바로의 궁전에서 유모로서 가르친 요게벳의 교육은 너는 죽어도 유대인이며 너는 하나님의 사람으로 살아야 한다는 것이 근본 가르침이었다. 모세가 바로의 자녀로 갔었지만 요게벳이 교육한 짧은 기간이 오랫동안 모세가 바로의 궁에서 배운 세상의 지식보다 더 뛰어났던 것은 바로 이런 이유 때문이다. 그가 당시 세계의 중심인 애굽의 바로의 궁전에서 최고의 호화로움과 인간의 끝없는 방탕함과 흘러넘치는 죄악에서 이길 수 있었던 것은 그의 어머니의 신앙교육때문이었다. 모세는 이방 문화 속에서도 하나님의 자녀임을 잃지 않았으며 유대인임을 잊어버린 적이 없다. 세속적 가치가 지배하는 곳에서도 신본주의적인 바른 가치관을 버리지 않았다.

엘가나와 한나는 기도로 심고, 신실함으로 자녀를 키웠다. 그 결과 훌륭한 하나님의 사람을 세상 가운데 서게 하였다. 모르드개의 가르침은 어떤가? 그는 삼촌이 죽자 그가 남긴 에스더를 자기의 딸처럼 양육하였다. 그리고 그녀에게 신앙을 가르쳤다. 그의 가르침은 유대인의 죽음이라는 절망 앞에서 더욱 빛나게 된다. 그는 에스더에게 말하기를,

> 13…너는 왕궁에 있으니 모든 유다인 중에 홀로 목숨을 건지리라 생각하지 말라 14이때에 네가 만일 잠잠하여 말이 없으면 유다인은 다른 대로 말미암아 놓임과 구원을 얻으려니와 너와 네 아버지 집은 멸망하리라 네가 왕후의 자리를 얻은 것이 이때를 위함이 아닌지 누가 알겠느냐 하니 (에 4:13-14).

모르드개의 가르침은 상황에 따라 변하지 않았다. 평온할 때나 위기의 순간에나 하나님의 자녀로서 자신이 해야 할 일과 신앙과 정체성에 대해 분명히 지적해주었다. 모르드개와 에스더는 결손 가정을 극복한 위대한 모범적인 사례이다. 환경이 어렵고 불우하지만 신앙교육을 통하여 얼마나 위대한 결과를 가져오는지를 단적으로 보여주는 예이다.

이 시대의 부모인 우리는 어떤 얼굴을 가진 자인가? 세베대의 아들들의 어머니처럼 내 아이를 하나는 주의 우편에, 하나는 주의 좌편에 앉히기를 원하는가? 한편으로는 지나친 사랑과 편애와 무능한 가르침으로 자녀를 망가지게 할 것인가? 아니면 신앙을 가르쳐 이 시대의 하나님이 함께 하시는 자녀로 양육할 것인가? 선택해야 한다.

부모보다 더 뛰어난 스승은 없다

하나님은 신앙을 가르치는 공동체로서 가정을 지목하셨다. 아이에게 마땅히 행할 바를 가르치는 곳이 가정이다. 이 명제를 성경은 분명히 기록하고 있다.

> ^{1}내 백성이여, 내 율법을 들으며 내 입의 말에 귀를 기울일지어다 ^{2}내가 입을 열어 비유로 말하며 예로부터 감추어졌던 것을 드러내려 하니 ^{3}이는 우리가 들어서 아는 바요 우리의 조상들이 우리에게 전한 바라 ^{4}우리가 이를 그들의 자손에게 숨기지 아니하고 여호와의 영예와 그의 능력과 그가 행하신 기이한 사적을 후대에 전하리로다(시 78:1-4).

가정에서 여호와를 알게 하고 하나님의 말씀을 가르쳐야 하는 분명한 이유를 위의 말씀에서 언급하고 있다. 선조들로부터 자신에게 분명하게 전해져 왔음을 이야기할 뿐만 아니라 자신도 역시 후손들에게 전하겠다는 결연한 의지를 보여주고 있다. 그리고 하나님은 왜 가정에서 이 일을 부모가 해야 하는지에 대한 이유도 언급하고 있다.

> ^{6}이는 그들로 후대 곧 태어날 자손에게 이를 알게 하고 그들은 일어나 그들의 자손에게 일러서 ^{7}그들로 그들의 소망을 하나님께 두며 하나님께서 행하신 일을 잊지 아니하고 오직 그의 계명을 지켜서 ^{8}그들의 조상들 곧 완고하고 패역하여 그들의 마음이 정직하지 못하며 그 심령이 하나님께 충성하지 아니하는 세대와 같이 되지 아니하게 하려 하심이로다(시 78:6-8).

위의 말씀은 가정에서 신앙을 가르쳐야 할 책임과 목적 그리고 그 결과에 대해 얼마나 명확히 부모에게 주어졌는지를 분명하게 말해주고 있다. 부모는 소망을 하나님께 두며 하나님의 행사를 잊지 아니하고 말씀을 지켜서 하나님의 자녀답게 살아가도록 가르칠 것을 촉구하고 있다. 더 나아가서 부모가 자녀에게 하나님의 말씀을 가르치지 아니하면 완고해지고, 패역하게 되며 그 마음 또한 정직하지 못하게 되어 하나님을 떠나게 된다는 것을 경고하고 있다. 이는 진리이다. 하나님의 말씀보다, 신앙의 가치보다 세상의 가치를 보여주려고 하고 자녀에게 강요한다면 그 결과는 비참해질 것이다. 존 드레셔는 그의 책 『어린이가 꼭 필요로 하는 일곱 가지』에서 이와 비슷한 자녀 교육의 목적에 대해 3가지를 언급한다.

  첫째, 아이도 하나님을 믿도록 하고
  둘째, 아이가 하나님의 행하심을 잊지 않고 계명을 지키도록 하며
  셋째, 하나님의 규율을 따르지 않거나 고집이 세거나 반항하는 아이가 되지 않
      도록 하기 위함이다.

그러므로 우리의 자녀에게 참 스승은 누구가 되어야 하는가? 부모이다. 피하고 싶어도 피할 수 없는 엄연한 하나님의 의도와 목적이다. 하나님은 부모에 의해서 자녀들이 하나님의 말씀과 행하신 놀라운 일들과 역사를 체험케 할 뿐 아니라 궁극적으로 인생의 인도자이심을 알게 되기를 원하신다. 따라서 부모는 인정하든 하지 않든 간에 자녀의 신앙에 대한 영적 책임을 가진 자이며 자녀에게 실제적으로 가장 영향력을 끼치는 선생이다.

그런데 문제가 있다. 부모들이 이 사실을 모르거나 애써 외면하고 있다는 사실이다. 그 증거가 다양하게 나타나고 있다. 자녀들에 대한 인식이나 투자 그리고 관심 등에서 확연하게 드러나고 있다. 자녀들

의 성공에 일념한다. 자녀들이 세상의 지식을 얻게 하기 위해서는 수많은 투자를 한다. 자신이 허리가 부러져도, 굶는 한이 있더라도 자녀를 위해 헌신한다.

반면에 자녀가 하나님에 대한 지식을 얻는 일에 대해서는 무관심하거나 매우 소홀히 하고 있다. 말씀을 가르치고 삶으로 보여주는 신앙인이 되기 위하여 애쓰기보다는 그 책임을 다른 사람들에게나 환경 탓으로 떠넘기려 하고 있다. 우리는 자녀를 위해 기도하는 가운데 좋은 스승에 대한 만남을 단골 메뉴로 넣고 있다. 자녀를 위해 기도할 때마다 좋은 스승을 만나게 해 달라고 기도한다. 이런 기도는 중요하다. 분명 좋은 스승을 만난다는 것은 복된 일이다. 디모데는 바울이라는 위대한 스승을 만났다. 그의 삶이 바뀌었다. 바울은 믿음의 아들 디모데에게 말하기를,

> [18]아들 디모데야 내가 네게 이 교훈으로써 명하노니 전에 너를 지도한 예언을 따라 그것으로 선한 싸움을 싸우며 [19]믿음과 착한 영심을 가지라…(딤전 1:18-19).

바울과 디모데는 좋은 스승과 제자였다. 그러나 그 이전에 알아야 할 것이 있다. 디모데가 좋은 스승을 만나기 이전에 부모라고 하는 더 좋은 스승이 그에게는 있었다는 것이다. 성경에서도 이에 대해 분명하게 증거하고 있다.

> 이는 네 속에 거짓이 없는 믿음이 있음을 생각함이라 이 믿음은 먼저 네 외조모 로이스와 네 어머니 유니게 속에 있더니 네 속에도 있는 줄을 확신하노라(딤후 1:5).

바울도 이 사실을 인정했다. 자기가 디모데를 만나기 이전에 가정에서 좋은 스승이 있었다는 것이다. 따라서 지금 부모에게 필요한 것은 자녀에게 좋은 스승을 찾기 전에 자신이 먼저 자녀에게 믿음의 스승이 되어야 한다. 부모 스스로 스승이 되려고 노력하기 전에 스승을 먼 곳에서 찾으려고 하지 마라. 부모가 좋은 스승이 되어야 한다. 그러면 된다. 부모가 좋은 스승이 되면 자녀에게 좋은 스승을 붙여 달라는 기도의 응답이 이루어진 것이다. 그러므로 부모가 자녀에게 좋은 스승이 되는 것은 가장 바람직한 모습이다. 성경적이다. 부모라면 당연히 좋은 스승이 되려고 노력해야 한다. 부모의 어리석음은 자신이 자녀에게 좋은 스승이 되기를 포기하면서 다른 사람이 내 자녀에게 영향력을 끼치는 좋은 스승이 바라는 것이다.

디모데뿐만 아니라 모세에게서도 동일한 모습을 발견할 수 있다. 모세에게 있어 가장 좋은 스승은 그의 어머니였다. 어머니의 영향력은 모세가 애굽에서 받았던 40년의 가장 화려하고 강도 높은 교육보다 앞섰다고 할 수 있다. 요게벳은 모세가 하나님께 쓰임받게 하는데 있어 가장 위대한 스승이었다. 모세는 애굽에서 세상의 학문을 배웠지만 늘 그의 마음속에 자리하고 있었던 것은 그의 어머니의 가르침이었다. 이 가르침은 그의 가치관과 행동을 하게 하는 원천이요 힘이 되었던 것이다. 이와 비슷한 이야기가 또 있다. 바로 요셉이라는 인물이다. 어느 날 요셉이 꿈을 꾸게 되었다. 그 꿈에는 들판에 나가서 곡식 단을 묶는데 자기의 단은 일어서고 형들의 곡식 단은 요셉의 단을 둘러서서 절하는 꿈이었다. 그리고 또 다른 꿈은 해와 달과 열한 별이 요셉에게 절하는 꿈이었다.

> 우리가 밭에서 곡식 단을 묶더니 내 단은 일어서고 당신들의 단이 내 단을 둘러서서 절하더이다(창 37:7).

> 요셉이 다시 꿈을 꾸고 그의 형들에게 말하여 이르되 내가 또 꿈을 꾼즉 해와 달과 열한 별이 내게 절하더이다(창 37:9).

요셉은 형들에게, 아버지에게 자기가 꾼 꿈에 대해서 이야기하게 된다. 그런데 여기에서 요셉의 아버지인 야곱의 태도에 주목해야 한다. 야곱은 창세기 37:11에, "마음에 두었더라"고 말하고 있다. 아버지인 야곱은 아들 요셉의 꿈을 듣고서는 무시하지 않고 그것을 마음에 꼭 새겨 두었던 것이다. 마음에 품고서 그 꿈을 위해 기도했던 것이다.

따라서 지금 부모인 우리에게 필요한 것, 회복해야 할 것은 부모가 자녀에게 스승이 되어 주는 것이다. 부모가 자녀의 스승으로서의 권위와 책임을 통감하는 것이다. 다른 곳에서 내 자녀를 위한 참된 스승을 찾기 전에 내가 스승이 되고 있는가를 질문해 보자.

"나는 내 아이에게 스승이 되고 있는가? 내 아이에게 좋은 스승인가?"
"내가 내 아이에게 영적 말씀을 가르치고 있는가?"

이 질문들에 대해 대답할 수 있다면 분명 좋은 스승이 될 수 있다. 그리고 부모가 가정에서 영적 스승으로서의 역할을 할 수 있게 된다. 아버지가 말씀을 가르치는 스승이 되고, 어머니가 말씀을 보여주는 스승이 되자. 그러면 자녀는 변하게 된다.

신앙교육 3

가정, 그 아름답고 소중한 곳을 지켜라

가정은 신앙교육을 위한 최고의 학교이다.

― 루이스 쉐릴

　가정이란 어떤 곳인가? 서로 다른 사람이 육체적, 정신적으로 하나가 되어 이루어지는 곳이다. 이곳에서 한 사람이 출현하고 자라나면서 자아와 인격이 형성되는 곳이다. 가정은 생명이 잉태되고, 지속되고, 자라나고, 춤추게 되는 곳이다. 가정은 하나님이 재정하신 최초의 것이다. 하나님의 가정에 대한 계획과 그 사랑을 시편에서 찾아볼 수 있다.

> [1]여호와께서 집을 세우지 아니하시면 세우는 자의 수고가 헛되며 여호와께서 성을 지키지 아니하시면 파수꾼의 깨어 있음이 헛되도다 [2]너희가 일찍이 일어나고 늦게 누우며 수고의 떡을 먹음이 헛되도다 그러므로 여호와께서 그의 사랑하시는 자에게는 잠을 주시는도다 [3]보라 자식들은 여호와의 기업이요 태의 열매는 그의 상급이로다 [4]젊은 자의 자식은 장사의 수중의 화살 같으니 [5]이것이 그의 화살통에 가득한 자는 복되도다 그들이 성문에서 그들의 원수와 담판할 때에 수치를 당하지 아니하리로다(시 127:1-5).

　위 구절에서 가정을 향한 근거를 잘 들여다 볼 수 있다. 가정은 내가 세우는 것이 아니라는 것을 보여준다. 가정은 하나님이 세우시는 것이다. 하나님의 도우심이 없이는 부모와 자녀, 자녀와 자녀 사이에 아름다운 관계를 가질 수 없다. 일찍 일어나고 늦게 자면서 수고해도 절대로 성공할 수 없다. 그리고 가정의 중요한 구성원을 언급하고 있는데 그것이 바로 자녀이다. 이 자녀는 여호와께서 주신 기업이라고 말한다. 즉 하나님은 우리의 자녀들을 향해 기업이요 상급이라고 칭하신다. 기업과 상급이라는 것은 하나님이 부모에게 주신 하나의 사명이요 과제이다. 하나님은 자녀들의 인생이 부모의 무관심이나 어리석음으로 인해 파괴되지 않기를 원하신다. 그들의 필요와 욕구 그리고 바른 가르침을 통하여 하나님의 자녀로 세워지기를 원하신다.

성경의 가정을 보면 내 가정이 보인다

"이상적인 가족은 없다. 다만 실제의 가족만 있을 뿐이다"라는 말이 있다. 성경에는 많은 다른 형태의 가족의 구조가 나타나는 것을 보게 된다. 그 가운데는 우리가 모델을 삼을 만한 가정이 있다. 가정에 있는 신앙을 그리면서 함께 주시하면서 가야할 가정이 있다.

그러나 성경에 있는 가족의 구조는 우리가 흠모해야 하는 하나의 이상은 아니다. 왜냐하면 상처가 많고 형편없는 형태의 가정이 많이 있기 때문이다. 결손 가정, 이복 형제들의 미움과 다툼 그리고 살인이 있는 가정, 생존의 위기에 처한 가정, 술에 취한 아버지, 근친상간의 가정, 이혼한 가정, 자녀가 가출한 가정, 자녀가 아버지를 죽이려고 했던 가정, 경제적 어려움과 환란으로 인하여 아내가 남편을 떠난 가정, 명문 가정의 파멸, 배신과 시기심과 분노가 가득찬 가정 등 다양한 모습들이 있다. 여기에서 우리가 알 수 있는 한 가지 분명한 것은 하나님은 한 모델을 정해 놓으시고 거기에 부합한 가족만 사용하신 것이 아니라는 것이다. 신앙을 가진, 믿음으로 고백하고 하나님을 두려워하는 사람이 있는 다양한 형태의 가족을 통해서 그의 역사를 이루어 가셨다는 사실이다.

야곱만 하더라도 우리가 모델로 삼아야할 만한 가족 구조를 가지고 있지 못하다. 고대 근동지방과의 문화적 차이가 있다 하더라도 그의 가족은 비정상적으로 보는 것이 더 타당하다. 그 속에 여러 명의 아내를 통한 서로 배다른 형제들이 있다. 편애가 있었고 이기심과 질투심에 의해 형제를 살인하고자 하는 어두움이 있는 가정이다.

> 자, 그를 죽여 한 구덩이에 던지고 우리가 말하기를 악한 짐승이 그를 잡아먹었다 하자 그의 꿈이 어떻게 되는지를 우리가 볼 것이니라 하는지라 (창 37:20).

그러나 하나님은 그의 가족을 통해 이스라엘의 12지파를 만드시고 초석이 되게 하셨다. 룻도 마찬가지이다. 그녀는 이방 여인이었으며 시어머니와 살다가 재혼한 사람이다. 그런데 거기에서 시작되는 놀라운 인생의 반전의 드라마가 펼쳐지게 된다. 그 누가 상상이나 했겠는가? 반면에 우리의 모델이 될 만한 엘리 제사장의 가족은 나중에 멸망의 자리로 옮겨져 가게 되는 것을 보게 된다. 어떻게 저런 신앙의 명문 가정이 망할 수 있을까? 그저 놀라울 따름이다.

따라서 성경은 모든 다양한 형태의 가족 구조를 제시하고 있을 뿐만 아니라 하나님은 그의 역사를 위해 역기능적인 가족이나 부정적인 가족의 구조마저 버리지 아니하시고 사용하신다는 것을 보여준다.

다시 시선을 돌려 그리스도의 족보를 보라. 예수 그리스도의 족보를 들여다보면 초라하기 짝이 없다. 거기에는 왕과 제사장, 선지자들도 있지만, 남의 것을 빼앗은 자, 살인자, 간음한 자, 일부다처인 자, 직업이 기생이었던 자, 유대인이 아닌 이방인인 모압 족속인 자, 믿음이 없는 자들도 있다(마 1장). 세상에서 멸시와 주목받지 못한 사람들의 가정들도 있다. 특별히 예수 그리스도의 족보에서 등장하는 다섯 명의 여성들은 하나같이 결함이 있는 사람들이었다. 마리아를 제외하면 문제가 있거나, 이방 여인들이었다. 이들 모두는 유대인이 아니었다. 다말은 가나안 인이었으며, 라합은 여리고 사람이었고, 룻은 모압 그리고 밧세바는 남편 우리아가 헷 족속이었다. 모두 비정상적 결혼생활을 했던 사람들이다. 다말은 시아버지와의 관계로, 라합은 기생으로, 룻은 재혼, 밧세바는 자기 남편을 죽인 자와 결혼을 하였다.

이들 네 여인은 세상적으로 전혀 가능성이 없는 사람들이었다. 무시당하고 서러움과 고통 속에 살아가야 했던 자들이었다. 그럼에도 불구하고 이들 네 여인은 자신들의 믿음으로 인하여 예수 그리스도의 족보에 기록되었으며 하나님의 은혜의 대상이 되었다.

만약 하나님이 이들 가족들을 사용하셨다면 오늘 우리 가족 역시 부족하지만 사용하실 것이다. 사회에서 차지하는 신분이나 재물이 있느냐, 없느냐의 문제가 아니다. 우리 가족의 구조나 형태는 지금 내가 어떻게 하나님을 섬기고 그분을 신뢰하며 나아가야 하는가 하는 문제에 대해 전혀 걸림돌이 될 수가 없다. 문제는 지금 우리의 가족이 하나님을 섬기며, 신뢰하며, 그분의 약속을 믿고 나아가고 있는가? 그 중심에 하나님이 계시고, 하나님을 두려워하는 부모와 자녀가 있는가? 즉 신앙이 있는가? 신앙의 가르침을 위한 몸부림이 있는가? 이것이 성경에서 말하는 가정의 핵심이요 선언이다.

> 그러나 너희는 택하신 족속이요 왕 같은 제사장들이요 거룩한 나라요 그의 소유된 백성이니 이는 너희를 어두운 데서 불러내어 그의 기이한 빛에 들어가게 하신 자의 아름다운 덕을 선포하게 하려 하심이라(벧전 2:9).

그렇다. 예수 그리스도의 족보는 신앙이 중심이다. 출신도, 배경도, 환경도, 지식의 수준과 당시 사회적 위치나 배경, 부모의 욕심, 사회적 신분이나 권력에 따라 하나님에 의해 사용된 것이 아니다. 신앙의 여부에 따라 사용되었다. 신앙이 가정 안에 자리하고 있는 약점과 어두움을 이기게 한 것이다. 신앙이 사회적인 가치관과 학연이나 지연 혹은 가진 자와 못 가진 자의 장벽을 뛰어넘게 한 것이다. 신앙이 출생의 어두운 비밀을 가진 자도, 사랑의 탐욕에 눈이 어두워서 죄를 범한 자도, 세상적으로 조롱을 받는 일을 하면서 하루살이의 인생을 살아가는 자도 자신 앞에 직면한 도전들을 모두 뛰어넘었다.

좀 더 다른 관점에서 살펴보면, 여기에서 우리는 가정이라는 곳을 통하여 부모가 무엇을 추구하며 자녀에게 어떤 사람이 되며 그 중심에 무엇이 있느냐가 중요함을 보게 된다. 성경에서 말하는 가족이라는 장은 가족 구성원이 하나님을 만나는 기초가 되는 귀한 곳임을 보여준다. 성경은 사람들이 의도적으로 계시를 추구할 때나 혹은 만남보다는 그들의 삶을 통하여 이루어지는 만남에 대해 자주 이야기하고 있다. 때대로 이러한 계시들은 가족의 구성원 가운데 혹은 가족안에서 나타나기도 한다. 형제들이 가족을 부양하기 위해 고기를 잡으러 나갔다가 주님을 만난 사건이 그 대표적인 예이다.

> [18]갈릴리 해변에 다니시다가 두 형제 곧 베드로라 하는 시몬과 그의 형제 안드레가 바다에 그물 던지는 것을 보시니 그들은 어부라 [19]말씀하시되 나를 따라오라 내가 너희를 사람을 낚는 어부가 되게 하리라 하시니 [20]그들이 곧 그물을 버려두고 예수를 따르니라 (마 4:18-20).

그리고 굶주림에 의해 죽음 직전에 있던 한 과부는 마지막 남은 밀가루를 가지고 반죽하여 아들에게 주고 죽기를 구하던 때에 엘리야를 만났다. 그 만남에서 놀라운 형언할 수 없는 기적을 경험하게 되었다. 엘리야의 말대로 순종하자,

> 여호와께서 엘리야를 통하여 하신 말씀 같이 통의 가루가 떨어지지 아니하고 병의 기름이 없어지지 아니하니라 (왕상 17:16).

그 가정에 먹을 것이 떨어지지 않는 기적을 경험하였다. 사마리아 여인도 자신의 갈증을 해소하기 위해 물을 길러 나왔다가 주님을 만나고 영원히 목마르지 않는 생수를 마시게 되었다(요 4:17-26). 예수님의 가르침이 부엌에서 일하고 있던 마르다에게 임하였다.

창세기의 레아의 이야기는 삶의 한가운데에서 하나님에 대한 믿음을 발견하게 되는 것을 말하여 준다. 레아는 라헬처럼 야곱으로부터 사랑을 받지 못했다. 그녀를 생각하면 마음이 아프다. 그녀의 아버지도 사랑하지도 않은 사람에게 자신을 밀어 넣었다. 그리고 사랑을 얻으려고 자녀를 낳았지만 여전히 남편의 사랑을 얻지 못했다. 그러던 그녀가 놀랍게도 하나님을 찬양하고 있다.

> 그가 또 임신하여 아들을 낳고 이르되 내가 이제는 여호와를 찬송하리로다 하고 이로 말미암아 그가 그의 이름을 유다라 하였고 그의 출산이 멈추었더라(창 29:35).

그녀에게 분노와 아픔과 서러움과 질투 그리고 마음에 형언할 수 없는 고통이 있었지만 결국 그녀는 가족 안에서 하나님의 사랑을 고백하고 찬양을 드리게 된 것이다.

이처럼 성경에 나오는 가정은 때로는 고통 속에 있고, 때로는 외로이 혼자 있고, 때로는 소외당하는 삶을 살고 있었지만 그 중심에 하나님과 그리스도가 있는 가정은 모두 은혜를 입게 된다. 가족 안에 있는 하나님의 사랑이다. 여기에서 발견하는 진리는 가정은 서로 미워하기도 하고, 서로에게 실망하고, 때로는 배신감에 사로잡힐 때도 있지만 결국 가족 구성원이 하나님께 나아가게 하고 하나님을 찬양하게 하는 곳이다.

언약의 공동체로서의 가정을 세워라

성경은 하나님과 그의 백성들과의 사이를 언약(covenant)의 관계로 표현하고 있다. 언약이라고 하는 것은 상대방끼리 쌍방의 권리와 책임에 관해 동의 혹은 계약이라고 한다. 이때 충성과 헌신의 관계가 이루어진다. 언약은 상호 교환이다. 쌍방의 일치에 의해서 이루어지는 것이다. 이처럼 성경의 저자들은 종종 가족을 하나님이 우리에게 주신 언약이라고 하는 그림으로 묘사하고 있다. 성경에서 가장 역동적인 언약은 호세아와 그의 아내 고멜일 것이다. 그리고 성경은 결혼을 하나님의 사랑에 대한 역동적인 은유의 모습으로 그리고 있다. 남편과 아내가 서로 의존적이며 하나가 된다. 그러면서 서로가 개인적인 것을 공유하는 것이다.

그리고 하나님은 언약을 맺으시면서 무조건적인 사랑을 주셨다. 사랑을 나타내시기도 하시고 인생의 슬픔과 기쁨을 함께 하셨다. 함께 아픔과 고통을 나누셨다. 이런 은유는 가족이라고 하는 범위 안에서도 마찬가지이다. 부부와 부모와 자녀간의 사랑은 바로 이와 같다. 언약으로 맺어진 관계로서 함께 나누고 함께 슬퍼하고, 함께 고통을 경험하며 함께 기쁨을 나누는 것이다. 이것은 중단이 없어야 한다. 하나님의 사랑이 결코 중단되지 않듯이 가족 구성원끼리의 사랑도 중단이 없어야 한다. 그 어떤 것도 방해할 수 없다. 성격도, 환경도, 가난함도, 부유함도, 육체적 질병도 방해할 수 없다. 가족 안에 서로 인내하지 못하고, 기대감으로 인해 상대방에게 실망하고 상처를 주기도 하지만 그러나 그런 일로 인해서 중단되어서는 안 된다. 가족은 영원한 관계이며 인위적으로 나눌 수 없다.

언약의 특징은 영적인 면에서도 드러난다. 이스라엘 백성이 하나님과 언약을 맺을 때에 그들은 자신들이 가지고 있었던 신을 버렸다. 그리고 자신들이 광야에서 방황할 때에 하나님의 인도하심을 따랐다. 메마르고 고통이 있는 곳에서 의지할 곳은 언약을 맺은 하나님뿐이었다. 이처럼 모든 가족에게는 광야와 같은 것을 경험하게 된다. 여기에는 예외가 없다. 가족 구성원 중에 병이 들거나, 정신병에 걸리거나, 좌절, 위기, 실망 등과 같은 광야를 경험할 것이다. 이런 위험은 가족 구성원 사이를 멀어지게 하거나 고통스럽게 한다. 그럼에도 우리는 하나님과 언약의 백성이므로 하나님의 말씀을 의지하면서 걸어가야 한다. 가족 안에 때로는 슬픔과 위기가 있지만 그것으로 인해 하나님 앞에 서야 하는 가족의 당위성이 무너져서는 안 된다는 것이다. 아픔과 고통이 있지만 부부로 언약을 맺은 관계에 금이 가서는 안 된다.

룻은 자기의 아버지와 어머니 그리고 모든 것을 버리고 나오미를 따랐다. 두 아들을 잃은 나오미는 모압 여인인 두 며느리와 함께 다시 유다 땅으로 돌아올 것을 결심한다. 여정 중에 나오미는 두 며느리를 향해 각자 자기의 길을 갈 것을 권고하게 된다. 그러나 룻은 시어머니의 권고를 뿌리치고 함께 가겠다고 한다.

> 룻이 이르되 내게 어머니를 떠나며 어머니를 따르지 말고 돌아가라 강권하지 마옵소서 어머니께서 가시는 곳에 나도 가고 어머니께서 머무시는 곳에서 나도 머물겠나이다 어머니의 백성이 나의 백성이 되고 어머니의 하나님이 나의 하나님이 되시리니(룻 1:16).

가족에게는 룻이 나오미와 함께했던 것처럼 때로는 새로운 곳에서 함께 짐을 져야 할 때가 있다. 그런 경우 개인적 선택의 대가를 함께하는 곳으로 선택해야 하는 길을 찾아야 한다. 이런 예는 복잡하고 다양한 현대 사회를 살아가는 우리에게는 맞지 않은 이야기일 수 있다. 그러나 그 근본은 흔들림이 없다. 복잡하고 나뉘어지는 일이 많지만 그럴수록 하나님이 주신 가정의 언약은 더욱 더 굳건히 지켜가야 한다. 그것이 축복이다.

그리고 가정의 언약에는 자유와 책임이 있다. 하나님의 언약은 이스라엘 백성들에게 자유롭게 제시하셨으며 언약 안에 자유롭게 머무셨다. 하나님은 돌들로도 언약의 백성들로 삼으실 수 있다고 말씀하셨다.

> 그러므로 회개에 합당한 열매를 맺고 속으로 아브라함이 우리 조상이라 말하지 말라 내가 너희에게 이르노니 하나님이 능히 이 돌들로도 아브라함의 자손이 되게 하시리라(눅 3:8).

이는 하나님이 언약을 선택하셨으며 거기에는 강제적으로 충성과 사랑을 강요하지 않으셨다. 그러나 비록 언약이 자유롭게 제공되었지만 언약의 대상인 이스라엘 백성들에게는 책임이 따랐다. 그 책임은 다른 헛된 신을 버리고 하나님을 사랑하는 것이었다. 그러면 오늘날 언약의 백성인 우리들에게 책임은 무엇인가? 하나님은 우리를 무조건적으로 사랑하셨지만 주님은 우리에게 온전하라고 말씀하신다. 이것은 우리의 책임이다. 양보해서는 안되는 것이다. 마찬가지로 부부의 언약은 서로의 자유와 책임이 스며들어 있음을 알아야 한다. 언약으로 이루어진 가정의 자유는 누구의 강요에 의해서가 아니라 서로 사랑에 의해서 이루어진 것이다. 누구도 부인할 수 없을 것이다.

하나님이 우리와 언약을 맺으신 것에는 두 가지의 요소가 스며들어 있다. 첫째는 자유요, 둘째는 책임이다. 하나님의 언약은 이스라엘 백성들에게 자유롭게 주어졌다. 그리고 하나님은 언약 안에서 자유롭게 머무셨다. 다른 말로 하면 우리는 하나님의 사랑과 은혜를 받아들일 것인지 거절할 것인지 자유하다는 말이다. 그러나 언약은 비록 자유롭게 주어지지만 거기에는 책임감이 수반된다.

남편으로서, 아내로서의 책임은 언약 안에 있는 행동으로 나타나야 한다. 언약 안에 있다고 해서 무조건적인 복종을 의미하는 것은 아니다. 서로가 하나님을 향한 우선적인 책임을 다해야 한다. 가정은 자유와 책임이 잘 어우러질 때에 화목하고 행복하게 된다.

그리고 가정에 있는 언약은 하나님의 사랑에서 출발한다. 성경은 "하나님의 사랑에 대해 결코 중단됨이 없다"라고 말하고 있다. "그 사랑에서 끊을 자 역시 없다"라고 단호하게 말하고 있다.

> 내가 확신하노니 사망이나 생명이나 천사들이나 권세자들이나 현재 일이나 장래 일이나 능력이나 높음이나 깊음이나 다른 어떤 피조물이라도 우리를 우리 주 그리스도 예수 안에 있는 하나님의 사랑에서 끊을 수 없으리라 (롬 8:39).

좀 더 구체적으로 말하자면 하나님의 이 사랑은 인간들에 의해 실망하고 아프고 상함에도 인내하며, 지속적이라는 것이다. 그런데 이러한 사랑의 언약의 기초는 가족에게도 동일하게 적용된다. 가정에 있는 사랑의 언약 역시 영원한 것이다. 살아가노라면 비록 가정 안에 실패로 인한 좌절과 배신이 있게 된다. 자신의 이기심으로 마음이 상하고, 예견치 못한 일로 인해 아픔이 있고, 이별의 눈물이 있다. 그러나 아무리 그렇다고 할지라도 이런 아픔과 어려움들이 가정의 사랑의 언약을 깨트릴 수는 없다. 그리고 살아가다가 부부 대화의 단절로 인해 서로가 말을 하지 않을 수도 있고, 사랑이 식어져서 보고 싶지 않은 마음이 들 수도 있지만 그러나 그것이 이 절대적인 언약의 원리를 뛰어넘을 수는 없는 것이다. 가족은 영원한 사랑의 언약으로 이루어진 한 몸이므로 절대로 나뉘어질 수 없다. 이것이 바로 언약에 스며있는 사랑의 영원성이다.

그러므로 우리는 세상의 속삭임에 귀를 기울여서는 안 된다. 성격이나 기질이 맞지 않으면 헤어져야 하고, 병이나 가난이 찾아오면 헤어져야 하고, 서로 취미가 다르면 헤어져도 된다는 속삭임에서 탈출해야 한다. 세상이 말하는 나눔의 미학에 현혹되지 말아야 한다. 그리고 삶의 힘든 일이 있다 할지라도 이 언약의 핵심을 잃지 말아야 한다. 어려움은 우리를 조금 아프게 하지만 언약을 잃어버리게 되면 영원한 아픔을 가지게 되는 것이다.

하나님이 우리의 가정에 주신 언약의 대가는 분명하다. 이스라엘 백성들이 하나님과 언약을 맺을 때에 그들은 다른 신을 버리고 하나님만 따를 것을 약속했다. 이것은 당시의 이스라엘 백성들에게는 위험이기도 했으며 그들의 삶에 큰 대가를 치르는 것이기도 했다. 왜냐하면 그들이 하나님 이외에 다른 신을 버린다는 것은 곧 삶의 어려움과 핍박을 예견하고 있었기 때문이다. 좀 더 구체적으로 말한다면, 그들은 이방신을 버림으로 인해 사회에서 불이익을 당해야 했으며 멸시 천대를 받아야만 했다. 이것처럼 가정 역시 분명한 하나님의 언약 위에 섰다면, 그 언약을 지키기 위해 위험이 있고 때로는 대가를 치러야하는 일이 있다. 가족은 불확실한 미래를 함께 살아가는 공동체이다. 그러면서 가족을 위해 서로가 사랑과 충성을 다해야 하며 자존심이 상하더라도 헌신해야 하는 대가를 치러야 한다.

그리고 모든 가족에는 사막과 같은 황량함이 있다. 사막과 같은 황량함이란, 인생의 고난과 고통일 것이다. 가족 구성원 중에 부모가 혹은 자녀가 병이 들기도 하고, 좌절을 겪기도 한다. 때로는 가족 구성원 중에 인생의 위기 가운데 서기도 하고, 실망, 실직, 실패 등을 경험하게 된다. 그리고 아브라함과 함께 했던 사라처럼 혹은 나오미와 함께 했던 룻처럼 직장과 사업 등으로 인해 이사를 가기도 한다. 이처럼 한 사람의 선택에 의해 전 가족이 영향을 받기도 하고 그 영향이 긍정적으로 혹은 부정적으로 미치기도 한다. 그러나 아무리 사막과 같은 황량함이 있다고 하더라도 언약을 위한 대가는 포기하지 말아야 한다. 어떤 일이 있을지라도 서로 사랑 안에 하나가 되어 불확실한 미래를 개척해 나가야 한다. 하나님의 약속을 신뢰하지 못하고, 서로의 믿음을 의심하고 서로 미워하고 증오한다면 그리고 불평한다면 언약의 대가를 잊어버리고 손실만 가져오게 될 것이다. 진심으로 살아온 날이 많은 부모보다 앞으로 살아갈 날이 많은 자녀들에게 사랑의 대가는 더욱 더 소중하게 될 것이다. 부모의 삶의 태도와 모습이 자녀들에게 그대로 투영되고 그들이 어른이 되었을 때 그 모습으로 살게 될 것이다.

신앙을 가르치는 가정으로 만들어라

> 오직 너는 스스로 삼가며 네 마음을 힘써 지키라 그리하여 네가 눈으로 본 그 일을 잊어버리지 말라 네가 생존하는 날 동안에 그 일들이 네 마음에서 떠나지 않도록 조심하라 너는 그 일들을 네 아들들과 네 손자들에게 알게 하라(신 4:9).

루터는 가정이 "신앙 교육의 주축"이라고 말한다. 어린이 교육에는 시기상조라는 말은 없다. 어릴 때부터 가정에서 가르쳐야 한다. 그는 아이들에게 신앙을 가르치는 것은 사람이 할 수 있는 가장 고귀하고 고상한 투자이며, 자녀와 어린이 교육을 위해서는 가능한 모든 방법을 활용하여야 한다고 주장하였다. 코메니우스는 어릴 때부터 신앙을 가르쳐야 하며 그 교육의 중심은 가정이어야 한다고 주장하였다.

가정은 '신앙을 가르치는' 현장교육의 가장 중요한 장이다. 주님은 길을 가시다가 무화과나무를 보시고 제자들에게 현장교육을 하셨다. 주님은 자신의 제자들에게 하나님의 나라와 영원한 진리에 대해 가르치시기 위해 주변에 있는 자연이나 사물들을 적절하게 사용하셨다. 하나님 나라에 대해서 말씀하실 때에 겨자씨와 누룩의 비유를 말씀하셨다(마 13장).

> ³¹또 비유를 들어 이르시되 천국은 마치 사람이 자기 밭에 갖다 심은 겨자씨 한 알 같으니 ³²이는 모든 씨보다 작은 것이로되 자란 후에는 풀보다 커서 나무가 되매 공중의 새들이 와서 그 가지에 깃들이느니라 ³³또 비유로 말씀하시되 천국은 마치 여자가 가루 서 말 속에 갖다 넣어 전부 부풀게 한 누룩과 같으니라(마 13:31-33).

이것들은 주변에서 흔히 볼 수 있는 것이며 가정에서 볼 수 있는 것이었다. 또 직접 그 자리에서 가르침이 필요하실 때에는 땅에다가 글씨를 쓰시기도 하셨다. 한 여인을 둘러싸고 있던 수많은 군중들, 그들의 손에는 돌이 들려져 있었고 한 여인을 향해 분노에 가득찬 판단자로 손을 높이 들고 있었다. 그런 그들을 향해 주님이 뭔가 땅에 글씨를 쓰셨다.

> ⁶그들이 이렇게 말함은 고발할 조건을 얻고자 하여 예수를 시험함이러라 예수께서 몸을 굽히사 손가락으로 땅에 쓰시니…⁹그들이 이 말씀을 듣고 양심에 가책을 느껴 어른으로 시작하여 젊은이까지 하나씩 하나씩 나가고 오직 예수와 그 가운데 섰는 여자만 남았더라(요 8:6-9).

주님이 땅에 무엇인가를 쓰시니 사람들이 하나둘씩 떠나갔다. 그들은 자신의 모습을 들여다보고 황급히 그 자리를 떠나갔다.

이처럼 성경에서 말하는 교육은 어떤 형식과 틀도 중요하지만, 그때그때마다 사물과 환경을 이용하여 가르치는 것이 중요함을 말해주고 있다. 현장교육인 것이다. 자녀교육은 어려운 일이다. 모두들 어려워한다. 무엇을, 어떻게 해야 할지 몰라서 당황스러울 때가 있다. 그러나 어렵게 생각하지 말고 쉽게 생각할 필요가 있다. 가정에 있는 모든 놀이와 환경, 사건 그리고 아이들이 가지고 노는 사물들 모두가 영적 가르침의 도구가 될 수 있다. 자녀들을 재울 때에, 아침에 일어나게 할 때에 모든 것이 신앙을 가르치는 도구가 될 수 있다. 반찬에 대해 불평할 때나 거짓말을 할 때, 순종하지 않을 때, 아이들의 투정과 불만도 잘 이용해야 한다. 차를 타고 갈 때에도 라디오나 DMB를 보지 말고 자녀와 대화를 하라.

이처럼 가정에서의 가르침은 학교에서와는 완전히 다르다. 가정은 삶과 연결된 실제적인 가르침을 주는 곳이다. 그 자체가 삶이요, 그 자체가 교육이다. 거실에서, 아이들 방에서, 침대 위에서, 식탁에서 등 모든 곳이 신앙을 가르치는 공간으로 활용할 수 있다. 폴 트립은 이에 대해서,

> "부모들은 자기 자녀에 대해서 다른 누구도 따를 수 없는 가르침의 기회를 갖고 있다. 왜냐하면 그들과 함께 살고 있기 때문이다. 하나님은 우리에게 그 기회를 최대한 이용하라고 명령하신다. 가르침에 대해 부모들은 다른 어느 누구도 가질 수 없는 특권을 가지고 있다. 삶에 대해 가르치는 데 가정보다 더 안정적이고, 풍요롭고, 역동적인 곳은 없다. 왜냐하면 하나님의 가정이란 바로 그렇게 배우는 공동체가 되도록 만드셨기 때문이다."

라고 언급하고 있다. 이는 가정에 있는 모든 기회, 시간 그리고 서로에게 일어나는 모든 일들이 신앙교육을 위한 기회라는 것이다. 예를 들어 아이가 무엇을 요구할 때에는 기도에 대해 가르칠 수 있는 기회이다. "그래, 네가 그것을 간절히 원하고 있구나. 정말 필요한 것이니? 그러면 필요한 것을 주시는 하나님께 같이 기도하자꾸나"라고 함께 기도해야 한다. 무엇에 대한 요구가 기도 교육의 장이 되는 것이다. 아이들이 서로 장난감을 가지고 놀다가 싸우게 되면 서로 사랑하고 용서하는 교육의 장이 된다. 내 것만 고집하고 자기의 욕심만 채우려고 하는 아이가 있을 경우 욕심에 대해서 가르칠 수 있는 장이 되는 것이다.

아이가 교회에 가기 싫어할 때에 왜 우리가 교회에 가야 하는지에 대해 가르칠 때인 것이다. 아이가 자기가 좋아하는 것만 골라 먹으려고 할 때에 하나님이 주신 몸을 어떻게 건강하게 만들어가야 하는지에 대해 가르침이 필요하다. 아이들이 자기의 것만 고집하고, 자기의 물건만 집착하려고 할 때에 나눔에 대해 가르칠 필요가 있다. 내 아이가 책을 읽고 있다가 질문을 해오면 그 자리가 바로 성경적인 교육의 장이 되는 것입니다. 따로 시간을 내어서 다시 기억을 되살리면서 하려고 할 때에는 이미 늦을 수도 있다. 자녀들이 물어올 때에 혹은 자녀들이 궁금해 할 때에 혹은 사건을 통해, 사물을 통해 즉시 행하는 가정교육은 우리의 자녀들을 건강하게 만들고 지혜롭게 해준다. 현장에서의 가르침만큼 뛰어난 교육적 효과는 없을 것이다. 에블린 듀발(Duvall)은 이에 대해 아주 적절하게 명시하고 있다. 그에 의하면,

"가정은 초기 인간관계가 세워지는 곳이다. 가정은 정서적 유대감이 단단해지고 감정이 표출 혹은 억압되는 곳이다. 가정은 아이들이 자아관, 타인에 대한 견해, 인생관을 형성하는 곳이다. 가정이 지닌 막강한 영향력에 근접할 수 있는 다른 기관은 지금까지 세워본 적이 없다."

 부모는 가정을 최고의 학교로 만들어야 한다. 시간과 장소 그리고 사건에 주시하면서 신앙을 부지런히 가르치고 고백하도록 해야 한다. 자연의 장엄함 앞에서 하나님의 위대하심을 노래하고 고백하게 하며 사소한 어려움 앞에서 하나님의 인도하심과 지켜주심에 대해 고백하도록 해야 한다.
 그리고 가정에서 생일이나 교회 절기 등을 이용하여 하나님의 인도하심이나 보호하심 그리고 그 사랑과 은혜를 이야기해주는 것은 좋은 신앙교육이 된다. 유대 사회에서도 그들에게 있는 모든 절기들과 의식들은 자녀들을 가르치는 수단으로 사용하였다. 율법에 있는 많은 종교적 절기들을 이용한 것이다. 즉 안식일과 나팔절, 장막절, 유월절, 안식년, 희년, 오순절, 속죄일 등 절기로 지킬 뿐만 아니라 신앙을 가르치는 기초로 사용하였다. 가정에서 대화의 주제가 하나님이었으며 왜 이 절기를 지켜야 하는지와 함께 하나님의 인도하심과 그 전능하심에 대해 가르쳤다. 자녀들은 종교적 의식에 대하여 질문하였으며 부모는 그 질문들에 답을 하였다. 가정에서 이루어지는 비형식적 교육이었던 것이다. 특별히 유월절 식사에는 테이블 위에 놓여진 빵과 고기 그 이상의 의미를 지니고 있었다. 자녀들은 질문하고 부모는 대답하는 형식으로 배움을 이어나갔다.

 [3]이는 우리가 들은 바요 아는 바요 우리의 조상들이 우리에게 전한 바라

> ⁴우리가 이를 그들의 자손에게 숨기지 아니하고 여호와의 영예와 그의 능력과 그가 행하신 기이한 사적을 후대에 전하리로다(시 78:3-4).

이러한 가정에서의 교육은 한 세대에 그치는 것이 아니라 세대와 세대로(from generation to generation) 이어졌다.

따라서 성경적 교육은 틀과 형식을 중요하게 말하기도 하지만 때로는 형식과 틀을 벗어나서 현장 그 자리에서 이루어지는 교육을 강조하기도 한다. 가정에는 수많은 현장교육이 이루어지는 곳임을 분명하게 인식하고 이용해야 한다. 문제는 부모들의 무관심과 어리석음이다. 부모들이 조금만 관심을 가지고 지켜보면 얼마든지 효과적인 교육을 자녀에게 할 수 있다. 그리고 이런 교육이 자녀에게 더욱 더 생생하게 전달되며 오랫동안 기억되게 하며 자녀의 마음과 태도를 변화시키게 한다. 바로 체험교육이 이루어지게 되는 것이다. 현장교육의 효과인 것이다. 가정에서 이루어지는 현장교육, 그것은 아무리 강조해도 지나치지 않는다.

자녀에게 가정은 도피처가 되어야 한다

> 그 때에 모세가 요단 이쪽 해 돋는 쪽에서 세 성읍을 구별하였으니 이는 과거에 원한이 없이 부지 중에 살인한 자가 그곳으로 도피하게 하기 위함이며 그 중 한 성읍으로 도피한 자가 그의 생명을 보전하게 하기 위함이라(신 4:35).

어느 날 내 전화기에서 다급한 목소리가 들린다. 낯익은 목소리이다. 평소 관심을 가지고 지켜보았던 가정이다. 아이가 가출했다는 것이다. 초등학교 4학년이다. 나에게는 받아들이기가 어려운 사건이었다. 초등 4학년이 가출을 한다는 것이 가능한 일인가? 순간적으로 드는 의심이 이 세상에는 우리의 생각을 뛰어넘은 다양한 사건 사고들이 많은 터라 곧 받아들이게 되었다. 언제? 왜? 묻고 싶은 충동을 억제하고 부모의 마음을 위로했다.

긴장해서 놀란 마음을 가라앉힌 후, "언제 나갔으며 왜 나가게 되었을까" 하는 질문을 부모에게 하였다. 잘 모르겠다는 답변이다. 가출한 지 이미 이틀이 지나서 경찰서에 신고하고 기다리고 있다는 것이다. 며칠 후 경찰서에서 연락을 받고서 아이를 집으로 데리고 왔다. 몇 달이 지난 뒤 또 다시 가출을 했다는 연락을 받았다. 이번에는 약간의 돈을 들고 나갔다고 한다. 마침 그때에 몇몇 지인들과 1박 2일의 여행을 다녀오기로 한터여서 고민이 되었다.

결국 고통을 겪고 있는 가정을 두고서 여행을 갈 수가 없어서 우리 부부는 포기하고 기도에 들어갔다. 그러면서 궁금해지기 시작했다. 이 아이가 왜, 도대체 무엇 때문에 가정을 떠나려고 하는 것일까? 부모는 믿음으로 살려고 하고 신앙으로 아이를 양육하려고 하는데 이 아이는 가출을 하려고 할까? 도대체 어디에서 잠을 자며 먹는 것은 어떻게 할까? 내 아이는 아니지만, 가슴이 답답해 옴을 느꼈다. 왜 가정이 머물고 싶어 하는 안식처가 되지 못한 것일까?

언젠가 손석희 교수가 진행하고 있는 MBC 표준 FM "손석희의 시선집중"에 가수 션이 출연했다. 그가 하는 많은 선한 일에 대해 듣고 있던 중 조금은 뉘앙스가 다른 이야기를 해서 솔깃한 적이 있었다. 가수 션이 청소년 시절에 가출한 적이 있었다고 했다. 워낙 고집이 세서 한동안 집에 들어가지 않았다고 했다. 그러자 진행자인 손 교수도 나도 가출을 한 적이 있었고 난 하루만에 집으로 돌아왔다라고 했다.

가출하는 자녀들이 줄어들지 않고 매년 늘어나고 있다. 거의 일 년에 20만 명에 가까운 자녀들이 가출을 한다. 그리고 한 번 가출한 자녀들이 가정으로 돌아와서 다시 가출하는 경우가 많다고 한다. 1차적 가출은 2차적 문제를 야기하고 더 큰 부작용과 위험이 있다. 자녀들은 사회의 검은 손에 쉽게 노출되며 악한 문화에 아무런 저항 없이 순종하게 된다. 여성가족부의 통계에 따르면, 가출 원인의 60%가 가정 문제라고 한다. 가정이 중요함을 새삼 깨닫게 된다. 그리고 필자가 경험하였듯이 가출의 연령층이 낮아지고 있다는데 그 심각성이 있다. 초등학생이 차지하는 비율이 40%에 육박하고 있다.

큰 일이다. 가정의 위기이다. 부모에게 뿐만 아니라 자녀들에게도 가정은 더 이상 안전지대가 아니다. 머무르고 싶은 곳이 아니다. 가정이 자녀들에게서 벗어나고 싶은 곳이 아니라 도피처가 되어야 한다. 학교에서 힘든 일을 겪어도, 친구들과 좋지 않은 일이 있어도, 성적이 내려가더라도 가정은 자신이 겪고 있는 문제로부터 피할 수 있는 도피처가 되어야 한다. 자녀들이 쉬고 안식을 누릴 수 있는 곳이어야 한다. 마음의 기쁨을 누릴 수 있는 곳이어야 한다. 내가 실수하고 내가 잘못해도 가정이 좋아야 한다. 부모로부터 책망을 받고, 심한 교훈을 받아도 가정에 머무는 것이 좋아야 한다.

> [10]이스라엘 자손에게 말하여 그들에게 이르라 너희가 요단 강을 건너 가나안 땅에 들어가거든 [11]너희를 위하여 성읍을 도피성으로 정하여 부지중에 살인한 자가 그리로 피하게 하라(민 35:10-11).

고대 히브리인들에게는 하나님이 도피처를 만들어 주셨다. 이스라엘 백성들은 가나안에 들어가서 여섯 곳에 도피성을 세웠다. 도피성이 세워진 6곳은 원래 레위인들이 거주하던 곳이었다. 이 도피성에 들어갈 수 있었던 사람은 의도적이 아니라 무심코 살인을 저지른 사람들에게 피할 곳이 되었다. 그 당시 살인은 오늘날보다 더 심각하게 생각했다. 오늘날은 살인을 해도 당장 교수형에 처하거나 공개 처형을 하지 않지만 당시에는 사전에 계획된 살인은 하나님의 율법에 따라 곧바로 많은 사람들이 보는 앞에서 사형에 처해졌다.

하지만 의도적이 아닌 실수나 혹은 피치 못해서 살인한 경우에는 다르게 처리되었다. 우발적으로 살인을 저지른 사람은 자신의 생명을 취하려는 복수자의 손에서 벗어나기 위해 도피성으로 도망할 수 있었다. 자신의 입장을 밝히고 무죄를 증명할 수 있었으며 또한 안전하게 거할 수 있었다. 한 가지 재미있는 사실은 도피성으로 가는 길은 분명하게 방향이 표시되어 있었고, 잘 유지 보수되었으며, 사람들에게 잘 알려져 있었다는 사실이다.

그리고 부지중에 죄를 지은 사람이 도피성에 이르게 되면 자신의 처지를 그 성 장로들에게 고하면 성문이 열리고 그 사람은 성 안으로 들어갔다. 그 무고한 사람이 도피성 안에서 레위인들과 함께 머무는 한 그 사람은 안전했다. 이 장면이 어떻게 보면 아무런 감정도 없이 진행되는 것처럼 보이지만 실상은 인정이 넘친다. 한 사람이 극도의 불안에 휩싸여 도피성까지 달려와 들어가기를 청하는 모습을 상상해 보라. 그는 사람을 전혀 죽일 마음이 없었지만 무심결에 살인을 저지르고 이제 복수하려는 사람들이 그를 죽이려고 뒤쫓아 오고 있다. 마침내 성문이 열리고 그 사람은 성 안으로 들어간다. 그는 자신이 자유와 안전을 누리게 된 사실을 깨닫는다. 얼마나 감동적인 모습인가? 하지만 그가 도피성을 벗어나면 그는 보호를 받지 못하고 복수자들의 손에 죽게 되었다. 도피성은 한마디로 무고한 사람을 죽음에서 보호해 주는 생명의 성이었던 것이다.

가정과 도피성은 어떤 관계일까? 형식적으로는 분명히 서로 다르다. 하지만 의미론적으로 보면 일치하는 점도 있다. 도피성이 부지불식간에 죄를 지은 사람이 피해서 올 때에 하나님의 은혜로 그들에게 다시 새로운 삶을 제공해주는 것처럼 가정 역시 자녀들에게 자신의 실수와 잘못에 대해 일종의 도피성과 같은 곳이라고 할 수 있다. 일반적으로 가족이라고 할 때의 구성원은 남편과 아내 그리고 자녀들이다. 남편이 다른 일로 인해 어려움을 겪을 때에 가정이 도피성이 되어야 한다. 상했던 마음, 하루종일 일터에서 찌들고 혼란스러웠던 감정들이 가정에 돌아와서 쉼을 누릴 때에 다시 재충전을 받는 곳이어야 한다. 그리고 우리의 자녀들에게도 가정이 도피성이 되도록 해야 한다. 아이의 마음에 어느 순간부터 가정에 들어오는 것이 부담되지 않도록 해야 한다. 그들에게 가정이 도피처가 되지 못할 경우에는 다른 도피처를 찾게 된다. 결국 그들이 찾은 도피처는 함정일 수 있다. 탈선의 장소가 도피처가 되어버린다. 그렇게 되면 그들의 몸과 영혼은 망가지게 된다. 사단이 만들어 놓은 거짓 도피성은 자녀의 삶을 송두리째 삼켜버리게 되는 것이다.

삶은 전투이다. 육적 전쟁이요, 영적 전쟁이다. 마음이 찢기기도 하고, 상처를 입기도 하고, 나쁜 경험을 하기도 한다. 고통스러울 때, 마음에 번민이 있을 때, 삶에서 힘들 때에 자신만의 피난처를 찾고 있듯이 어쩌면 우리 역시 피난처를 찾고 있는 지도 모른다. 나의 안전을 보호해줄 피난처, 내가 힘들어 살아갈 힘이 없을 때에 다시 힘을 얻게 해주는 피난처, 내가 상처를 받아 아파할 때에 내 상처를 싸매어줄 피난처를 찾고 있다.

그러면 자녀들의 피난처는 어디에 있을까? 자녀들이 상처받고, 오해받으며, 곤경에 빠져서 어려움을 당할 때에 누구에게로 가고 있는가? 삶에 낙심이 찾아올 때에 어디로 향하고 있는가? 삶에 문제가 있을 때에 어디에서 해결책을 찾고 있는가? 물론 하나님이다. 그리스도의 십자가에 우리의 삶의 문제의 해결이 있다. 그리로 가야 한다. 십자가에서 문제를 바라보고 거기에서 해답을 구해야 한다. 그리고 다른 한편으로 육신적으로는 가정이 그런 곳이 되어야 한다. 가정에 들어가는 것이 편안하고 쉬워야 한다. 그리고 부모가 상담자가 되어주어야 한다. 아이에게 이 확신이 있어야 가정을 떠나지 않고 힘든 일을 만났을 때에 다른 곳에서 답을 찾지 않고 가정으로 부모의 품으로 돌아온다.

다윗이 자신의 인생을 돌아보면서 그가 고백하는 시편 31편의 말씀을 보게 되면 대체적으로 사람들이 피할 곳을 찾는 이유 세가지를 발견하게 된다.

첫째, 내 삶에 근심이 있을 때이다.

> 여호와여 내가 고통 중에 있사오니 내게 은혜를 베푸소서 내가 근심 때문에 눈과 영혼과 몸이 쇠하였나이다(시 31:9).

이 상황에서 우리는 스스로 비참함을 경험하게 되고 눈은 눈물로 충혈된다. 근심으로 인해 건강을 해치고, 얼굴과 몸이 수척해지게 된다. 그리고 감정적으로 삶의 의욕이 없고 침통해 하며 풀이 죽어서 지내게 된다. 매사에 긍정적이기보다는 부정적으로 생각하고 행동하게 된다. 이렇게 살면 안되는 줄 알면서도, 살아가는 더 나은 방법이 있음을 알면서도 몸이 말이 듣지 않으며 어디서 어떻게 찾아야 할지를 모르게 된다. 그럴 때에 도피처가 필요하다는 것이다.

둘째, 죄의 문제가 자신을 괴롭힐 때이다.

> 내 일생을 슬픔으로 보내며 나의 연수를 탄식으로 보냄이여 내 기력이 나의 죄악 때문에 약하여지며 나의 뼈가 쇠하도소이다(시 31:10).

우리는 항상 비난을 받기도 하고, 수치를 당하기도 한다. 때로는 가장 가까운 사람인 남편과 아내가 서로 비난하기도 하고, 수치를 주고 받기도 한다. 그리고 자연히 이런 나 자신의 어리석음을 보면서 죄책감을 가지게 된다. 내가 지은 것으로 인해 주께 죄송스럽고, 나 자신이 미워지면서 죄책감에 시달리게 된다. 나의 실수와 나의 어리석음을 인정하게 되면 빨리 헤어나오게 되지만, 인정하는 것이 그리 쉽지가 않다. 그러다보니 내면에 죄책감은 더욱 더 커져 가는 것이다.

셋째, 내가 어려움을 당할 때에 다른 사람들이 오해하고 비난할 때이다.

> 내가 모든 대적들 때문에 욕을 당하고 내 이웃에게서는 심히 당하니 내 친구가 놀라고 길에서 보는 자가 나를 피하였나이다(시 31:11).

우리는 고의적이든 아니면 우연히 그렇든 바보스러운 일을 저지르기도 하고 당하기도 한다. 오해받는 것은 그리 유쾌한 일이 아니다.

기분 좋은 일이 아니다. 때로는 뼈를 깎아내는 아픔이 찾아온다. 그럴 때에 우리는 도피처가 필요하다.

자녀들에게 가정이 이런 곳이 되어야 한다. 실수한 아들을 용서하고 용납하여 주는 곳, 가족 구성원이라면 누구든지 가정이 평안하고 쉬고 싶은 곳이어야 한다. 서로의 상한 심령이 위로를 받고 내 삶의 에너지를 다시 충전하고, 마음의 불평과 어리석음을 버리고 확신을 얻는 곳이어야 한다.

그런데 문제는 가정이 자녀들에게 더 이상 도피처가 되지 못하니 게임방이 도피처가 되고, 어두운 곳이 도피처가 되고, 친구가 도피처가 되고, 낯선 땅이 도피처가 되고, 오락이 도피처가 되고, TV가 도피처가 되고, 영화가 도피처가 되고, 길거리가 도피처가 되고 있다. 그러나 궁극적으로 이런 곳은 자녀에게 완전한 도피성이 되지 못한다. 결과적으로는 오히려 이런 도피처들은 오히려 자녀들의 영혼을 죽이고, 삶을 고통스럽게 만들게 된다.

나는 지금도 생생하게 과거의 부끄러운 일을 기억하고 있다. 어렸을 때, 아마도 초등학교 2학년 정도 되었을 때의 일일 것이다. 당시에도 운동을 좋아해서 달이 환하게 뜨는 날이면 밤에 몰래 강가에 있는 모래 위에서 친구들과 씨름을 하곤 했다. 그날도 달빛이 환하게 비추는 밤이었다. 저녁을 먹고 부모님 몰래 집에서 나와 친구들과 씨름을 하다가 왼쪽 팔이 부러졌다. 팔이 아프고 눈물이 났다. 그런데 아픈 팔을 붙들고 돌아갈 곳이 없었다. 집에 돌아가게 되면 아버지에게 혼이 날 것을 두려워했던 것이다. 그래서 부러진 팔을 붙들고 이리저리 방황했다. 결국 돌아갈 곳이 없어 집으로 돌아가게 되었지만 따뜻한 방이 아니라 부엌 구석진 곳이었다. 구석에 쪼그리고 앉아 아픈 팔을 붙들고 신음하고 있었다. 어린 마음에 왜 그런 생각을 하게 되었을까? 그것은 나에게 집이 안정을 주고 내가 어떤 잘못을 했더라도, 내가 어떤 상황에 놓여져 있더라도 돌아가고픈 곳이 되지 못했기 때문이다.

그러므로 가정은 자녀들이 참된 쉼을 누릴 수 있는 곳이 되어 주어야 한다. 자녀들의 마음속에 가정을 떠나고 싶은 충동이 일어난다면 그 가정은 심각한 위기가 찾아올 수 있다. 자녀들이 부모를 보는 것이 즐겁고 부모와 함께 있는 것이 행복하다는 것을 느낄 수 있도록 해야 한다. 그들이 비록 잘못하고, 실수하고, 성적이 떨어져도 가정으로 돌아오고픈 마음이 들도록 해야 한다.

가정은 예배드리는 곳이어야 한다

가족 구성원 모두가 예배에 대한 갈망이 있는가? 부모는 자녀에게 예배의 모범이 되고 자녀는 부모와 함께 드리는 예배가 기다려지는가? 예배가 기대되는 행위인가? 가정에서의 예배가 낯설게 느껴진다. 예배드리는 일이 우선순위에서 밀려나고 있다. 부모는 예배의 중요성과 그 정당성을 발견하지 못하고 표류하고 있으며 자녀는 예배에 대하여 거부감을 드러내고 있다.

예배는 그 누구도 부인할 수 없는 우리 신앙교육의 핵심이다. 왜냐하면 하나님이 예배 가운데 보좌로 임하시고 우리가 하나님과 인격적으로 교제하는 특권을 경험할 수 있기 때문이다. 하나님의 은혜가 역사하고 있는 증거이다. 하나님을 향한 마음을 하늘로 올리기도 하고 하늘에서 오는 하나님의 사랑을 경험하는 시간이다. 하나님의 마음을 알고 그리스도의 사랑을 깨달으며 육신의 아버지와 자녀의 마음을 아는 소중한 장이다.

그런데 안타까운 것은 가정에서 예배를 제대로 드리지 못하거나, 소홀히 하고 있다는 것이다. 무시당하고 있다는 것이 맞는 표현인지도 모른다. 물론 부모도 아이들도 바쁘다. 할 일이 많다. 시간이 모자랄 정도이다. 그러나 과연 하나님께 예배하는 일보다 더 긴급하고 소중한 일이 있을까? 웨스트호프(Westerhoff)는 교육에 있어서 예배의 중요성을 강조한다. 그는 『우리의 자녀들이 신앙을 가질 것인가?』라는 저서에서 예배야말로 신앙을 지탱시켜 주고 세대에서 세대로 신앙을 전달하는 중요한 자리임을 다음과 같이 강조하고 있다.

> "만일 예배가 그리스도인의 삶의 초점이라면 예배는 마땅히 기독교 교육에 있어서도 초점이 되어야 한다."

예배는 정의하기보다는 행하기가 더 쉽다. 예배를 정의하다 보면, 종종 그 구성요소, 즉, 기도, 찬양, 설교, 헌금 등을 나열하는 것으로 그치게 된다. 그러나 더 근본적인 질문이 있다. 그것은 가정에서 예배를 드리는 이유가 무엇인지, 그것들이 무엇을 성취하고자 하는 것인지, 그런 것을 행하는 이유가 무엇인지, 예배가 그것을 행하기 위해 구별된 공식적인 경우들에 국한되는지, 성경에서 우리에게 먹든지 마시든지 무슨 일을 하든지 다 하나님의 영광을 위해서 하라고 했을 때(고전 10:31) 그것이 무엇을 의미하는지, 이러한 질문들이 우리가 해결해야 할 더 근본적인 질문들이다.

한때 가정예배 드리기 운동을 벌인 적이 있었다. 구성원 모두가 그 필요성에 대해 공감을 했다. 모든 가정에서 예배의 불길이 일어날 줄 알았다. 그러나 기대가 무너지는 것은 오래 걸리지 않았다. 중요한 줄 알면서도 바쁘고 어렵다는 이유로 가정예배로부터 멀어져 갔다. 이성적으로 공감을 한 것만큼 그들은 미동하지 않았다. 가정예배를 드릴 것을 충고하면 "그렇게 해야죠"하면서 실제로는 행하지 않는다. 받아들이는 가정도 일주일에 한 번 정도 드린다. 그리고는 자기가 해야 할 일을 다했다고 생각한다. 대부분의 가정이 가정에서의 소중한 가치를 인정하지만 삶으로 이어지지 않고 있다. 유감된 일이지만, 많은 그리스도인 가정들이 신앙적 가치를 인정하고 용기를 가지고 삶으로 이어지도록 하는 의지가 부족하다. 이것은 가정을 향하신 하나님의 놀라운 복의 통로를 버리는 것과 같은 것이다.

아래의 글은 자신의 가정의 가정예배에 대한 아쉬움과 안스러움에 대한 글이다.

> "나에게는 이상이 있음을 깨달았다. 믿음의 가정은 늘 가정예배 드리고, 기도도 하고, 뭔가 은혜가 풍성해야 되는데, 믿음의 남편은 신실하게 우뚝 서서 우리 가정을 인도하고, 아이들 머리에 손 팍팍 얹어 기도해줘야 되는데…이런저런 모양으로 설정된 내 신앙과 삶의 모습은 현실의 삶과 완전 딴판이었다. 아이 양육으로 인하여 오는 육체의 피로는 누적되어 갔고 늘 꾸질꾸질한 문제로 인해 맘 상하고 우습지도 않았다."

신앙의 가치는 가치로서 인식 속에 머물러서는 소용이 없다. 자기의 것으로 삼아야 한다. 그리고 그 가치를 경험함을 통하여 고백할 수 있어야 한다. 가정예배는 우리에게 많은 것을 있게 한다. 그 가운데서도 무엇보다 아이들이 하나님을 만나는 경험을 하게 한다. 아이들이 하나님을 만나는 경험보다 더 신나고 즐거운 일이 있겠는가? 가정예배가 그런 일이 일어나도록 한다. 또한 예배를 통하여 부모와 자녀가 서로 영적 소통이 이루어지게 된다. 말씀을 나누고 함께 기도한다는 것은 가정에서 일어날 수 있는 최고의 장면이다. 따라서 주님이 어린아이들이 내게 오는 것을 용납하고 금하지 말라고 하셨듯이 아이들이 주님에게로 오는 것을 부모의 어리석음으로 금하는 일이 없었으면 한다.

이 시대의 부모들은 참 이상하다. 아이들이 좋아하고 반드시 봐야 할 곳은 아이들이 싫어하고 가지 않겠다고 완강히 거절해도 데리고 가지만 정작 아이들을 주께로 데려가는 일에는 무관심하다. 슬픈 일이다. 안타까운 일이다. 세속적 욕구와 환경을 만들어주지 못하거나 충족시켜 주지 못하는 것에 대해 안타까워하고 있지만 자녀에게 예배의 자리를 만들어주는 것에 대해서는 안타까움이 없다. 이러한 반응은 어느 한 사람에게서만 찾을 수 있는 것이 아니라 다수에게 발견된다는 데 문제가 있다. 왜 가정예배를 드려야 하는지, 왜 예배드리는 것이 중요한 것인지, 예배는 어떤 유익이 있는지에 대해서 알려고도 하지 않고 알아도 행하지 않는다.

주님은 예배하는 자를 찾으시고 영과 진리로 예배하는 것을 기뻐하신다. 모든 예배가 그렇듯이 가정예배 역시 그 예배에 '신령과 진리'로 드리려고 하는 중심이 있으면 된다.

[23]아버지께 참되게 예배하는 자들은 영과 진리로 예배할 때가 오나니 곧 이 때라 아버지께서는 자기에게 이렇게 예배하는 자들을 찾으시느니라 [24]하나님은 영이시니 예배하는 자가 영과 진리로 예배할지니라(요 4:23-24).

이 말씀에 대해 송인규는 그의 책 『아는 만큼 누리는 예배』에서 "신령과 진정으로 예배를 드린다 함은 하나님이 누구인지에 대한 진정한 앎을 바탕으로 하여 우리의 중심과 내면, 우리의 심령으로 예배함을 의미한다"라고 한다.

그렇다. 하나님은 지금도 예배하는 가정을 찾고 있다. 어떻게 예배를 드리는 것이 좋은가하는 형식적인 문제가 아니라 중심으로, 주의 영으로 예배를 드리는 것이 중요하다. 하나님이 어떤 분이신지를 알고 예배를 드리게 된다면 그 가정에는 놀라운 일들이 일어날 것이다. 함께 둘러 앉아 아이들이 좋아하는 찬송을 부르고 가정의 문제들을 함께 나누고 아버지의 이야기와 엄마의 이야기 그리고 아이들의 이야기를 하늘로 올리게 된다면 그 다음은 우리가 상상하는 이상으로 놀라운 은혜들이 일어날 것이다.

그러므로 부모로서 정말 울고 마음 아파해야 하는 것은 두 가지이다. 첫째, 부모 스스로 가정에서 하나님께 예배하지 않는다는 것이다. 가정예배의 가치는 부모가 하나님을 만나고 그리스도를 주로 고백하면서 날마다 가까이 할 때에 찾게 된다. 그리고 그 깨달음을 자녀에게 주고자 하는 갈망과 몸부림이 있을 때에 가정예배는 꿈틀거리며 일어나게 된다. 둘째, 아이들을 주님께로 데려가지 못하는 부분이다. 아이들은 부모들의 영적 수준을 반영하는 강한 흡수력과 예민한 감수성을 지니고 있다. 아이들이 주님과의 개인적인 만남을 갖게 해주는 가장 중요한 곳이 가정이요, 가장 중요한 형태가 가정예배이다. 가정예배는 우리의 자녀들이 하나님을 만나는 통로가 되도록 해주며, 부모와 자녀들과의 대화를 가능하게 하며 영적 교제의 장을 만들어주게 된다.

대부분의 부모들이 우리는 시간이 없어서 혹은 바빠서 가정예배를 드리지 못했다고 이야기한다. 그러나 이 이야기 뒤에는 나는 가정예배의 중요성을 모르고 있으며 설령 깨닫고 있다 할지라도 "나는 아직도 세속적인 부모이다"라는 고백밖에 되지 않는다. 더 심각하게 말한다면 "나는 아이의 학원에는 관심이 있지 아이의 영적 수준에는 관심이 없다"라고 말하는 것과 같다. 가정예배는 가장 훌륭한 가정교육이며 가장 훌륭한 삶의 교육이다. 그리고 가정예배는 혼란한 시대, 이방의 신이 지배하는 시대, 맘몬의 신이 지배하며, 거짓의 신이 지배하는 이 시대에 영적 지킴이 역할을 하게 된다.

2부

왜, 장애물, 어떻게
그리고 부모 신상털기

신앙교육 4

왜 신앙을 가르쳐야 하는가?

¹내 아들아 나의 법을 잊어버리지 말고 네 마음으로 나의 명령을 지키라 ²그리하면 그것이 네가 장수하여 많은 해를 누리게 하며 평강을 더하게 하리라 ³인자와 진리가 네게서 떠나지 말게 하고 그것을 네 목에 매며 네 마음판에 새기라 ⁴그리하면 네가 하나님과 사람 앞에서 은총과 귀중히 여김을 받으리라 (잠 3:1-4).

그리스도인은 신앙이 가장 중요한 것임을 생각하지만 자신의 가정에서 신앙을 가르치려고 하지 않는다. 이 말은 '신앙교육에는 소극적이다'라는 의미이다. 신앙교육이 필요하지만 더 시급한 것이 있다는 것이다. 우선 순위의 문제요, 인식의 문제이다. 내가 이해하는 신앙교육은 무엇보다 세상적인 관점에서 성공하기 위한 것이 아님을 깨닫는 것에서부터 출발한다. 세상은 사랑과 진실, 겸손, 인내를 깎아내리고 부와 명예, 권력, 권모와 술수를 부추기고 있다. 부자가 되는 것을 중요시 여기며, 권력과 명예를 얻는 것을 매우 중시한다. 하지만 인생에서 진정으로 중요한 것은 신앙이다. 이 가치를 아는 부모만이 바른 신앙을 가르칠 수 있다. 이 가치를 가진 자라야 신앙교육을 위해 몸부림을 칠 수 있다. 시대의 흐름에 거슬러 올라갈 수 있다. 이 시각을 가진 부모만이 하나님에 대한 신앙으로 삶에 대한 올바른 시각으로 볼 수 있으며, 그 가치를 자녀들에게 바르게 전달해 줄 수 있게 된다.

신앙과 삶은 서로 긴밀하게 연결되어 있다. 신앙은 삶으로 드러나고 삶에서 신앙이 보여진다. 그러나 불행하게도 신앙과 삶을 분리하고 있다. 신앙은 교회 안에서 가르쳐지는 그 무엇이고 가정은 세상 속에서 살아가는 방법을 가르치는 곳이라고 한다. 교회와 가정은 보는 시각이 다르고 경험하는 것도 다르다고 한다. 정말 그런가? 아니다. 이 둘은 분리되는 것이 아니다. 떨어졌다가 다시 붙고 붙었다가 다시 떨어지는 것이 아니다. 교회와 가정은 그 본질적 원리가 같다. 그리고 신앙을 가르쳐야 하는 사명 역시 동일하다. 가정에서 신앙교육에 대한 여러 가지 시도가 있지만 아직도 그 정도는 미미하다. 오히려 신앙과 교육에 대한 불안과 혼란, 초조함과 좌절감이 있음은 부정할 수 없는 사실이다. 이제는 그리스도인의 가정에서 신앙교육이 이루어지지 않고 있다는 사실에 대해 더 이상 놀라운 일은 아니다. 신앙교육이 어디서부터인가 상실되어 가고 있는 점을 발견하는데 그리 큰 어려움이 없을 것 같다. 이대로 흘러가야 하는 것인가? 이 사회에 그리스도인이 던져주는 메시지가 점점 희미해지는 시대에 그 불을 다시 환하게 밝히는 등불이 될 수는 없는 것인가?

  왜 신앙을 가르쳐야 하는가? 그 이유에 대해 답을 하고자 한다. 결론적으로 말한다면 신앙교육은 하나님의 명령이요, 그리스도의 당부이며 가정의 신앙교육이 귀하고도 아름다운 일이기 때문이다. 그리고 신앙을 가르치는 일은 다른 세대가 아닌 다음 세대를 준비시키는 역사적인 일이기 때문이다.

하나님의 명령이다

어릴 때의 기억이다. 방학을 해서 외할머니 집으로 가는데 버스에서 내려서 2.5km를 걸어가야 했다. 사방에서 찬 바람이 불어 코와 귀를 얼게 하고 손을 오그라들게 했다. 가다서다를 반복했다. 다시 용기를 내서 갔지만 너무 먼 거리라서 가도가도 끝이 보이지 않아 좌절하기도 했다. 그러나 나에게는 가야 할 목적지가 있었기 때문에 반드시 가야 했다. 신앙을 가르치는 일이 바로 이와 같다. 자녀를 가르치다 보면 때로는 벅찬 소망이 품어지다가도 변화되지 않는 모습을 보면서 실망하기도 한다. 멈추어 서서 꼼짝달싹 하지 않는 자녀의 모습에서 인생의 허무함마저 들 때가 있다. 그러나 그렇다고 해서 포기할 일인가? 아니다. 반드시 해야 한다. 그 이유는 하나님이 명령하신 일이기 때문이다. 이 명령은 해도 되고, 안해도 되는 것이 아니라 반드시 해야 한다.

그래서 왜 신앙을 가르쳐야 하는가? 하는 질문의 답은 하나님께 찾는다. 부모가 아이를 가르쳐야 하는 것은 하나님의 명령이기 때문이다. 하나님이 자기 백성을 교육할 계획에 있어서 가정은 가장 기본적 장소였다. 그리고 부탁하신 것이 아니라 명령하셨다. 하나님의 선민 중에서 모든 가정은 자녀들에게 하나님의 말씀을 소중히 여기도록 하며, 그 말씀을 자기 자녀들의 마음에 새기는 책임이 주어졌다. 그 대표적인 구절이 바로 신명기 6:4-9이다.

⁴이스라엘아 들으라 우리 하나님 여호와는 오직 유일한 여호와시니 ⁵너는 마음을 다하고 뜻을 다하고 힘을 다하여 네 하나님 여호와를 사랑하라

> ^{6}오늘 내가 네게 명하는 이 말씀을 너는 마음에 새기고 ^{7}네 자녀에게 부지런히 가르치며 집에 앉았을 때에든지 길을 갈 때에든지 누워 있을 때에든지 일어날 때에든지 이 말씀을 강론할 것이며 ^{8}너는 또 그것을 네 손목에 매어 기호를 삼으며 네 미간에 붙여 표로 삼고 ^{9}또 네 집 문설주와 바깥 문에 기록할지니라(신 6:4-9).

이것은 하나님의 위대한 교육 명령이다. 그들은 가정이 전적으로 교육의 장이었다. 가정에 있는 모든 것(문설주, 바깥문)은 교육을 위해 사용되었다. 심지어 신체의 일부분(손목, 미간)까지도 가르치는데 사용되었다. 특별히 가정에서의 식사는 거룩한 가르침이 있는 곳이었다. 하나님의 이야기를 들려주는 곳이며 거룩한 공동체의 의미들을 발견하는 곳이었다. 아버지는 차려진 밥상에서 자녀들을 향해 축복하였다. 자녀들을 향한 사랑의 시선과 축복의 언어들이 식탁 위에서 베풀어졌다. 이런 가정의 모습은 하나님이 명령하신 모습이다.

이스라엘 백성이 바벨론 포로로부터 귀환하기까지 현대적 의미의 학교란 그들에게 존재하지 않았다. 가족이 최초의 학교 구실을 하였고, 그들의 생활이 시작되는 가정이 가르침이 시작되는 교육 장소였다. 가족을 통하여 하나님의 뜻을 배우며 생활 속에서 실천에 옮겼다.

역사학자 필로에 의하면, 유대인들은 신성한 법들이나 기록되지 않은 관습을 배우기 전에 강보 속에서 부모와 그리고 가르치는 자들에 의하여 하나님은 아버지며, 세상의 창조자인 사실을 인식하도록 훈련 받았다고 말한다. 요세푸스도 '그들이 아주 어릴 때부터 율법을 가지고 율법을 배웠기에 마치 율법이 그들의 영혼에 새겨진 것과 같다'고 하였다.

유대인들의 가정생활과 교육은 특히 자녀에 관하여는 순종을 제일의 요소로 요구하였다. 무엇보다도 아이들은 그들의 부모에게 존경과 애정을 표해야 했다. 가정교육은 매우 엄격하였다. 자녀에게 순종하는 면이 부족할 때는 부모는 주저 없이 엄한 방법으로 자녀로 하여금 순종하도록 하였다. 유대인의 가정에서 매를 아낀다든가 부드러운 교수법은 찾아볼 수가 없다. 그리고 가정에서 아버지의 권위는 절대적이었고, 그에 대한 순종은 가정교육의 초석이 되었다. 이렇게 행함으로써 그들은 지혜의 근본인 여호와를 경외하는 것을 배우게 되었다.

그러므로 부모가 자녀에게 신앙교육을 하는 것은 당연히 해야 하는 하나님의 명령이다. 이 명령을 거역하는 것은 불순종이다. 이 명령은 과거에만 존재했던 것이 아니라 오늘날 우리에게도 여전히 유효하다. 만약 부모가 이 명령을 거부한다면 어떻게 되는가? 우리가 하나님을 믿고 그분을 신뢰한다면 이 명령에서 벗어날 자 아무도 없을 것이다. 부모여, 우리는 하나님의 이 명령을 지켜야 한다.

> 너희 하나님 여호와께서 너희에게 명령하신 모든 도를 행하라 그리하면 너희가 살 것이요 복이 너희에게 임할 것이며 너희가 차지할 땅에서 너희의 날이 길리라(신 5:33).

이 명령은 내가 살고 다음 세대를 살리는 생명과 같은 것이다. 모두가 살기 위해서 자녀를 신앙으로 가르쳐야 한다. 자녀를 가르치고, 그들로 하여금 하나님을 경배하고, 순종하며, 하나님의 도를 깨닫고, 그 깨달음대로 산다면 우리가 살고 복을 받을 것이며 그리고 우리의 생명이 길게 될 것이다. 부모가 자녀의 성공을 추구하게 되면 오히려 성공을 잃게 될 것이다. 신앙을 가르치는 것, 신앙을 가르치기 위해 애쓰고 노력하는 것, 그것은 하나님의 일이다. 그러므로 부모는 베드로에게 하신 주님의 책망을 듣지 않아야 한다. 어느 날 주님은 자신의 죽음을 예고하셨다. 그러자 베드로는 결단코 그런 일이 주님에게 일어나지 않게 하겠다고 호언 장담한다. 그런 베드로에게 주님은 하나님의 일을 하라고 꾸짖으신다.

> 예수께서 돌이키시며 베드로에게 이르시되 사탄아 내 뒤로 물러가라 너는 나를 넘어지게 하는 자로다 네가 하나님의 일을 생각하지 아니하고 도리어 사람의 일을 생각하는도다 하시고(마 16:23).

부모가 자녀에게 신앙을 가르치는 일은 하나님의 일이다. 신앙을 가르치는 일을 소홀히 하는 것은 사람의 일을 생각하기 때문이다. 부모가 베드로처럼 하나님의 일을 방해하는 자가 되지 말아야 한다. 하나님은 분명 부모에 의해 신앙을 가르치는 가정을 소홀히 여기지 아니하시고 복을 주실 것이다.

생명보다 귀하기 때문이다

왜 신앙을 가르쳐야 하는가? 그 일이 생명보다 귀하기 때문이다. 신앙은 일시적인 것이 아니라 영원한 것이다. 목마르지 않는 생수와 같은 것이다. 주님은 우리에게 생명을 주는 것이라고 하신다.

> 예수께서 이르시되 나는 생명의 떡이니 내게 오는 자는 결코 주리지 아니할 터이요 나를 믿는 자는 영원히 목마르지 아니하리라(요 6:35).

그리스도는 스스로 생명이 되신다. 다른 사람에게도 생명을 주시는 분이시다. 가장 존귀한 것이 예수님이 주신 신앙이라고 한다면 어떤 수단과 방법을 동원해서라도 신앙을 온전하게 전수해야 할 책임이 부모에게 있음을 간과해서는 안될 것이다. 그리스도를 믿고 그분께 나아오게 되면 생명을 얻게 된다. 부모가 생명을 얻었다고 해서, 내가 신앙 좋다고, 내가 신앙생활 잘한다고 해서, 내가 교회를 잘 섬긴다고 해서 절대로 해이해서는 안 된다. 마음을 놓아서는 안 된다. 우리의 자녀들도 영원한 생명을 얻을 수 있도록 그리스도께 초청해야 한다. 한시라도 자녀를 키우는 데 최고의 가치가 신앙임을 잊어서는 안 된다.

내 아이들이 가수들의 노래에 맞춰 춤춘다고 해서 좋아하지 말아야 한다. 유행하는 노래를 그 입에서 즐겨 부르고 그들이 추는 춤을 잘 춘다고 해서 격려하지 말라. 어떤 부모들은 이렇게 말한다. 아이가 TV에 나오는 연예인들의 노래에 맞춰 춤추니까 "와 잘한다"하면서 칭찬한다. "너, 정말 춤 잘 추고 노래 잘한다"고 칭찬한다. 그렇게 되면 이 자녀는 신앙을 떠나게 되는 것이다. 내 아이가 욕을 하고 부모에게 마음대로 행동하고, 거친 행동들을 하는 것에 대해 그냥 넘겨서는 안 된다. 생명이 아닌 죄와 씨름하는 자녀로 세워야 하며 세상의 유혹에 절제와 인내로 지혜로운 자가 되도록 해야 한다. 끊임없이 지속되는 인생의 전쟁에서 어두움이 지배하지 않도록 해야 한다. 생명을 거부하는 반항과 불신앙으로 마음이 강퍅케 되지 않도록 보호해야 한다. 이미 그 마음에 어두움이 지배하고 있다면 이때 잠언에 나오는 아버지처럼 반드시 경계하도록 해야 한다.

> [20]내 아들아 내 말에 주의하며 내가 말하는 것에 네 귀를 기울이라 [21]그것을 네 눈에서 떠나게 하지 말며 네 마음 속에 지키라 [22]그것은 얻은 자에게 생명이 되며 그의 온 육체의 건강이 됨이라 [23]모든 지킬 만한 것 중에 더욱 네 마음을 지키라 생명의 근원이 이에서 남이라(잠 4:20-23).

이 경계를 받아들이지 않고 무시하게 되면 신앙을 떠난 다른 세대가 되는 것이다. 생명을 잃어버린 자가 되는 것이다. 다른 세대가 나오게 되면 희망은 없다. 생명을 잃어버리면 소망이 없다. 다른 세대의 출현은, 생명을 잃어버린 세대의 출현이며 곧 어두움이다.

생각해 보라. 하나님이 떠난 세대에게 무슨 기대를 걸 수 있겠는가? 절망뿐이다. 그러므로 부모된 우리는 내 아이가 다른 세대가 아닐까 하는 경계를 늦추지 말아야 한다. 그리고 내 자녀가 다른 세대가 되지 않도록 몸부림을 쳐야 한다. 틈만 나면, 시간을 쪼개어서 자녀를 위해 울어야 한다. 통곡해야 한다. 하갈은 광야에서 먹을 것이 없어서 죽어가는 아들을 향해 울었지만, 지금 우리는 영적으로 굶주려서 죽어가는 내 자녀를 위해 울어야 한다. 이것이 부모가 해야 할 일이다. 이 일을 소홀히 하게 되면 신앙을 모르는 믿음 없는 자녀를 양산하게 될 것이다.

생명보다 귀한 자녀교육은 철저하게 부모에게 그 책임이 있다. 육적 생명을 영적 생명으로 이어지도록 해야 한다. 이를 위해 부모가 깨어져야 한다. 부모가 여전히 세속적 가치관으로 자녀에게 대하는 이상 그 자녀는 변하지 않는다. 부모가 좌절감과 분노, 미움, 성인 아이와 같은 감정들을 드러낸다면 자녀들을 바르게 신앙교육을 할 수가 없다. 우울하고 불안정한 기분을 가지고 자녀에게 신앙을 가르칠 수는 없다. 자녀가 폭력적이고, 비정상적인 행동을 일삼는 것은 부모에게서 받은 영향이 크다.

여러분의 자녀가 성공하기를 원하는가? 그렇다면 신앙을 가르쳐야 한다. 신앙을 가르치면 성공한 인생을 살아가게 된다. 늘 불안한가? 왜 불안한가? 아직 못 미덥다는 게 아닌가? 언제 자녀를 신뢰하는가? 자녀가 무슨 일이든지 기도하고 하나님과 만나면서 나가는 모습을 보면 신뢰가 되는 것이다. 나의 경험으로는 자녀가 신앙으로 무장되면 자신의 자리에서 최선을 다하게 되며, 늘 하나님의 시선을 바라보므로 악한 일을 멈추게 되며, 기도하면서 아픔과 힘든 일을 헤쳐 나가게 된다.

필자에게는 딸과 아들이 있는데 어디 내놓아도 안심이 된다. 그들이 잘나서가 아니다. 그들이 운동으로 무장해서가 아니다. 그들에게 경호원을 붙여주어서가 아니다. 모 경영인처럼 자식을 괴롭히는 자들에게 야구방망이를 휘둘러서가 아니다. 세상 그 어디에 보내도 안심이 되는 것은 그들이 하나님을 신뢰하기 때문이다. 매사에 하나님을 의지하고 있기 때문이다. 여기에는 내 아이를 하나님이 지키시고 계시다는 확신과 함께, 그 다음에 내 아이가 기도하기 때문이라는 신앙이 있기 때문이다.

요즘 공부에 스스로 학습법이 대세이다. 최근의 이론이 아니라 이미 학습에서 중요한 동기 이론이다. 이것은 한마디로 공부는 스스로 해야 하는 것을 말한다. 그런데 신앙이 정립되면 공부 뿐만 아니라 스스로 인생이 된다. 어려운 일이 있을 때에 말씀을 벽에 붙여놓고 몸부림을 칠 줄 알며, 공부가 안될 때에 혹은 친구들로부터 유혹이 올 때에 말씀을 읽으면서 자신을 지킬 줄 안다. 공부를 해야 하는 것도 내가 출세를 위해서, 성공하기 위해서 공부하는 것이 아니라 하나님의 이름을 위해 공부하는 것임을 깨닫게 된다. 이것이 신앙이 생명보다 귀한 이유이다.

사명이기 때문이다

자녀가 태어나서 신앙의 가르침을 받는 가장 첫 번째의 장은 가정이며 그 스승은 부모이다. 하나님은 부모에게 자녀를 선물로 주셨으며 그 자녀를 신앙으로 가르칠 것을 책임으로 지어주셨다. 우리의 자녀에게 하나님의 말씀을 소중히 여기며 그 마음에 하나님의 마음을 알도록 하는 책임이 부모에게 주어졌다. 이것이 부모의 사명이다.

사명이 무엇인가? 사명이라는 것은 사전적 의미로는 "나에게 맡겨진 임무 혹은 사신이나 사절이 받은 명령"을 말한다. 사전적 의미로 볼 때에 부모의 사명이라는 것은 하나님으로부터 가르침을 위해 맡겨진 임무를 말하며 가르치라고 말씀하신 명령을 말한다. 그런데 이것은 부모로서 내가 해도 되고 하지 않아도 되는 선택이 아니다. 명령이라는 것은 반드시 내가 해야 하는 것이다. 때로는 나의 의지에 상관없이 해야 하는 것이다. 우리의 실패는 이 사명을 내 기준에서 해야할지에 대한 여부를 판단한다는 것이다. 사명은 내 기준에서 판단하는 것이 아니다. 하나님이 기준이 된다. 해야 하는 것도 내가 결정하는 것이 아니라 하나님이 결정하시는 것이다. 따라서 나에게는 사명을 해야 할 것인가, 하지 말아야 할 것인가에 대한 결정권이 없다. 무조건 해야 한다.

그렇다면 왜 사명이 중요한가? 시작과 과정 그리고 결과가 다르기 때문이다. 사명임을 아는 부모는 자녀에게 신앙을 가르치는 일에 기꺼이 감당하고 그 과정에서 힘든 일이 있어도 낙심하거나 좌절하지 않는다. 절대로 포기하지 않는다. 피하려고 하지 않고 도망가지 않는다. 그리고 그 결과는 반드시 열매로 나타난다.

반대로 사명이 희박하거나 없는 부모의 경우에는 도망간다. 신앙을 가르치다가 힘들 때에, 어려울 때에 쉽게 포기해 버린다. 과정이 힘들면 지쳐서 책임을 회피하려 하고, 바쁘면 바쁘다고 핑계대면서 도망가 버리고, 자녀들에게 평가를 받게 되면 화를 낸다. 자녀가 마구 대들 때나, 반항할 때에, 부모인 자신의 마음을 아프게 할 때에, 집의 물건들을 파손시킬 때에 지긋지긋하게 만드는 자녀에게서 벗어나려고 한다. 사명을 가지지 못한 부모는 신앙을 가르치는 일에 열정이 없다. 결과는 참담하다. 아무런 열매가 없다. 허탈하고 오히려 자녀의 영혼을 내팽개치거나 죽이게 되는 살인자가 된다.

그러면 어떻게 할 것인가? 부모는 자신에게 주어진 사명에 미쳐야 한다. 당연한 일이다. 요즘에는 미쳐야 한다. 미쳐야 산다. 미쳐야 이긴다. 미쳐야 성공한다. 『좋아하는 일에 미쳐』라는 책을 보면, 미쳐야 성공할 수 있다는 것을 말해준다. 자신의 독특한 지위와 삶의 범주를 확보한 사람들의 공통점은 자기가 하는 일에 미쳐있다는 것을 발견하게 된다. 그렇다면 미친다는 말이 비성경적인가? 세속적인 의미인가? 반드시 그렇지는 않다. 성경 속의 사람들, 소위 하나님께 쓰임을 받은 사람들을 보면, 그들은 복음을 전하는 사명에 미친 자들이었다. 다른 말로 하면 하나님이 주신 사명에 미친 자들이었다. 물불을 가리지 않았다. 헌신적이었다. 몸을 불살랐다. 그리고 인생에 실패자가 아닌 승리자가 되게 하셨다는 사실이다. 그러면 구체적으로 사명을 가진 부모가 어떻게 해야 하는가?

하나님 앞에 서는 일에 미쳐라

부모는 하나님 앞에 선 사람이다. 하나님이 보낸 자이다. 자기 임의대로 하려는 것을 포기하고, 적당히 하려는 것도 버려야 한다. 부모는 가르치는 자이기 전에 하나님과 교통하는 자여야 한다. 부모는 하나님과 교통하는 자여야 한다. 만약 이 교통이 없다면 그 부모는 생명력을 잃어버린 자이다. 우선적으로 부모는 하나님 앞에 서는 일에 미친 사람이어야 한다. 그래야 권위를 가지게 된다. 부모의 가르침의 권위는 하나님께 오는 것이다. 부모가 하나님 앞에 서는 일에 집중할 때에 자녀도 하나님과 자신의 일에 집중하게 된다.

가르치는 일에 미쳐라

부모에게서 자녀를 가르치는 일은 행복한 일이다. 아름다운 일이다. 나는 신앙을 가르치는 일에 노력해 왔다. 가르치는 위치를 소중하게 여겼다. 기회가 있을 때마다 가르치기를 즐겨하려고 했다. 만약 부모가 자녀를 가르치는 것이 힘들고 짜증이 난다면 사명을 다시 점검해야 한다. 가르치는 것이 행복하고 즐거워야 한다. 물론 거룩한 부담감으로 인해 즐거움이 사라질 수도 있다. 그러나 그것을 이겨야 한다. 아이를 신앙으로 가르치는 일에 미쳐야 한다. 이것은 당연한 것이다.

> 마땅히 행할 길을 아이에게 가르치라 그리하면 늙어도 그것을 떠나지 아니하리라(잠 22:6).

자기 계발에 미쳐라

부모만큼 자기 계발을 하지 않는 부류가 있을까? 부모가 된 것은 당연하고 아무것도 하지 않아도 된다고 생각해서는 안 된다. 자기 계발을 해야 한다.

첫째, 영적 생활을 위해 노력해야 한다. 성경을 읽지 않고 영적 생활을 게을리하고 자녀를 위해 자신을 계발하는 일에 소홀히 한다. 부모라고 한다면 당연히 자신의 영적 상태를 돌아보며 점검하면서 성숙을 위해 노력해야 한다. 그러면 자녀를 가르치는 자기 자신이 달라진 모습을 발견하게 된다.

둘째, 어떻게 아이들을 가르칠 것인가에 대해서도 노력해야 한다. 책을 읽고, 신문이나 잡지, TV등을 통해 효과적으로 가르칠 수 있도록 힘써야 한다.

셋째, 학습자인 자녀에 대해 다 안다고 생각하지 말고 나이에 따라 구체적인 신체적, 영적, 욕구적 특성에 대해서도 연구해야 한다. 학습자인 내 아이에 대한 정확한 이해는 부모가 가르쳐야 할 내용과 수준 그리고 방법을 안내해 준다.

넷째, 자녀에게 복음의 매개체가 되도록 노력해야 한다. 부쉬넬은 부모가 자녀에게 하나님의 사랑과 어린이들의 신앙 사이에 맺어지는 복음의 매개체로 이해하였다. 이는 부모가 자신의 태도, 삶의 모습, 자세들이 복음을 담은 그릇이며 아이들에게 신앙을 보여주는 채널이라는 것이다. 따라서 부모는 항상 자신의 삶을 돌아보며 더 좋은 부모, 더 믿음생활의 진보를 보여주는 모습이 되도록 해야 한다.

다음 세대를 가르치는 일과 다음 세대를 준비해 놓고 세상을 떠나야 하는 일은 사명이다. 재산과 명예는 아무런 도움이 되지 않는다. 자녀에게 재산을 물려주려고 하지 말라. 재산을 물려주려다가 형제끼리 싸움하며 인간의 기본적 혈육의 정마저 끊어버리는 일들이 비일비재하게 일어난다. 자녀에게 물려줄 것은 재산이 아니라 신앙이다. 신앙의 유산이면 만사 형통이다. 이 신앙의 유산은 부모에게 위임된 하나님이 주신 가장 큰 사명이다.

나는 부모의 재산으로 인해 자녀들이 분쟁하고 또 그 재산을 가지고 기업을 번창시키기는커녕 오히려 불로소득이 된 돈으로 인해 타락하는 자녀들을 많이 보았다. 부모의 유산으로 인해 형제가 형제를 미워하면서 나뉘어진 가정들을 보았다. 신앙의 유산만이 가정을 건강하게 하고 형제끼리 우애를 갖도록 한다. 신앙의 유산이 최고이다. 내 자녀에게 신앙을 전수하고 그것을 가장 귀한 유산으로 물려주지 않았다면 가슴을 치며 통곡해야 한다. 다음 세대를 준비하는 것이 최고의 사명이다.

신앙교육에 실패하면 가정도 실패한다

그리스도인 부모라면 한번쯤은 "하나님, 우리 가정이 신앙의 명문 가정이 되게 해주세요"라고 기도한다. 그러나 그 간절한 외침이나 기도만큼 실제로 가정에서 신앙에 우선순위를 두고 가르치는 일에는 소홀하다. 성경에도 가정의 신앙교육이 실패하여 가정도 실패한 예들이 많이 나온다. 그 가운데 창세기 27:41-44에 보면, 리브가가 야곱을 형 에서로부터 멀리 보내게 되는 장면이 나온다.

> [41]그의 아버지가 야곱에게 축복한 그 축복으로 말미암아 에서가 야곱을 미워하여 심중에 이르기를 아버지를 곡할 때가 가까웠은즉 내가 내 아우 야곱을 죽이리라 하였더니 [42]맏아들 에서의 이 말이 리브가에게 들리매 이에 사람을 보내어 작은 아들 야곱을 불러 그에게 이르되 네 형 에서가 너를 죽여 그 한을 풀려 하니 [43]내 아들아 내 말을 따라 일어나 하란으로 가서 내 오라버니 라반에게로 피신하여 [44]네 형의 노가 풀리기까지 몇 날 동안 그와 함께 거주하라(창 27:41-44).

이 장면은 신앙을 가르치지 못한 부모와 그로 인해 형제와 형제의 미움과 분노에서 출발한다. 가족 구성원끼리의 어려운 관계로 인해 형제가 나뉘고 부모와 자녀가 이별을 해야만 했다. 형 에서는 마음에 분을 품고 살게 되었으며 동생 야곱은 타국에서 홀로 힘든 생활을 해야만 했다. 이삭의 가정은 역기능 가정일 수 있다. 자녀를 가르침에 있어 부부의 일치함을 볼 수 없다. 부부가 함께 자녀의 문제를 가지고 기도하면서 고민한 흔적을 발견하기 어렵다. 아버지는 장남을, 어머니는 차남을 편애하였고, 형을 속이는 동생, 속임을 당한 형이 동생을 죽이려고 하는 상황, 이 모든 것이 이삭의 가정 안에서 일어난 사건이다. 가정에서 신앙교육이 실패했기 때문이다.

 부모가 진정으로 자녀의 삶을 걱정하는가? 내 자녀가 세상에서 잘 살기를 바라는가? 내 자녀가 어리석은 일을 행하지 않기를 원하는가? 내 자녀가 비전을 찾아 행복한 삶을 살기를 원하는가? 내 자녀가 어려움과 환란에 굴복당하지 않고 당당하게 일어서기를 원하는가? 하나님이 내 자녀를 지켜주시기를 원하는가? 그렇다면 신앙을 가르쳐야 한다. 내 자녀가 신앙으로 세상을 싸워 이기도록 해야 한다. 내 자녀가 하나님을 의지하면서 살아가도록 해야 한다. 이를 위해 부모가 신앙을 가정에서 보여주어야 한다. 가정에서의 신앙과 삶은 서로 분리되는 것이 아니다. 신앙과 삶은 함께 공존한다. 루터는 부모의 지위를 가리켜 "하나님의 대리자"라고 칭했다. 이는 부모의 높은 품위를 아무리 강조해도 지나치지 않다는 것이다. 부모는 자녀에게 하나님의 마음으로 하나님의 역할을 해야 한다. 대체적으로 자녀가 그릇된 길을 가게 되거나 혹은 문제를 일으키게 되면 그 원인을 자녀에게나 혹은 친구들과 환경에서 찾으려고 한다. 자기 자신에게서 찾으려고 하지 않는다. 그러나 자녀의 문제는 항상 부모인 자신에게 질문되어져야 한다.

 이삭과 리브가는 서로 편애하는 것이 아니었다. 형제가 서로 반목하고 시기심과 질투 그리고 마음에 살기를 채운 것은 부모의 탓이다. 부모가 살인을 하도록 부추긴 것이다. 에서와 야곱의 문제를 자신들에게서 찾아야만 했다. 그리고 그 원인을 발견하고 자녀들에게 사랑과 화목을 가르쳐야 했다. 종종 자녀는 부모에게 이렇게 물을 때가 있다.

"나는 어떤 존재인가요?"
"나를 어떻게 할 작정이십니까?"
"나를 진심으로 사랑하고 있나요?"
"정말 내가 훌륭한 인격자로 자라나기를 기대하십니까?"
"나를 위해 어떤 계획을 가지고 계십니까?"
"내가 이 세상에서 어떻게 살아가기를 원하십니까?"
"내가 정말 신앙으로 살아가기를 희망하세요?"

위의 질문들은 자녀들이 부모들에게 던지는 것이다. 부모는 이들 질문에 주저함 없이 다음과 같이 신앙으로 답을 할 수 있어야 한다.

"너는 하나님의 자녀요 존귀한 자란다."
"나는 너를 하나님의 사람으로 가르치고 키울 것이란다."
"나는 진심으로 너를 내 목숨처럼 사랑하고 있단다."
"나는 네가 그리스도의 인격으로 자라나기를 소망 한단다."
"나는 너를 위해 신앙으로 가르치고 그리스도에게로 인도하는 계획을 가지고 있단다."
"나는 네가 세상에서 그리스도인으로서 당당하고 그리스도의 권세와 위엄을 지진 자로서 섬기게 되기를 원한단다."
"나는 네가 세상의 이익 앞에 신앙을 버리지 않고 지키면서 살아가기를 원한단다."

신앙교육은 단순히 성경의 내용을 자녀들에게 전달하거나 그리스도가 어떤 분이신가에 대한 지식의 전달이 아니다. 신앙교육은 영적 진리가 삶의 의미로서, 삶의 실제로 나타나도록 하는 것이다. 거짓말을 하지 말라고 하는 말씀이 머리에 머물러 있는 것이 아니라 실제 아이의 삶에서 거짓말이 나타나지 않도록 하는 것이다. 그러므로 신앙의 가르침은 추상적인 것이 아니라 구체적인 것이요, 실제적인 것이다.

축복의 사람이 되기 때문이다

신앙교육은 사람을 변화시키며, 삶을 역동적으로 살아가도록 하며, 환경의 약점을 극복하고 초월하게 해준다. 축복의 사람이 되게 한다.
한 때 우리나라에 『야베스의 기도』라는 책을 통해 야베스에 대해 널리 알려진 적이 있다. 그 이후 야베스가 가정의 모델이었다. 야베스의 기도처럼 기도해서 하나님으로부터 축복된 인생이 되고 싶은 마음들이 열풍처럼 번진 적이 있다. 그리고 야베스처럼 기도하기를 원했던 적이 있다.
성경을 바다라고 한다면 야베스라는 사람은 바다 위에 떠 있는 조그마한 돛단배에 불과한 사람이다. 성경에서 야베스에 대해 언급된 곳은 찾아보기 어렵다. 마치 금방 타올랐다가 사그러지는 불처럼 야베스에 대한 언급은 전 성경에서 한 번 이상 나타나지 않는다. 그에 대한 기록은 단 두 절 뿐이다. 야베스라는 이름은 문학사에서 가장 오래된 것으로 알려진 사망자 명부 중의 하나에서 그리고 묘의 비석들에서 발견되었다. 그의 이름이 가장 잘 언급되고 그의 고상한 인격이 명백히 기록된 것은 역대기 기자에 의해서였다. 그러나 비록 그의 모습이 단 두 절로 간략하게 묘사되어 있지만 그가 우리에게 주는 도전은 엄청난 것이다.

  원래 야베스라는 이름은 그의 어머니가 지어주었다. 히브리어로 '고통', '혼돈', '곤고'라는 의미가 있다. 당시 고대 근동지역에는 아이가 태어나면 아버지가 아들의 이름을 짓는 것이 하나의 관습처럼 내려오고 있었다. 그러나 야베스의 아버지에 대해서 성경은 침묵을 하고 있다. 아버지가 아닌 어머니가 기록되어 있는 것을 보면 야베스의 어머니가 매우 중요한 인물이었음을 짐작할 수 있으며 어머니가 이름을 지어 주었음을 알 수 있다. 그렇다면 어머니는 왜 야베스라고 이름을 지었을까? 궁금하다. 그 이유는 단순하다.

  우선 야베스의 어머니는 자신이 아들을 고통스럽게 낳았기 때문에 아들의 이름을 그렇게 지었다. 또 다른 이유는 그 당시 삶의 어려움, 곤고함으로 인해 지었다는 것이다. 이것은 당시 시대의 어려움을 엿볼 수 있는 것으로 보인다. 한마디로 야베스의 출생은 당시 그의 가족들에게 '고통과 곤고'를 가져다주는 존재로 여겨졌던 것이다. 여기서 우리는 그 시대가 매우 살기 어렵고 미래가 불투명해 보이는 비관적인 상황이어서 야베스는 태어나기를 원치 않은 자식이었음을 알 수 있다. 따라서 이 어려운 시대에 태어난 야베스는 자기 스스로 고통스런 존재로 여기면서 평생을 보내야만 했던 비운의 인물이었음을 짐작할 수 있다.

  그러나 성경에 나타난 그의 기도를 보면 야베스가 이런 비운의 인물이었는가 할 정도로 그의 어두운 면을 찾아볼 수 없다. 다른 말로 하면 그는 비록 고통스러운 자요, 남들이 꺼려하는 사람이었다. 시대적 상황이 절망케 했지만 자신에게 있는 운명과도 같은 약점에 함몰

되지 않고 오히려 자신의 운명적 약점을 극복한 사람임을 알 수 있다. 그는 원치 않는, 태어나지 말았어야 하는, 불필요한 자식이었고 모두에게 고통을 주는 인물로 간주되었다. 남들 같으면 자신의 난 날을 저주하고, 일이 잘 안될 때마다 자신의 환경을 탓하고 속절없이 무너져 내리는 그런 사람이었을 것이다. 그러나 그는 결코 자신의 인생을 저주하지 않았다. 자신이 태어난 것에 대해 후회하지도 않았다. 다른 사람들처럼 자신을 낳아준 부모에게 원망도 하지 않았다. 오히려 그는 자신의 인생을 개척해 나가기 시작했다.

그렇다면 야베스는 어떻게 자신의 약점을 극복했을까? 그에게서 자신의 인생을 개척해 나간 원동력은 무엇이었을까? 자신의 약점을 극복한 원인이 어디에 있었을까? 그것은 그에게 있는 신앙이었다. 신앙의 힘이다. 그의 신앙에 대해 성경은 자세히 언급하고 있지 않았지만 그의 기도를 통해 그의 신앙을 짐작해 볼 수 있다.

> 야베스가 이스라엘 하나님께 아뢰어 이르되 주께서 내게 복을 주시려거든 나의 지역을 넓히시고 주의 손으로 나를 도우사 나로 환란을 벗어나 내게 근심이 없게 하옵소서 하였더니 하나님이 그가 구하는 것을 허락하셨더라(대상 4:10).

그의 기도는 네가지로 이루어지고 있다. 첫째, "주께서 내게 복에 복을 더하사"이다. 야베스는 하나님께 '복'을 더하시기를 간구했다. 더 나아가서 승리하기를 원했다. 그는 하나님의 계획안에서 복을 충만히 받기를 원했다.

둘째, 그는 나의 지역을 넓혀 달라고 기도한다. 자신의 포부를 밝히면서 하나님이 그에게 주신 사역의 기회를 잘 활용할 수 있게 해달라고 간구했다.

  셋째, 야베스는 하나님께서 자기를 도와달라고 기도했다. 그는 지혜로운 사람이었다. 그래서 하나님이 자기에게 복을 주신 후에도 계속해서 그를 도와주실 것을 간구했다. 마지막으로 야베스는 "나로 환란을 벗어나 근심이 없게 하소서"라고 기도했다. 그는 하나님이 자기를 보호해 줄 것을 기도했다. 그는 하나님이 그의 앞길을 인도하시고 그를 안전케 하고, 그가 악에 빠지지 않도록 해줄 것을 간구한 것이다. 그는 자기의 이름도 그렇거니와 성격상으로도 자기가 고통이라는 사실을 알고 있었다. 그는 그런 삶이 싫었고 새로운 삶을 바랐다. 그러면서 그는 결코 자신의 이름에 얽매여 살지 않았다. 그는 신앙으로 자신의 환경에 매이지 않았던 것이다.

  야베스처럼 태어나면서부터 너는 태어나지 말았으면 하는 말을 들으면서 자라난 사람도 있을 것이다. 야베스처럼 성장과정에서 좋지 않은 기억들로 가득찬 사람들도 있을 것이다. 야베스와 같이 많은 어려움을 겪으면서 상처를 가지고 자란 분들도 있을 것이다. 그러나 이런 약점은 우리의 성장과 진전을 멈추게 할 수 없다. 약점에 매여서 주저앉아 있는 것이야말로 가장 어리석은 자일 것이다. 이것은 불신앙이다.

  신앙교육은 자녀들로 하여금 자신의 약점 때문에 저주하고, 자신의 약점 때문에 꼼짝달싹하지 못하고, 자신의 내면에 갇혀서 살지 않도록 해준다. 자신의 약점 때문에 낙심하고 좌절하면서 살아가도록 내버려두지 않게 한다. 자신의 약점 때문에 포기하지 않게 한다. 약점이 많은 환경일지라도 신앙을 통하여 강점으로 만든다. 성격이 약점이라면 이 성격을 통하여 강점이 있는 사람으로 변화하도록 한다.

자만하기를 잘하는 약점이 있다면 겸손하기를 잘하는 강점이 있는 사람으로 바꾸어 준다. 감추고 싶은 것이 많으면 많을수록 그것을 통하여 드러내는 강점 있는 삶이 되도록 한다. 약점을 강점으로 만드는 것, 그것은 신앙으로만 가능한 일이다. 내가 약점으로 인해 하나님으로부터 버림받는 것이 아니다. 사울처럼 오히려 강점으로 인해 교만하다가 하나님으로부터 버림받는 것이다.

> 사무엘이 사울에게 이르되 나는 왕과 함께 돌아가지 아니하리니 이는 왕이 여호와의 말씀을 버렸으므로 여호와께서 왕을 버려 이스라엘 왕이 되지 못하게 하셨음이니이다 하고(삼상 15:26).

하나님의 자녀는 약점 때문에 망하지 않는다. 약점 때문에 무시당하지 않는다. 약점 때문에 실패하지 않는다. 하나님의 자녀는 실패 때문에 무너지지 않는다. 신앙이 없어서 망하고 무시당하고 실패한다. 구약에 사사인 에훗이라는 사람이 있다. 이 사람은 베냐민 지파에 속한 사람이었다.

> 이스라엘 자손이 여호와께 부르짖으매 여호와께서 그들을 위하여 한 구원자를 세우셨으니 그는 곧 베냐민 사람 게라의 아들 왼손잡이 에훗이라…(삿 3:15).

그는 약점을 지닌 사람이었다. 왼손잡이로 오른손을 쓰지 못하는 장애인이었다. 당시의 왼손잡이는 지금 우리가 생각하는 것처럼 오른손보다 더 잘 사용하는 것을 가리키는 것이 아니라 오른손의 사용을 거의 할 수 없어, 즉 장애가 있어 왼손을 사용할 수밖에 없는 것을 말한다. 그러나 하나님은 그를 통해 이스라엘 백성의 구원자로 세우시고 사사들 가운데 가장 긴 태평스런 나라를 만들도록 했다. 그가 하나님께 쓰임 받았던 것은 바로 신앙이었다.

그러므로 신앙은 가정을 축복의 장으로, 자녀를 축복의 사람으로 세워준다. 신앙은 인생의 약점을 축복의 요소로 전환시켜 주며, 신앙은 신체적 약점과 환경의 약점을 고립이나 타협의 요소로 만드는 것이 아니라, 자신의 인생을 축복으로 만들어주는 능력이 있다.

MY CHILD, FAITH IS ALL HE NEEDS

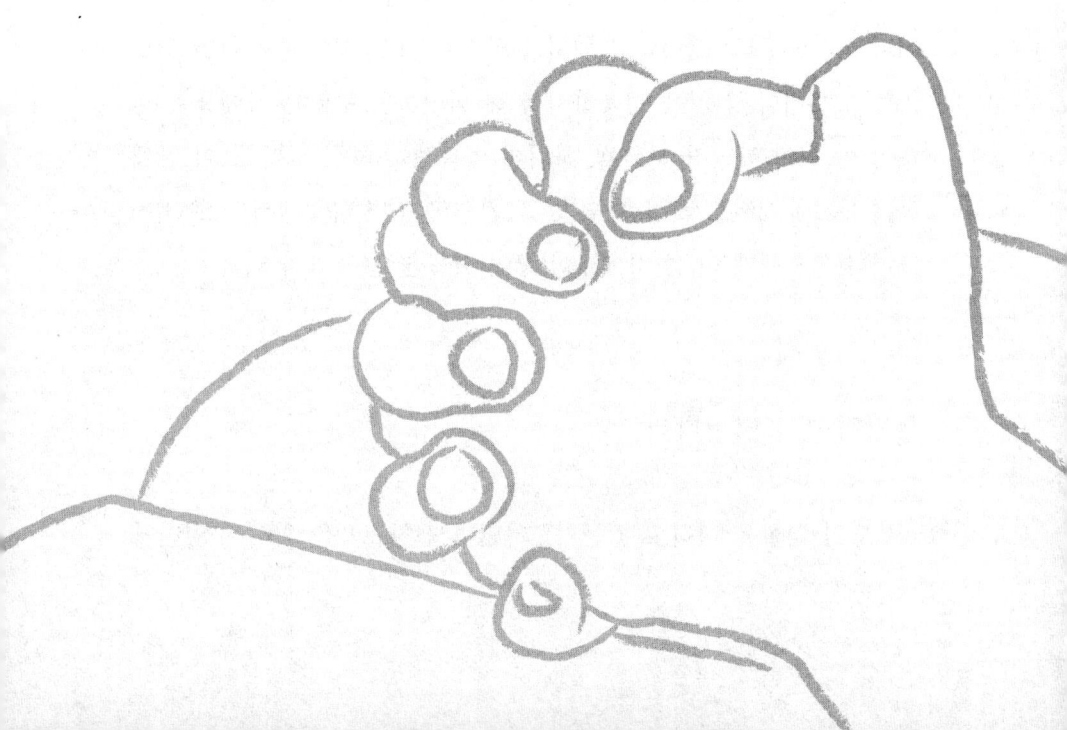

신앙교육 5

신앙교육을 잘하려면 장애물을 뛰어 넘어라

[16]그러므로 우리가 낙심하지 아니하노니 우리의 겉사람은 낡아지나 우리의 속사람은 날로 새롭도다 [17]우리가 잠시 받는 환란의 경한 것이 지극히 크고 영원한 영광의 중한 것을 우리에게 이루게 함이니 [18]우리가 주목하는 것은 보이는 것이 아니요 보이지 않는 것이니 보이는 것은 잠깐이요 보이지 않는 것은 영원함이라(고후 4:16-18).

신앙교육에는 많은 장애물이 있다. 산도 있고, 강도 있고, 삭막한 바람도 있다. 내면에 아픔이 있고, 눈물이 있다. 세상의 본질과 싸워야 하는 싸움이 있다. 때로는 전쟁터와 같은 생명의 위기 위식을 느낄 때도 있다. 순간순간 전투가 벌어지고 피를 흘려야 하는 일이 일어날지도 모른다. 그렇다고 해서 신앙으로 가르치는 일을 피할 수도 없는 노릇이다. 신앙을 교육하기 위해 직면하는 수많은 장애물은 피해야 할 것이 아니라 하나씩, 하나씩 극복해야 하는 것이다. 이 장애물은 부모에게서도 찾아볼 수 있고, 자녀와 주변 환경에서도 보인다. 그러나 부모에게 더 큰 장애물이 놓여 있음을 알 필요가 있다.

무기력에서 벗어나라

부모의 역할을 다하고 있는가? 자녀의 신앙교육을 위해 무엇인가를 계획해 본 적이 있는가? 부부가 서로 대화해서 아이들에게 맞는 신앙을 가르치기 위해 노력해 본 적이 있는가? 자녀가 문제가 있을 때에 신앙으로 가르쳐 본 적이 있는가? 폭력적이고, 거짓말하는 나쁜 습관에 길들여진 아이들을 바르게 세우고 인도하는 데 성공했는가? 대부분의 부모는 부모의 역할에 대해 압박감을 느끼고 실패와 좌절감을 경험하고, 성공으로 이끌기보다는 실패가 많다. 자녀와의 의미 있는 활동이나 가치관을 심어주어서 스스로 세상 속에 그리스도인으로서의 존재 의미를 발견케 하기보다는, 오히려 더 많이 통제하고 심리적 압박감을 주고 있다.

부모들이 무기력증에 빠져 있다. 부모의 권위가 실종되어 버렸고 스스로 우울증에 걸려 신음하고 있고, 자녀교육에 대한 강박증에 시달리고 있다. 복음뿐만 아니라 자신의 자녀들조차 제대로 이해하지 못하고 있다. 자녀들이 교회에 가기 싫다고 하면 쉽게 동의해 버리고, 자녀를 가르치고 지도해야 함에도 자신의 역할에 대해 피하려고 한다. 그리고 자신의 다듬어지지 않은 인격으로 폭력적 언행을 일삼으며 내적 공허함으로 의욕상실에 빠져 있다. 상실감이다. 이것은 의욕적으로 시작했던 일의 결과가 전혀 나타나지 않을 때에 찾아온다. 아치볼드 하트(Hart)는 상실에는 실제적인 상실과 추상적인 상실이 있다고 말한다.

> "실제적인 상실은 실제적인 대상이나 사람이며 추상적인 상실은 눈으로 볼 수 없고, 무게를 잴 수도, 측정할 수도 없는 것이다. 자존감의 상실이나 희망이나 야망의 상실 등이다."

처음에는 시도하다가 자녀에게 변화의 모습이 나타나지 않자 절망하여 두 손을 들어버린다. 끊임없이 되풀이되는 자녀와의 싸움에서 지쳐있다. 자녀에게 상실감을 느낀다. 그리고 그것은 곧 부메랑처럼 부모에게 나타나 자기 자신의 자존감에 대해 회의를 가지거나 자녀에 대한 희망을 버리게 된다. 자동차가 나를 향해 무섭게 달려오는데 나는 몸을 움직일 수가 없는 형국이다. 운전을 해야 하는데 겁에 질려 몸이 굳어져서 운전대를 놓아버리는 것처럼, 운전석에서 이탈하고 있다. 전신마비 이것은 끔찍한 일이다. 실패로 인해 자기비판과 자기 정죄, 감당할 수 없는 무가치함이 마음을 지배한다.

자녀에게 신앙을 가르치다가 대게 부모에게 나타나는 현상은 내적 공허감이다. 무기력이다. 아이들을 위해 내 삶을 헌신했다고 생각하는데, 아이에게 헌신의 댓가가 나타나지 않을 때에 공허함을 느낀다. 최고의 노력으로 내 모든 것을 쏟았다고 자부하는데, 내 아이는 저만치 가 있거나 탈선의 행동을 보일 때 무기력감은 극도에 이르게 된다. '집안의 내력인가?', '유전자의 문제인가?', '환경의 문제인가?', '친구들 때문인가?'라고 생각하게 된다. 그러나 무엇보다 부모의 무기력 때문이다. 가정은 아이가 태어나서 정서적으로 접할 수 있는 가장 완전한 곳이다. 그 완전한 곳이 부모의 무기력으로 불완전한 곳이 되어 버렸다.

무기력감을 이기려면 대체 방안을 찾아야 한다. 부모 자신의 내면에 있는 감정을 인식하고 받아들이고, 성경적 관점에서 자신의 약함과 자녀의 문제를 바라보는 것이 필요하다. 하나님이 나에게, 자녀에게 무엇을 원하시는지, 우리의 삶을 어떻게 인도해 가시는지, 부모로서 어떤 역할을 해야 하는지에 대해서 생각하고 묵상해 보는 것이 좋다. 그리고 내 자녀의 문제를 위해 하나님께 도움을 요청해야 한다. 자녀교육에 대한 실망들을 대처하는 지혜와 방법들을 공급해 주실 것이다. 아치볼드 하트는 우리가 어떠해야 하는지에 대하여 다음과 같이 잘 충고한다.

> "하나님은 삶에 대처하는 자원이 빈약한 상태로 우리를 내버려 두지 않으신다. 힘의 한계를 느끼고 더 이상 대처할 수 없을 것 같을 때 하나님께 도움을 청할 수 있음을 알 것이다. 하나님의 도움은 늘 곁에 있다. 우리가 가장 흔히 저지르는 잘못은 아마도 하나님께 이러한 능력을 구하지 않고 너무 오랫동안 기다린다는 것이다."

하트의 충고대로 우리는 자신의 무기력에서 하나님께 도움을 구해야 한다. 하나님께 도움을 구할 때에 하나님이 살피시고 도와주신다. 마치 하갈이 자신의 무기력에서 자식이 죽어가는 것을 보면서 통곡하고 있을 때에 하나님이 그녀의 절망의 소리를 들으신 것처럼 말이다.

> [16]이르되 아이가 죽는 것을 차마 보지 못하겠다 하고 화살 한 바탕 거리 떨어져 마주 앉아 바라보며 소리 내어 우니 [17]하나님이 그 어린아이의 소리를 들으셨으므로…(창 21:16-17).

하나님은 하갈의 무기력한 고통 속에 있을 때 우물을 예비해 두셨다. 그리고 그것을 발견하게 하셨다. 자녀의 문제는 하갈과 다르지만 그 문제를 해결하는 방법은 동일하다. 자신의 무기력은 다양한 원인에 의해서 얻게 되지만 그것을 이기는 원리는 역시 하나이다. 하나님께 나아가야 한다. 하나님께 능력을 구해야 한다.

그리고 종종 자신의 무기력감을 감추기 위해 자신의 부모된 정체성만 지키려고 하는 경향이 있다. 자녀들에게 주고 용납하기보다는 자신을 방어하기에 급급해 한다. 윽박지르기도 하고 자주 화를 내기도 한다. 여기에다 부모나 형제, 직장에서의 해고나 사업의 실패, 육체적 고통 등 외적 아픔이 더해질 경우 점차 부모됨의 기본적 자세마저 잃어버리는 위기를 초래하게 된다.

또한 부모의 무기력감은 또 다른 이기주의를 가져온다. 이기주의가 자녀에게 해를 입히는 것이다. 대체적으로 성인 아이와 같은 부모, 무기력감에 빠진 부모는 자신의 욕구와 욕망에 충실하는 경향이 있다. 자녀가 원하는 것이 무엇이며, 그에게 필요한 것이 무엇인지 거의 의식하지 못한다. 때로는 별다른 의식 없이, 즉 아무 생각 없이 자녀들 앞에서 행동한다. 자녀들이 부모의 행동을 보고 관찰하고 본받고 있다는 것을 꿈에도 생각하지 못한다. 설령 생각하더라도 애써 외면하거나 혹은 자신의 감정에 충실하여 격한 마음에 순간적으로 무시해 버린다. 부모의 이런 자기중심적인 삶이 자녀에게 큰 상처를 가져다준다.

자기중심적인 생각은 자녀에게 화를 내는 것으로 드러나기도 한다. 화를 낸다는 것은 자녀들이 잘못했거나 혹은 마음에 불편함을 나타내는 것이다. 그리고 다른 한편으로는 귀찮은 일이나 자기에게 불이익이 생기지 않도록 조치를 취하는 행위이기도 하다.

그러므로 부모의 무기력감은 신앙교육에 있어 가장 큰 적이다. 자기 자신에게 있는 약점보다는 장점을 끄집어내어야 한다. 만약 부족한 점이 있다면 없으면서도 있는 척 하지 말고 겸손한 마음으로 배워야 한다. 배움은 또 다른 자극과 도전이 되며 좋은 부모가 되기 위한 출발점이 된다. 나는 다 알고 있다고 하는 생각만큼 어리석고 교만한 것은 없다. 아이들이 반항하고 욕설을 퍼붓고, 떼를 쓰는 행동을 하고, 거짓말을 하고, 지갑의 돈을 훔치고, 싸움을 하는 행동에 대해 배워야 한다. 왜 그럴까? 왜 내 자녀가 이런 행동을 보이는 것일까? 이것에 대해 고민하고 배워야 한다. 아래의 글은 자녀의 문제에 직면한 엄마가 자신의 모습을 진단하면서 내 아이를 이해하고 잘 가르치기 위해 배움의 자리에 나아간 고백의 글이다.

> "내 아이는 아기 때부터 예민했고 나와의 줄다리기가 늘 있는 아이였다. 내가 끌고자 하는 대로 결코 따라와 주지 않았고 어느 순간인가부터 아이의 마음을 알지 못하겠고 너무나 멀어져버린 아들과의 관계에서 스킨십마저도 어색하고 힘이 들 때도 많았다.
> 자녀양육에 대한 얘기만 나오면 눈물이 먼저 앞을 가리고 아들 생각만 하면 가슴이 아프고 저려오면서도 막상 아이와의 관계에서는 늘 개선이 없었고 엎치락뒤치락 힘든 시간만 반복되었다. 그러다가 내 자신이 노력하지 않음을 깨닫고 책도 보고, 강의도 듣고 자녀양육, 부부관계, 엄마로서, 아내로서 주님 앞에 어떻게 살아가야 하는지를 배우게 되었다."

배움은 잘 가르치기 위한 또 다른 기회이다. 표현하는 것이 부족하면 의사소통에 대해서 배우고, 아이들의 마음을 잘 모르겠으면 그들의 문화나 생각을 이해하는 방법 등을 배우고, 아이들의 마음이 삐뚤어져 있다면 왜 그런지에 대해서 배워야 한다. 언제든지, 어떤 상황에서든 당황하지 않고 대화하고 영적 가르침을 줄 수 있도록 준비되어 있어야 한다. 그리고 무엇보다 스스로 신앙을 가르치기를 마음으로 원하고 즐겨해야 한다. 적당한 긴장과 갈망은 그 일에 대한 열정과 자극을 가져다준다.

자녀에게 올인하는 것을 멈추어라

부모가 자녀에게 기대를 하고 나보다 더 나은 삶을 살기를 원하는 것은 모두의 바람이다. 그러나 지나친 기대나 과도한 관심은 오히려 부모나 자녀 모두에게 해롭다. 자녀가 기침을 하면 부모는 감기 몸살을 앓는다. 자녀가 기분이 흐리게 되면 부모는 그 마음에 비가 내리고 천둥 번개가 친다. 자녀가 무엇을 원하면 부모는 몸을 팔아서라도 자녀의 욕구를 충족시켜주려고 한다. 그래서 탈선의 길로 들어선 엄마가 많다. 하루 종일 일하는 두세 개의 직업을 가지고 살아가고 있다. 부모 된 자로서 내가 누구를 위해 사는가 하는 본질적인 질문 앞에 고민을 하게 되지만 그럼에도 자녀에게 자신의 모든 것을 쏟아 부으려고 한다. 자녀 때문에 부부가 다투는 일이 잦고, 자녀 때문에 부부가 생이별을 하고, 자녀 때문에 가정이 나뉘고, 자녀 때문에 서로 남남의 길을 걸어가고 있다.

부모들은 자녀들이 점점 더 치열해지는 경쟁 사회 속에 살아남으려면 교육에서 밀리면 끝장이라는 생각에 사로잡혀 있다. 아이가 공부를 잘하려면 할아버지의 재력과 아빠의 무관심 그리고 엄마의 정보력이 필요하다고 한다. 웃기는 얘기가 아니라 현실의 얘기다. 자녀에게 올인하는 부모가 많다. 올인한다는 것은 자신의 것을 모두 쏟아 붓는다는 것이다. 올인하는 부모는 자기의 삶은 뒤로 제쳐두고 자녀의 일정에 맞춰져서 살아가는 부모들이거나 자녀에게 자신의 모두를 거는 자이다. 자녀가 해야 될 일도 자기가 대신해주고, 자녀가 가야 할 곳도 대신 가준다. 자녀가 물을 가져 올 수도 있는데 물을 갖다 주고, 자녀가 우유를 스스로 마실 수도 있는데 갖다 바치고, 스스로 청소를 할 수 있음에도 청소를 해준다. 스스로 준비물을 챙길 수 있음에도 부모가 다 챙겨준다. 스스로 옷을 입을 수 있음에도 입혀 주고, 스스로 양치질을 할 수 있음에도 양치질을 해준다. 혼자서 숟가락과 젓가락을 사용하여 밥을 먹을 수 있음에도 졸졸 따라다니면서 입에 넣어준다.

좀 더 크게 되면 학원에 대한 정보를 얻고, 공부에 대한 정보를 얻는 일까지 부모가 하게 한다. 가정에서 학교, 학교에서 학원, 학원에서 다시 가정으로 운전을 하면서 기사에, 비서에, 종노릇까지 하면서 비위도 맞추고, 눈치도 보면서 온갖 일을 한다. 도대체 어디까지 대신 하려고 하는지 모를 일이다. 남들이 하니까, 다른 부모들은 다 해주는데 나는 해주지 않게 되면 불안해서 하게 된다. 해외로 공부하러 가는 것조차도 부모가 이야기하고, 부모가 학교에 대한 정보를 얻어 입에 넣어주려고 한다. 도대체 어디까지 부모가 나서서 해야 할지 모를 일이다. 이러다가 부모의 삶이 자녀 뒤를 따라 다니면서 떨어지는 부스러기를 치우다가 끝나버릴 것이다. 엄마의 헌신이 어디까지일까? 이 시대의 기러기 아버지들의 한숨은 누가 들어주는 것인가? 가정에서 쓸쓸하게 그 존재 가치를 잃어버리고 홀로 외로이 남은 인생을 싸워가야 하는 부모들의 모습에 눈물이 날 지경이다.

그런데 자녀에게 이렇게 올인하는 것이 부모의 역할일까? 문제는 이것이 부모의 역할이 아니다. 이것이 자녀에 대한 사랑이 아니다. 그런데 이렇게 하는 것이 부모의 역할이요 사랑인 줄 안다. 그래서 문제이다. 남이 하면 나도 한다는 식의 자녀교육에서 벗어나야 한다.

부모는 자녀에게 올인하는 존재가 아니다. 올인은 어리석은 일이다. 내 자녀에게 마땅히 알 바를 가르치고 그리스도의 사람으로 성장하도록 교훈과 책망과 바르게 함에 이르도록 섬겨야 한다. 섬기는 것과 올인하는 것은 다르다. 이것을 올인과 착각해서는 안 된다. 그리고 자녀가 자라나면서 그 연령층에 맞는 일을 스스로 하도록 해야 한다. 스스로 자신의 인생을 신앙으로 올인하도록 해야 한다. 이것이 부모의 역할이다.

전자매체를 통제하라

아이들은 태어난 지 얼마 되지 않아 핸드폰을 만지기 시작한다. 아이가 귀찮게 해서 주기도 하고, 잠시 관심을 돌리기 위해 핸드폰을 주기도 한다. 교회에서도 3-4세 되는 아이들이 삼삼오오 그룹을 지어 무엇인가를 보고 있는 것을 쉽게 볼 수 있다. 그 중심에는 핸드폰이 있다. 그들을 모이게 하고 흩어지게 하는 것이 핸드폰이다. 아주 어릴 때부터 우리의 자녀들이 디지털에 길들여지고 있다. 우리는 지금 문화와 전달매체의 다양성 시대에 살아가고 있다. 이는 우리 삶에 전자매체가 얼마나 중요한 역할을 하고 있는가를 반증하고 있다. 전자매체 하나쯤에는 길들여져 있다고 할 수 있다.

TV와 게임, 인터넷, PMP, 핸드폰 등 다양한 전자매체들이 학습이라는 이름으로 자녀들을 유혹하고 있다. 첫째, PMP는 자녀들의 인터넷 강의를 듣기 위해 유용한 매체이다. 하지만 그 속에 있는 어플을 들여다보면 공부에 전혀 도움이 안되는 어플이 수두룩하다. 인터넷 강의를 위한 것이라는 명분으로 자녀들의 영혼을 빼앗아 가고 있다. 아래의 글은 PMP로 인하여 겪었던 아들의 고백이다.

"몇 개월 전에 PMP를 샀습니다. 그리고 부모님한테는 인강을 본다는 목적으로 산다고 말씀드렸죠. 하지만 그 뒤로는 뻔한 결과인거죠. 아주 딴 길로 새버렸습니다. 보라는 인강은 안보고 TV 예능 프로그램을 다운 받아보고, 들으라는 영어 듣기는 안하고 가요를 들었습니다. 재밌었습니다. 하지만 이게 아주 사람을 중독되게 만들었습니다. 어딜가나 틈만 나면 이어폰을 꽂고, 화면을 들여다 보았습니다. 결국 제가 PMP에 대해서 심각한 중독을 보이더군요. 화장실 갈 때도 들고 가고, 24시간 저에게서 50cm를 벗어나지 않았습니다. 저는 제가 PMP에 잠식당하고 있다는 것을 몰랐습니다. 그냥 갖고 논다는 생각이었을걸요? 하지만 정작 빼앗기고 정신을 차리고 나니 PMP가 저를 가지고 놀았다는 것을 알았습니다. 그리고 그 뒤에 사탄이 있었다는 것두요. PMP는 버리지 못합니다. 인강은 꼭 봐야 하기 때문이죠. 컴퓨터로 볼 수가 없어 PMP로 보지만 PMP라는 존재, 두려워집니다. 하지만 이제 넘어가지 않고 정면승부 하겠습니다."

둘째, 가정에 있는 TV는 어떤가? 거의 모든 가정에 TV가 가장 중요한 자리에 놓여져 있다. TV가 가져다주는 유익은 많다. 자녀들에게 교육적 효과를 가져다주고, 뉴스나 그 밖의 정보를 전달해주고 있으며, 다양한 볼거리를 제공해주고 있다. 그러나 이처럼 우리의 삶에 절실하게 필요한 매체임에도 불구하고 TV는 '바보상자'로 불리울만큼 여러 가지 병폐를 가져오고 있다. 한마디로 TV를 통해 얻는 것보다 잃는 것이 많다는 것이다. 그리고 무엇보다도 가정예배를 방해하고 기도하고 말씀으로 교육하는 장으로서의 기능을 상실하게 한다는 것이다.

TV는 가족구성원의 해체를 불러일으키게 하는 주범이 된다. TV를 통해 가정내에서의 대화의 단절이 야기된다. 부부사이에, 부모와 자녀 사이의 대화의 단절은 가정 불행의 시발점이다. 그리고 성장기에 있는 자녀의 시력을 감퇴시키고, 오락 프로그램과 유해성 프로그램을 통하여 범죄의 모방과 성적 일탈행위 그리고 중도성의 문제는 유익성보다 훨씬 많은 해로움을 끼치고 있다. TV로 인해 우리의 자녀들이 병들어가고 있으며 부모 세대들은 중독되어 신음하고 있다. 아버지는 퇴근 후 소파에 앉아 TV부터 시청한다. 밤 늦게까지 TV 앞에 앉아 있다.

그러면 구체적으로 TV는 우리의 가정에 어떤 부정적인 영향을 끼치게 될까? TV는 우리를 소비자로 전락시켜 버린다. TV를 본 사람과 보지 않은 사람과는 즉흥적인 소비성향이 다르게 나타난다. 우리 아이들은 사달라고 조르는 것이 없다. 그 이유는 모르기 때문이다. 비교해서 선전하는 자극적인 문구를 모르니까 사달라고 하지 않는다. 아이가 너무 무지하다고 생각하는가? 아니다. 그 대신 책을 많이 읽기 때문에 또래의 모임과 활동에 전혀 지장이 없다. 그리고 TV는 나로 하여금 열등감을 갖게 하거나 선정성과 폭력성을 길러준다. 드라마의 멋진 배우들과 모습 그리고 좋은 자동차 등을 보노라면 자기도 모르게 열등감에 젖어들게 한다. 나는 왜 저렇게 살지 못할까? 나는 왜 저런 것을 가지지 못할까? 상대적 빈곤감에 사로잡히게 된다. 선정성과 폭력성은 다른 사람에게 해를 끼치고 죽여도 죄성을 느끼지 못하도록 만든다.

미국의 예일대학에서 20년간 연구한 결과에 따르면 TV를 상대적으로 지나치게 많이 본 아이들은 상상력이 부족하고, 차분하지 못하며, 더 공격적이고, 집중력이 떨어진다고 한다. 그러다보니 창의적이지 못하다. 반대로 책을 많이 읽게 되면 창의적인 사람이 된다. 지금 우리 부모들은 교육의 중요성을 말하면서 아이들을 수많은 학원에 보내면서도 아이러니하게도 가정에서의 TV 시청을 통해서 그 효과를 반감시키고 있는 것이다.

이처럼 TV의 해독성은 우리가 생각하는 것 이상이다. 중독처럼 되어버린 우리의 일상적인 삶을 바꾸는 것은 쉬운 일이 아니지만, 일단 결단을 내리고 고쳐나가면 가정에 엄청난 일들이 일어나게 된다. 일터에서 돌아온 아버지는 가정에서 소일거리가 없어진 것이 아니라 가정에 더 많은 일들을 도와줄 수 있게 되므로 가정이 더욱더 화목해질 것이다. 그리고 자녀들과의 대화는 그 횟수가 늘어날 뿐만 아니라 아버지로서의 존재감을 대화를 통하여 각인시키게 된다. 주말에는 함께 운동하고 여가를 즐기는 패턴으로 달라지게 된다. 하루의 시간이 2,3배로 늘어나게 된다. 그리고 더욱더 소중한 것은 가정예배를 드릴 수 있는 시간을 확보하게 되며 가정예배의 정착으로 이어지게 된다는 것이다. 한 걸음 더 발전하게 되면 가족 구성원끼리 성경쓰기도 할 수 있게 된다.

셋째, 휴대폰의 사용이다. 우리나라 청소년은 휴대폰을 필수품으로 사용하고 있다. 사용자의 연령층이 점점 낮아지고 있다. 스마트폰이 보급되면서 중독의 심각성은 더해지고 있다. 다양하게 만들어진 수많은 어플은 아이들의 욕구와 호기심을 충족시키고도 남는다. 스마트폰 사용자의 70%가 중독자라고 한다. 교육으로 위장한 어플은 자녀의 영혼을 삼키고 있다. 휴식을 위해 듣던 음악이나 영상물이 어느새 성인 컨텐츠에 이르게 되고 성인물에 중독되어간다. 점차적으로 공부를 위해 가지게 된 디지털 매체들이 오히려 집중력에 방해가 되고, 공부에 대한 열의와 흥미마저 잃어버리게 하는 주범이 되고 있다. 게임을 하고, 성인물을 접한 아이들은 산만해지고 폭력적으로 되어 가는 것은 그 누구도 부인하지 못할 것이다. 그리고 이런 것은 본인뿐만 아니라 친구관계나 사회성마저 파괴하는 폭발력을 드러내게 된다. 이처럼 문제는 휴대폰의 사용이 자라나는 자녀들에게 긍정적인 측면도 있지만 부정적인 측면도 많다는 것이다.

 아들이 고 3이 되어 첫 학부모 모임이 있었다. 학교장 선생님이 학부모들이 모인 자리에서 첫 번째 부탁이 제발 자녀들이 휴대폰 사용하는 것을 자제시켜 달라는 것이다. 휴대폰 사용이 공부하는 데 방해가 된다는 것이다. 스마트폰의 수많은 어플은 우리의 자녀들의 영혼을 망가뜨리는 주범이 된다. 손쉽게 구할 수 있는 낯 뜨거운 어플이 많다. 심지어 무료로 제공되는 것도 있다. 부모가 통제할 수 있는 데에는 한계가 있다. 내 자녀의 삶 전부를 관찰할 수 없다.

 결론은 분명하다. 내 자녀가 스스로 통제할 수 있는 힘을 길러 주어야 한다. 그 힘은 강요에 의해서는 되지 않는다. 끊임없는 대화와 함께 원천적으로 그 일이 나쁘다는 것을 알게 해야 하며 행동으로 수정이 되도록 해야 한다. 신앙은 머리로 알게 하고 행동으로 수정하도록 가능하게 하는 근본이다. 자녀가 스스로 휴대폰으로부터 자유하게 될 때에 나타나는 현상은 그 어떤 것으로도 계산할 수 없는 가치가 있다. 시간의 소중함, 자신이 하고자 하는 공부에 집중하게 하고 영적으로 사단의 유혹에서 벗어나게 하며 자신의 목표를 향해 달려가게 한다. 이 싸움은 쉽게 끝날 싸움이 아니다. 때로는 길고 어려운 싸움이 될 수 있다. 그러나 부모라면 반드시 해야 하는 싸움이다. 내 자녀가 스스로 말씀으로 깨닫고 고백하고 통제할 수 있도록 해야 한다. 나 역시 아주 지루할 정도로 아들과 싸웠다. 그 시간들이 헛되지 않았지만 인내하기 어려웠던 것은 분명했다. 그러나 그 싸움의 결과가 서로에게 이김으로 다가왔을 때에 그 기쁨은 그 무엇으로도 비교할 수 없을 정도로 값진 것이었다. 아래의 글은 휴대폰과 자신과의 치열한 싸움을 하면서 경험한 것을 글로 표현한 것이다.

"휴대폰. 작은 물체입니다. 하지만 이것이 얼마나 우리 삶에 많은 영향을 끼치는지…. 정말 편하고 유용한 물건입니다. 하지만 거꾸로 말하면 유용한만큼 단점도 있겠죠. 세상에 완벽한 것은 예수님 뿐이었고, 뿐일 것이니까요. 그 단점이라는게 극단적으로 말하면 우리의 사고를 없애는 것 같아요. 사고가 없어진다는 것은 자아를 잃고 방황도 하고, 심지어는 모든 게 수동적으로 변하게 되죠. 왜 사고가 없어지냐구요? 24시간 365일 주구장창 휴대폰만 만지작거리고 있으니까요. 휴대폰을 만지면 생각이 사라져요. 자기가 진짜 고민해야 할 것은 고민하지 않고 자기가 보내야 할 문자에 대해서만 생각하죠. '어떻게 보내야 되지?', '얘가 왜 이러지?', '이모티콘을 넣어? 말어?' 뭐 이런….

제가 그랬던 것 같습니다. 아니, 그랬습니다. 저는 하나님을 믿고 있다고 착각했고, 제가 자아정체성을 찾았다고 생각했고, 제가 무슨 길로 가야 할지, 어떻게 가야 할지 찾았다고 생각했습니다. 하.지.만. 정작 휴대폰을 끊어보니, 즉, 눈을 가리고 있던 가리개를 걷자, 제가 얼마나 생각을 안 했는지 보였습니다. 저 친구가 얼마나 생각없이 행동하는지, 저 친구의 생각이 뭔지, 또 제가 얼마나 철없게 말과 행동을 하는지…. 엄마가 가끔 "너는 생각이 있니? 없니?" 하셨던 게 맞았습니다.

이제 좀 보입니다. 아니, 보이는게 아니라 자유합니다. 뭔가를 더 소유해야 내가 만족하지만, 뭔가를 버리면 더 만족스럽습니다. 그리고 알지 못할 자유함을 느낍니다. 휴대폰, 정말 잘 버렸다고 생각합니다.

휴대폰을 끊고 나니 보이기 시작한 제 진로와 꿈이 있습니다. 사실 이전부터 생각해 왔던 것이긴 하지만요. 저는 한국항공우주연구원에 들어가서 비행기 설계를 하고 싶습니다. 비행기를 만들어도 좋구요. 그래서 요즘 항공기 관련 전문서적(대학교재 수준)을 구입해서 포트폴리오를 만들고 있습니다.

휴대폰을 끊고 나니 또 보이는 것이 바로 하나님과 부모님입니다. 정말 감사드려야 될 분들입니다. 제가 만약에 다른 가정에서 태어났다면, 저는 이렇게 감사하면서 살 수 있었을까요? 아빠 엄마 사이에서 태어나게 하신 하나님께 정말 감사드립니다. 그리고 부모님! 저를 낳고 길러주시고, 항상 믿어주셔서 감사드려요. 만약 휴대폰이 있다면 끊으라고 권유하고 싶습니다. 전 중1때 왕따를 당했습니다. 전 그게 왕따인지도 몰랐죠. 하지만 돌아보니 왕따였습니다. 근데 지금 제가 왕따를 당한 게 감사할 정도로 전 얻은 게 많습니다. 그런 소외들을 이겨내는 작은 차이 그리고 남들보다 닌텐도를 한 시간 덜하는 차이가 생각의 차이를 만들고, 그 생각의 차이가 쌓여 결국엔 꿈의 목적지의 차이를 만든다고 생각합니다."

자녀들이라고 해서 그들이 싸워야 할 영적 싸움이 없는 것은 아니다. 그들의 삶에 분명히 영적 싸움이 존재한다. 부모가 대신 싸워줄 수 없는 노릇이다. 내 자녀가 학교에서, 학원에서, 친구들과의 관계나 세속 문화의 유혹에서 스스로 이기도록 해야 한다. 이때 부모는 자녀가 영적 싸움을 하는데 조력자가 되어 주어야 하며 영적 조언자가 되어 주어야 한다.

넷째, 인터넷의 사용이다. 인터넷의 사용은 또 다른 문제를 만들어 낸다. 정보화 사회에서 인터넷 사용은 필수불가결하다. 그 영향에서 벗어날 수 없다. 시간이 갈수록 이용자의 수요나 사용시간은 증가할 수밖에 없다.

국내 인터넷 중독 청소년 인구는 '100만 명' 고지를 눈앞에 두고 있다. 매년 빠르게 증가하고 있다. 한국정보화진흥원이 2010년 전국의 9~39세 인터넷 사용자 7,600명을 상대로 실시한 인터넷 이용 실태조사 결과, 전체의 8%에 해당하는 603명이 인터넷 중독 상태로 조사됐다. 청소년은 2,457명 중 305명이 인터넷 중독으로 나와, 중독률이 12.4%였다. 인터넷 중독은 인터넷 때문에 일상생활에 장애가 있고, 금단 현상에 시달리는 등 증상이 있는 이들을 말한다. 특히 '인터넷 중독' 청소년의 대부분은 '게임 중독' 청소년이었다. 인터넷 중독 청소년 중 65.2%가 인터넷을 이용하는 주요 목적을 '게임'이라고 답한 것이다.

이와 더불어 인터넷 이용에 따른 부작용도 날로 증가될 것으로 추정된다. 온라인 게임의 세계는 한번 빠지면 헤어 나오기 어려울 정도로 중독성이 강하다. 특히 이런 문제는 일상생활을 영위할 수 없을 정도로 심각한 지경에 이르고, 심해지면 현실 적응력이 떨어져 자살 사이트에 빠지는 등 극단적인 현실부적응 현상을 보이게 된다.

인터넷의 특성은 한편으로는 자녀들에게 학습을 위해 다양하게 도움을 주는 수단이 된다. 학교에서 학습의 도구로 사용되기도 하고 개인적으로도 많은 유익한 정보를 얻게 된다. 그러나 다른 한편으로는 게임이나 성적 유혹이 많은 시기에 대체 수단으로 활용되는 점이 없지 않다. 최근에 청소년들이 인터넷과 관련된 성중독에 빠진 것으로 부모들의 걱정이 그칠 줄 모른다. 아직은 전두엽이 발달하지 않은 청소년들이 자신을 제어하는데 어려움이 따른 이유도 있을 것이다.

인터넷의 접근의 용이성은 반드시 생산적인 것만은 아니다. 그런 점에서 인터넷은 이제 정보통신기술을 활용한다고만 말하기 어려운 것인지 모른다. 누구나 손쉽게 접근할 수 있는 인터넷은 반드시 생산적으로만 활용되는 것만은 아닌 것이다. 이렇게 접근성이 용이한 인터넷이 청소년에게 학습의 장으로만 사용되는 것이 아니라 다른 생활의 도구, 즉 성욕을 해결하는 수단이 되어가는 인상이다. 실제로 중·고등학생 대상의 한 조사에 따르면, 학생들의 컴퓨터 인터넷 활용률은 공히 99%에 이르지만, 경제적으로 어려운 청소년들은 공부를 잘 하고 경제적으로 여유 있는 청소년에 비해 '소모적'인 방식으로 인터넷을 활용한다는 것이 드러났다.

청소년들은 정보검색이나 학습 등, 의미 있는 생산적인 활용방식 보다는 게임이나 채팅 그리고 포르노를 접하는 시간 소모적 활용방식을 선택하는 경향이 두드러진다는 것이다. 이는 인터넷이 단순히 정보검색을 통한 학습이 아니라 전혀 다른 방향으로 활용되고 있음을 시사하는 것이다.

전자매체는 필요하다. 삶에 없어서는 안되는 필수품이다. 그러나 너무나 큰 장애물이 많다. 가치관을 형성하는 데 영향을 끼친다. 선정적인 폭력과 성 그리고 무분별한 언어적 일탈은 아이들의 내면에 깊숙이 뿌리내리게 된다. 요즘 아이들의 입에서 나오는 소리를 들어보라. 거의 대부분이 욕설이다. "×발 ○○○ 안티들 다 모여, 그 미친 ○○년 병신, 짜증 나는 색이(새끼) 죽여, 지랄들 하고 자빠졌다 병신 같은 새끼들, ×발 ○○○ 팬들 때문에 ×나 찌질이 같다 ㅋㅋ…." 도대체 알 길이 없다. 초등학생들은 예외인가? 이런 욕들은 중학교 학생이상 하는 욕들인가? 아니다. 초등학생들의 입에서도 엄청난 욕들이 쏟아져 나오고 있다. 초등학교 학생들의 카페에는 "쓰레기년들아, 개×창색퀴들, 너네 초등학교 가서 한판 붙을 수도 있다 병신 찐따들아, 존나 어이털림" 등 어른도 하기 힘든 욕설로 채워져 있다.

ㄷㅊ(닥쳐), ㅅㅂ(×발), ㅂㅅ(병신)처럼 한글의 초성만으로 줄여 쓰거나 꼬댕이(공부도 못하고 놀지도 못하는 학생), 네가지(싸가지), 조낸(×나의 변형), 쩐다(대단하다·짜증난다)

같은 표현을 아예 일상용어로 여기고 했다. 이쯤되면 막가는 인생과 다를 바가 없다. 개념도 없다. 좀 더 살펴보면 차마 들을 수가 없는 욕들, 이해할 수 없는 욕들이 나뒹굴고 있다.

> 凸(중지를 드는 욕), ㅈㄲ(×까), 이뭐병(이건 뭐 병신도 아니고), 여병추(여기 병신 하나 추가요), 정줄놓(정신줄 놓았구나), 볍신(병신), 병맛(병신같은 맛), 려차(영어 f××k를 한글 자판으로 친 것), 빡친다(짜증 나게 한다), 개드립친다(터무니없는 언행을 한다), 십덕후(마니아를 비하하는 말, 일어 오타쿠의 변형), 충공깽(충격과 공포다 거지깽깽이들아)

같은 말들은 온라인에서 이미 광범위하게 퍼져 있다. 우리나라 청소년들 사이에 한글 파괴, 언어 파괴와 정서 파괴가 동시에 이뤄지고 있는 것이다.

부모가 자녀에게 해줄 수 있는 좋은 것 중의 하나는 전자매체로부터 분리시켜 주는 것이다. 스스로 통제할 수 있는 능력을 키워주어야 한다. 신앙의 눈으로 세상과 문화를 보고 판단하는 능력을 길러주어야 한다. 부모가 만들어주는 환경이 자녀에게 지대한 영향력을 끼치는 것은 당연한 이치이다. 무분별하게 놓여져 있는 가정 환경에서 자란 아이는 그 영향을 받아 자신을 제어하지 못하고 그 속으로 빠져들게 된다. 아이들이 옷을 입거나 화장실에서 배설을 하는 기본적인 생활패턴을 하도록 하는 것은 가르침을 통해서도 이루어지지만 환경으로부터의 자극이나 경험을 통해서 배운다는 사실이다. 자녀들은 태어나서 자라온 과정 속에서 다양한 경험을 통해, 무엇이 선하고 무엇이 악한 것인지에 대해 잠재적으로 알아가게 된다. 그러므로 가정에 있는 전자매체라고 하는 복병을 지혜롭게 다루고 극복해야 한다. 여기에 몇 가지 제안하면 다음과 같다.

첫째, 부모가 자녀에게 바른 환경을 만들어주어야 한다. 자신은 TV를 보면서, 게임을 하면서 자녀에게는 보지 말고 하지 말라고 하게 되면 자녀들은 그 요구에 분노하게 된다. 부모와 자녀가 함께 노력하여 자녀들이 자신들을 통제하려고 하는 전자매체로부터 분리되고 억제되는 환경을 만들어야 한다. 컴퓨터는 가족이 볼 수 있는 곳에 설치해야 하고, DMB나 스마트폰 등은 무조건 사용해서는 안 된다고 하면서 강제적으로 통제하기보다는 충분한 대회와 설득 그리고 성경의 말씀을 근거로 권면하여 스스로 통제할 수 있도록 해야 한다.

둘째, 게임이나 인터넷의 사용은 부모와 자녀가 사용하는 시간을 약속하고 실천하게 해야 한다. 이때 약속이 모든 것을 보장하지는 않는다. 부모가 약속 이후에도 관심을 가지고 확인을 해야 한다. 아이들은 통제력이 충분하지가 않다. 통제력을 상실할 때가 많이 있다. 의지력이 약하다. 그럴 경우 자신이 잘못한 부분을 이야기하게 하고 훈계와 책망을 해야 한다. 최근 교과부와 한국교총이 주관한 "학생 언어문화 개선 워크숍"에서 예전과는 달리 가정에서 비속어를 사용하는 자녀를 보고서도 엄하게 혼을 내지 않고 놔두는 부모들이 많아진 것이 큰 이유라는 지적이 있었다. 자녀가 극복하려고 하는 몸부림이 있을 때까지 교훈과 책망을 하면서 다른 한편으로는 행동의 수정이 있도록 칭찬과 격려를 아끼지 말아야 한다.

마지막으로 자녀가 부드러운 말을 하지 않고 입에 담기 어려운 욕을 할 경우에는 '다음에,' 혹은 '나중에 하면 되지'라고 여기지 말고 그 자리에서 바르게 사용하도록 가르쳐야 한다. 자녀가 하는 말이 왜 잘못되었는지를 알게 해주고 성경에서 말하는 혀의 사용에 대해서 권면해야 한다.

> 혀는 곧 불이요 불의의 세계라 혀는 우리 지체중에서 온 몸을 더럽히고 삶의 수레바퀴를 불사르나니 그 사르는 것이 지옥 불에서 나느니라(약 3:6).

종종 자녀들은 자기가 사용하는 말에 대해 어떤 의미가 있는지, 얼마나 나쁜지에 대해 모르고 사용할 때가 있다. 친구가 하니까 따라하는 경우가 많다. 그런 경우 죄의식을 느끼게 하기보다는 그 말의 의미들이 왜 나쁜지에 대해서 가르치고 성경적인 권면을 해주어야 한다. 모든 말에 세심한 주의를 기울이면서 자녀의 마음에 하나님의 말씀을 심어주고 그 말씀을 자신에게 적용하는 훈련을 하게 해야 한다. 예를 들어 친구에게 욕을 했을 경우에는 욕하는 것과 함께 용서와 사랑에 대해서 생각하게 해야 한다. 이런 가르침과 훈련들이 이루어지게 되면 자녀의 생각과 행동에 조금씩 변화를 가져오게 된다.

내면의 상처를 회복하라

> 주 여호와의 영이 내게 내리셨으니 이는 여호와께서 내게 기름을 부으사 가난한 자에게 아름다운 소식을 전하게 하심이라 나를 보내사 마음이 상한 자를 고치며 포로된 자에게 자유를, 갇힌 자에게 놓임을 선포하며 (사 61:1).

거짓 신념들

오늘날 많은 부모들이 자기 자신에 대한 부정적인 감정으로 갈등하면서 살아가고 있다. 성장 과정에서 우울이나 무관심, 열등감, 불안전감, 실패감과 실패에 대한 두려움, 죄책감, 수치감, 낙심, 절망, 상한 심령, 반항, 분노, 자만심, 우월감, 거절, 경쟁심, 완고함, 원망, 비판의 감정을 경험한다. 그리고 이런 감정을 가지고 자녀들에게 대한다. 부모는 자녀를 신앙으로 가르치기 위해 필요한 것이 무엇인지를 바르게 직시할 필요가 있다. 무엇을 버려야 하며, 무엇을 바꾸어야 하며, 무엇이 효과적이며, 무엇이 합리적이며, 무엇이 자녀에게 필요한 것인지를 알아야 한다. 만약 부모에게 뿌리 깊은 거짓 신념들이 있다면 바르게 진단하고 고쳐 나가야 한다.

거짓 신념	진리
나는 내 인생을 자녀에게 허비하고 있다	그렇지 않다. 나는 부모로서 내 인생을 허비하고 있지 않다. 자녀를 바로 가르치는 일이 가장 고귀한 일이다.
지금의 내 아이는 도저히 불가능 하다	아니다. 언젠가는 변한다는 확신을 가져야 한다. 내 아이이기 전에 하나님의 영원한 자녀이다.
자라면 저절로 깨닫게 된다	아니다. 설령 그렇다 하더라도 부분적이다. 뿌리는 나오게 된다. 무엇을 in put 하느냐에 따라 out put이 된다.
자녀를 기죽이지 않아야 한다	자녀를 가르치고 징계하고 채찍을 하는 것은 기를 죽이는 행동이 아니다. 오히려 바른 자아와 바른 행동을 통하여 자신감으로 살아가게 한다.

자신에게 있는 거짓 신념들을 바꾸기 위해서는 잘못된 인식을 인정하고 올바른 사고를 가지도록 해야 한다. 그러나 결코 단시간에 이루어지는 것은 아니다. 짧게는 수 개월에서 수 년씩 걸린다. 그보다 더 오랜 세월을 허비하는 경우도 있다.

첫째, 말씀 앞에 서는 훈련을 하라. 신념을 바꾸기 위해서는 무엇보다도 자신이 말씀 앞에 서는 일을 추구해야 한다. 시편 1편에 보면,

"복 있는 사람은 악인의 꾀를 좇지 아니하며"라고 말씀한다. 세상의 방법과 세상의 유혹을 좇지 않고 성경적인 방법과 진리를 가지고 씨름한다면 자신의 생각을 바꿀 수 있다.

둘째, 날마다 변화와 성숙을 경험해야 한다. 신념을 바꾸는 것은 자신의 내면의 치유와 성장을 경험해야 하며 그리스도안에서 바른 성숙을 경험해야 가능하다.

셋째, 열망하라. 우선 무엇보다도 자기 자신을 변화하려고 하는 열망을 가져야 한다. 하나님은 간절히 그를 찾는 자에게 상 주신다.

> 나를 사랑하는 자들아 나의 사랑을 입으며 나를 간절히 찾는 자가 나를 만날 것이니라(잠 8:17).

진정으로 나 자신이 변화하려면 자신의 변화와 자유케 하는 진리에 대한 절박한 심정이 있어야 한다.

고통스런 경험과 감정들

오랫동안 가정사역을 하면서 가정에 있는 문제들과 씨름을 해왔다. 자신의 한계도 느꼈지만 반대로 내면의 아픔들을 보면서 함께 씨름할 수 있었던 좋은 시간이었다. 그 과정에서 결혼을 통하여 가정을 이루고 둘의 사랑으로 주어진 자녀를 효과적으로 양육하는 밝은 면도 보았지만, 어두운 면이 더 많이 존재하고 있음을 보았다. 자신의 고집, 완고함, 자만심, 분노, 열등감, 수치감, 죄책감, 상한 심령 등 고통스런 감정으로 인하여 아픔을 겪고 있는 부모들이 많았다. 마음이 무거웠다. 특히 자신의 고통스런 감정을 여과 없이 그대로 노출하여 자녀에게로 가져가는 부모를 보면서 가슴이 아파오는 것을 경험하였다. 신앙적으로 잘 가르칠 수 있는데 자신조차 다스리지 못해 자녀에게 나쁜 영향력을 끼치는 어두움을 보았다. 그리고 서로가 직면하는 수많은 아픔의 글을 온라인을 통해서 나누면서 확신할 수 있었던 것은 모두 내면의 더 깊은 곳의 문제를 고침받아야 할 필요성을 느꼈다. 그리고 그것은 곧 능력 많으신 분께 기도하지 않을 수 없었다.

> 이와 같이 성령도 우리의 연약함을 도우시나니 우리는 마땅히 기도할 바를 알지 못하나 오직 성령이 말할 수 없는 탄식으로 우리를 위하여 친히 간구하시느니라(롬 8:26).

운전을 하다보면 종종 도로 위에 타이어 자국이 선명하게 남겨진 것을 발견하게 된다. 거의 대부분 일직선상이 아니고 곡선으로 되어 있다. 당시의 긴박한 상황을 보여준다. 우리의 마음에도 타이어 자국처럼 구불 구불하게 남아 있는 그 무엇이 있다. 그리고 그것들이 부모로서의 역할을 방해하는 그림자로 직접적이고도 깊게 때로는 심각하게 영향력을 고스란히 자녀에게 미치고 있다. 자녀들을 상담하고 가르치다보면 자녀에게서 부모의 모습이 발견된다. 부모에 의해 아이에게 새겨진 것이다. 마치 나무가 뿌리를 깊게 내린 것처럼 말이다.

어느 날 부모님과 산에 성묘를 간 적이 있다. 묘지 주변에 너무 황량하고, 비가 많이 오면 흙이 흘러 내릴 것 같아 나무를 옮겨 심기로 했다. 겉보기에 쉽게 옮길 수 있는 나무를 발견하고 열심히 파고들어 갔다. 그러나 그것은 내 착오였다. 뿌리가 깊게 박혀 있어서 좀처럼 옮겨 심을 수가 없었다. 결국 포기했다. 부모가 자녀에게 준 상처나 아픔들이 바로 이와 같다. 자녀의 마음에 깊게 뿌리 내리고 있다. 부모의 감정과 행동은 자녀에게 깊은 영향을 미친다.

어릴 때 거절당하고 버림받은 감정을 가진 부모는 자녀에게 감정적 성인아이로 다가갈 수 있다. 부모의 상처와 깨어진 모습들은 고스란히 자녀에게 유산으로 남겨주게 된다. 자신의 아픈 경험이 기억과 마음속에 남아 있게 되며, 나를 괴롭히는 이런 요인들이 분노와 고통을 유발시키게 된다. 그리고 이것들은 내가 그리스도의 구원의 은혜를 경험한 뒤에도 사라지지 않고 남아 있다는데 문제가 있다. 이에 대해 데이비드 A 씨맨즈(Seamands)는 『상한 감정의 치유』에서 이렇게 말한다.

> "성령 충만하게 되면 정서적인 문제들이 자동으로 해결되는 것은 아니다. 예수 그리스도를 만나는 극적인 경험이 아주 귀중하고 영원한 가치가 있는 것은 사실이다. 하지만 정서적으로 입은 상처가 곧장 낫게 되는 것은 아니다. 인격에 손상을 받은 정서적인 문제들은 빨리 낫지 않는다"

그런 것 같다. 내가 가짜 그리스도인도 아니고 위선자도 아니고, 성령의 사역과 능력을 부인하는 것도 아니다. 그럼에도 내 안에 손상된 감정이 존재하고 있고 그것이 내 행동과 결정에 영향을 미치고 있다.

따라서 신앙교육에 큰 장애물 가운데 하나는 부모에게 있는 내면의 상처이다. 상실과 실패, 분노, 시름과 상처 그리고 어두운 감정들의 씨름들이 부모의 마음을 앗아가고 있다. 이 상처는 부모에게서 머무는 것이 아니라, 자녀들에게 까지 부정적인 영향력을 끼치고 있다. 부모가 가진 내면의 상처의 파괴력은 대단하다. 자신뿐만 아니라 자녀들의 영혼까지 망치게 된다. 강준민도 그의 책 『나를 위로하시는 하나님』에서 그 우려를 드러내고 있다.

> "상처는 관계에 영향을 끼칩니다. 자신과의 관계와 이웃과의 관계에 영향을 끼칩니다. 무엇보다 자기를 비하하게 됩니다. 자기를 멸시하게 됩니다. 자기를 학대하게 됩니다. 그런 과정에서 행복감이 사라집니다. 사람들을 만나는 것을 기피하게 됩니다. 최선의 삶을 살 수 없게 됩니다. 이것은 치유되지 않은 상처의 파괴력입니다."

이처럼 내면의 상처를 가진 부모는 자기 자신에 대한 연민으로 사로잡혀서 제대로 판단을 하지 못한다. 물론 상처로 인해 무조건 나쁜 부모가 되는 것은 아니다. 상처로 인해 오히려 자녀에게 그 상처를 전수하지 않기 위해 부단히 노력하는 부모들이 있다. 몸부림을 치면서 자신의 자녀들에게만은 부정적인 영향을 끼치지 않게 하려고 살아가는 부모들이 있다. 자신의 내면의 상처를 오히려 반전의 기회로 삼아 자녀를 바르게 양육하는 부모들이 있다.

그러나 이런 부모는 소수이다. 치유되지 않은 상처를 가지고 살아가면서 아이들에게 상처를 주고, 자기 자신 안에 솟구쳐 오르는 분노와 다른 감정들로 인해 자녀들에게 해를 입힌다. 자기의 내적인 갈등과 외적 갈등들을 제대로 다루지 못하고 자녀들에게 노출시킨다. 합리적으로, 이성적으로, 신앙적으로 아이들에게 다가서지 못한다. 아래의 글은 내면의 상처를 가진 채 결혼하고 아이를 낳고 키우면서 자신의 과거의 모습을 고백한 한 엄마의 글이다.

> "제 몸으로 낳은 딸이 노력을 해도 사랑스럽지 않고, 한번 안아주는 것도 너무 힘들고, 겉모양은 제 딸인데 무슨 징그러운 걸 안은 것처럼 힘들고 싫었어요.

저는 7 남매 막내로 자랐어요. 막내였지만 어린 저는 사랑을 받은 기억이 별로 없는 거예요. 자연히 저에겐 사랑의 그릇이 항상 부족한 거예요. 저에게 사랑이 넘쳐야 맘껏 줄 수 있는데…. 부족하니 쥐어짜서 주려고 하니까 힘들었던 것 같아요. 그런데 제 딸이 제가 어릴 때 느꼈던 그 감정을 느끼고 있다는 걸 저도 알고 있었어요. 그러면 제가 엄마인데 딸에게 미안해하고 안스러워 해야 하는데 그걸 느끼는 딸이 싫은 거예요. 좋지 않은 유년시절에 나쁜 기억의 감정을 그대로 느끼고 있는 게 막연히 싫었던 것 같아요. 제 딸에게 가해자가 되고, 제 딸도 엄마가 되면 저와 같은 사람으로 만들려고 하는 제 자신을 알게 되었어요."

부모는 자녀에게 완벽한 존재인가? 아니다. 부모도 불완전한 사람들이다. 어릴 때 아픔과 상처로 인하여 마음에 고통을 가진 사람들이 많다. 자녀에게 바르게 교훈하고 책망하기에 부족한 부분들이 있다. 자기중심적인 생각이 자녀에게 화를 내는 것으로 드러나기도 한다. 부모의 일탈이나 게으름, 나태함, 초조함, 불안함과 우울하거나 성격적인 어두운 그림자들이 있다. 어느 한 아버지의 글에서 부모의 불완전하고 수많은 내면의 상처들로 인해 받은 어두움을 잘 그리고 있다.

"저는 신앙생활을 하기 전에 조폭 흉내도, 천재 흉내도, 연예인 흉내도 내곤했던 사람입니다. 이런 저의 우스운 모습들의 원인이 무엇일까? 곰곰이 생각해보니 몇 가지 떠오르는 기억이 있습니다. 우선 저는 과거 작두 타던, 인기 좋은 무당의 외손자였습니다. 3대 독자였으며 너무 귀하게 여겨 제대로 혼내시지도 못하시던 어머니 밑에서 자라났고, 가정과 자녀보다는 그림과 사업과 명예에 가치관을 두셨던 아버지에게서 가르침을 받았습니다. 그리고 자주 술을 드시고 구타와 가출 등의 잦은 부부싸움을 하는 것을 보면서 영향을 받았습니다."

위의 글에서 우리는 많은 아픔을 가진 자녀의 모습을 발견하게 된다. 완곡한 아버지, 자신의 감정을 치유하지 못하고 그대로 자녀에게 드러내고 폭발하는 아버지, 그 아버지 밑에서 영향을 받은 아들, 그가 성장하여 한 아이의 아버지가 된 후 그 상처가 결국 자신의 자녀에게 고스란히 전달되고 있음을 알 수 있다. 구타와 가출과 부부싸움을 본 자녀는 과연 어떤 정체성과 세계관을 가지고 자라날까? 돈 문제로 날마다 다투는 부모에게서 자녀는 어떤 사고를 가지게 될까? 성격이 맞지 않다고 싸움을 하는 모습을 보면서 자란 자녀는 어떤 가정을 그리게 될까? 긍정적인 면보다는 부정적이 면이 훨씬 더 강하게 자리 잡고 있을 것이다. 상처는 이처럼 어느 한 순간 혹은 일시적인 순간에 잠시 기억되고 사라지는 것이 아니라, 한 개인의 내면에 깊숙이 뿌리내리고 있다는 것이다. 이것이 상처가 가져다주는 위험성이다. 다음의 글을 보자.

"상처에 또 상처를 거듭하기 일쑤였고 회복하기 힘든 채로 체념하며 살았으면서도 인정받은 걸로 다 회복된 것인양 상처들은 용서하지 않은 채로 계속 마음에 담아두고 있었던 것입니다.
지금 아무 어려움이 없고 평안하고 웃음과 기쁨을 찾았다고 모든 것이 잘 되어진 줄 알았는데 그 기억의 어두움이 나도 모르는 내 마음 깊은 곳에서 뿌리내려 있더라구요."

내면의 상처는 반복성이 강하다. 전염성이 강하다. 그 뿌리는 깊게 내린다. 내면 깊숙이 있는 상처는 그 자리에 머물다가 사라지는 것이 아니라 많은 부분 그 상처들이 다른 누군가에게 전가된다는 것이다. 그 누군가는 가정에서 약자인 자녀에게 일 가능성이 크다. 그리고 때로는 자녀들을 양육하다가 그들에게 나타난 문제들로 인해 자신의 내면의 상처들을 발견하기도 한다. 다음은 아이의 문제들 속에서 발견한 자신의 상처들을 고백하는 한 어머니의 글이다.

> "바라는 대로 되지도 않고, 하라는 대로 하지도 않고, 꾸중하면 할수록 더 반대 상황으로 자꾸 가고, 다른 친구들의 잘하는 모습을 보며 다그치게 되고, 이 정도는 그럴 수 있다고 치다가도 언제나 문제를 만들며 다니는 모습을 보게 되면 화가 나서 통제가 안 되고, 그러다가 내 아이의 문제가 곧 내 문제임을 보게 되네요. 그 문제는 또 다른 문제를 계속 고리 걸듯이 엮어가서 어느새 큰 문제로 내 앞에 다가와 나를 힘들게 하더라구요. 이렇게 밖에 못 키운 나를 자책하며, 마음이 아파도, 울고 싶어도, 참고 버텨야 하는 건 아마 한심한 자존심 때문이었을 겁니다."

부모에게 있는 어두운 그림자들은 자녀들에게 아픔과 상처들을 대물림 해줄 수 있다. 그러면 어떻게 해야 하는가? 우선은 구해야 한다. 내 안에 있는 여러 모양의 죄와 상처, 충동적인 행동과 상실감과 두려움 등을 우리 마음을 아시고 인도하시는 주님께 구해야 한다. 그리고 주님께 다음과 같은 마음으로 나아가야 한다.

> [23]하나님이여 나를 살피사 내 마음을 아시며 나를 시험하사 내 뜻을 아옵소서 [24]내게 무슨 악한 행위가 있나 보시고 나를 영원한 길로 인도하옵소서(시 139:23-24).

여기에서 다윗은 하나님께 자신의 마음에 무슨 숨겨진 죄가 있나 보시고 상하고 망가진 부분들을 치유하시며 회복하셔서 자신을 온전함과 구원 즉 영원한 길로 인도해 달라고 부르짖고 있다. 이것은 우리에게도 좋은 안내서가 된다. 우리도 주님께 날마다 나아가서 자신의 내면을 살펴 주실 것은 구해야 한다. 이 싸움을 포기해서는 안 된다. 좋은 부모는 저절로 이루어지는 것이 아니다. 날마다 주님께 구함을 통해서 자신에게 있는 상하고 구겨진 자존심과 어리석음을 회복해야 한다. 그리고 자신에게 있는 원한이나 분노의 뿌리를 뽑아내어야 한다.

둘째, 자신을 용서해야 한다. 이를 위해서 '완전한 용서'가 있어야 한다. 요셉은 자신의 아픔과 비극적인 인생을 돌아보면서 놀라운 반전의 고백을 한다.

> 당신들이 나를 해하려 하였으나 하나님은 그것은 선으로 바꾸사 오늘과 같이 많은 백성의 생명을 구원하게 하시려 하셨나니(창 50:20).

요셉이 원한과 분노와 보복심에 대한 유혹을 물리칠 수 있었던 것은 자신의 고통과 고난을 통해서 섭리하시는 하나님의 목적과 계획들을 바라보았기 때문이다. 요셉의 형들은 분명 요셉에게 악한 일을 행하였다. 그로 인하여 요셉은 지울 수 없는 너무나 큰 상처를 입었다. 그는 자신의 내면의 상처를 본 것이 아니라 하나님의 목적과 인도하심을 본 것이다. 용서할 수 있는 이유이다. 용서하지 못한 마음은 내면의 아픔을 치유하는 데 걸림돌이 된다. 상처를 입은 사람이다. 그러나 용서한 사람은 자유인이며 또 다른 치유가 필요없는 사람이다. 결국 용서하지 못한 마음은 자신을 더욱 힘들게 하는 암적 존재와 같다는 것을 알아야 한다. 그래서 마이크 플린과 더그 그레그는 그들의 책 『내적 치유와 영적 성숙』에서 용서를 떠나보내야 한다고 한다.

> 너희가 사람의 과실을 용서하면 너희 천부께서도 너희 과실을 용서하시리라 (마 6:14).

용서라고 번역된 헬라어는 '보낸다, 깨끗이 잊어 버린다'는 의미를 함축하고 있다. 하나님은 우리 모두가 우리에게 해를 끼친 사람들의 죄와 잘못을 깨끗이 잊어버리도록 명령하신 것이다. 부정적인 사건이 우리 마음의 대기실에 들어올 때 우리는 용서를 통해 그것을 문 밖으로 나가도록 해야 한다.

더 나아가서 자기 십자가를 지는 훈련을 해야 한다. 상한 자신의 내면의 어두움에 복음의 빛을 비추어야 한다. 복음은 들음에서 나므로 끊임없이 말씀에 귀 기울여야 한다. 주님이 어두움에 있는 우리들에게 이렇게 말씀하신다.

> …아무든지 나를 따라오려거든 '자기를 부인'하고 자기 십자가를 지고 나를 좇을 것이니라(마 16:24).

여기에서 자기 십자가를 진다는 것이 무엇인가? 그것은 그리스도를 따름으로서 생겨나는 온갖 고난이나 희생과 헌신된 마음을 의미한다. 자신의 존재성을 부인하고 자신의 옛 사람을 부인하는 것이다. 그렇다면 부모에게서의 자기 십자가는 무엇인가? 자신의 육적 존재를 부인하는 것이고, 욕심을 버리는 것이며, 자기 생각, 자기 방법, 계획을 버리고 하나님의 생각과 계획에 초점을 맞추는 것이다. 자기의 관점이 아니라 하나님의 관점에서 자녀를 바라보는 것이다.

학원을 보내고, 운동을 시키고, 음악을 하게 하는 것은 내 관점과 내가 원하고, 내가 하고 싶어도 하지 못했던 것을 자녀에게 시키는 것이 아니라 하나님의 관점에서 하나님이 내 자녀에게 주신 것이 무엇인지, 하나님이 내 자녀를 통해 하시고자 하시는 일이 무엇인지를 질문하면서 찾는 것이다. 자기 자신보다는 자녀를 위해 섬기고 헌신되어야 하는 존재임을 말한다. 그리고 자기 자신의 아픔과 외로움, 고통, 상처, 갈등, 거짓과 불의를 그리스도에게로 가져와서 내려놓는 것이다.

따라서 자기 십자가를 지고 자기 부인을 하게 되면 과거에 경험한 내면의 상처들도 치유를 받게 된다. 자신의 내면을 보면서 울고만 있던 영혼이 하나님의 사랑과 그리스도의 십자가의 도를 깨달으면서 새사람의 평안을 맛보게 되는 것이다. 자기 십자가를 지는 일이 어두움을 극복하고 이기는 길이다.

> "내가 사마리아 여인임을 깨달았어요. 나의 죄악을 보게 하셨어요. 내 죄악을 보니까 그동안의 문제의 핵심은 바로 저 때문이더군요. 그리고 그 후 계속 내려놓음 그리고 바울이 말했듯 세상은 나에 대해 죽고 나는 세상에 대해 죽었노라! 주님께 내어드리고 십자가에 세상의 것을 못 박으려 의지를 드렸답니다. 자녀들에 대해, 부모형제들에 대해 주님은 계속 십자가에 나의 욕구들을 못 박아야 함을 알게 하셨죠."

십자가의 사랑은 내면의 상처를 몰아내준다. 자신이 죄인 됨을 고백하고 더욱 더 십자가로 나아가게 한다. 자신의 수치와 어리석음, 자기중심적인 자아는 깨어지고 하나님이 주시는 은혜를 경험함으로 치유함을 받게 된다. 우리가 십자가에서 하나님의 사랑을 경험하게 되고, 거기에서 하나님의 은혜를 경험하게 되면 거기에서 내 내면의 어두움을 몰아내는 힘과 능력을 공급받게 된다. 그리고 더 나아가서 내 안에 있는 상처로 인하여 자녀에게 대물림을 하게 되는 어리석은 일을 중단하게 되는 은혜를 입게 된다.

아비들아 너희 자녀를 노엽게 하지 말라(엡 6:4).

　이는 이 시대의 부모 모두에게 주시는 하나님의 가르침이다. 그러므로 부모는 자신이 가진 상처로 인해 자녀들을 격노케 해서는 안 된다. 대부분의 부모들이 자녀를 노엽게 하고 자녀들을 노엽게 함으로 말미암아 교육적인 효과는커녕 부모에게 대항하도록 보수 심리를 갖게 만드는 경우가 많다. 부모가 자신의 감정을 다스리지 못하고, 내면의 상처들을 쏟아내게 되면서 자녀를 노엽게 하는 행위를 반복하면 할수록 자녀들의 마음 속에는 부모에 대한 공경보다는 복수 심리가 자리 잡게 된다. '넌 안돼!', '넌 안되는 녀석이었어', '역시 너는 그 정도밖에 할 수 없어!', '누구 집 녀석은 몇 점 맞았는데 너는 왜 이 점수밖에 안돼?', '네 형은 잘하는데 너는 왜 못해'라고 하게 되면 자녀를 노엽게 하고 오히려 상처가 된다. 그리고 마음에 상처를 받은 자녀는 성년이 되었을 때 반드시 부모에게 정신적으로 복수하려고 하는 충동을 가지게 된다. 그렇기 때문에 우리 부모들은 자신의 상처들로 인해 자녀를 노엽게 하지 말아야 한다.

　부모에게 권위는 좋은 것이다. 그러나 그 권위를 앞세워 지나치게 강요하거나 엄격함은 오히려 자녀를 노엽게 하는 것이다. '너는 그런 것도 못하는 녀석이야?', '너는 그것밖에 안 되는 녀석이었어?', '너는 하라는 대로 왜 안 해? 아빠 엄마의 말이 우스워?', '한 시간만 게임하라고 했는데 왜 안 지켰어?' 등의 표현은 자녀의 마음에 상처를 주고 상실감과 열등감을 주게 된다. 따라서 부모의 권위를 가지고 감정적인 충동이나 자신의 이기심으로 자녀를 대하지 말아야 한다. 인격적으로 무시하는 말이나 행동을 하지 않아야 한다. 이런 것들이 자녀를 노엽게 하는 것이다.

  자녀를 노엽게 하지 않기 위해서 자신에게 상처가 있다면 그 상처를 가지고 하나님께 나아가야 한다. 하나님이 자신을 고치시도록 구해야 한다. 말씀과 씨름해야 하며 기도로 나아가야 한다. 부엌에도 말씀을, 화장실에도 말씀을 써놓고 읽고 암송하면서 그 말씀이 내면에 살아 역사하도록 자신을 비어드려야 한다. 정기적인 기도의 시간이나 특별한 시간을 하나님께 드리면서 기도하는 것도 내면의 상처를 치유하는데 좋은 일이다. 내면의 성숙함으로 자녀에게 다가가야 한다.

게임중독에서 벗어나게 하라

  아이들에게 게임은 일상화되었거나 없어서는 안되는 필수품과 같은 것이 되어 버렸다. 어린아이들조차도 많은 시간을 게임을 하면서 보낸다. 가정사역을 할 때 거의 대부분 가정의 연령이 30대였다. 영아부터 초등학교 입학 전 연령층의 자녀를 두고 있었다. 그들에게서 볼 수 있는 모습은 주일에 쉽게 볼 수 있는 것이었다. 게임에 열중하고 있는 아이들이다. 아이들이 모여서 컴퓨터나 혹은 스마트폰으로 게임을 한다. 자녀들에게 있어 게임은 없어서는 안되는 필수품이 되어버린 것이다.

  그런데 문제는 게임이 가져다주는 위험성이다. 둘째가 어릴 때의 일이다. 그 당시 스타크래프트가 유행하고 있었다. 그 게임을 하려고 해서 여러 차례 약간의 충돌을 했었다. 결국 제한된 시간을 약속하고 게임을 하게 되었다. 그런데 유독 스트크래프트 게임을 한 날에는 어김없이 악몽을 꾸었다. 잔인하게 죽이는 장면들이 마음속에 자리하면서부터 충돌하기 시작한 것이다. 결국 스스로 게임을 그만두게 되었다.

이처럼 게임은 긍정적인 요소가 있지만 부정적인 요소가 더 많다. 게임으로 파생되는 문제는 그 정도를 넘어 심각한 수준에 왔다.「크리스천 투데이」에 따르면, 미국 부모들 중 88%는 청소년 자녀가 무슨 게임을 하는지 모니터링하고, 80%가 사용 시간을 통제하는데 우리나라는 무려 92%의 부모가 자녀들이 컴퓨터로 뭘 하는지 확인하지 않는다는 것이다. 이는 단순히 컴퓨터를 아이들의 방에서 거실로 옮겨 두는 것만이 최선은 아님을 일깨워 준다. 특히 매일 1시간만 컴퓨터를 하라고 교육시키는 데 대해 "매일 30분이나 1시간만 인터넷 게임을 하도록 약속한 아이들은 하루 종일 게임 생각에 학교나 학원 등에서 전혀 집중하지 못한다"고 한다. 결국 하루 30분만 게임을 한다 해도 일상생활에 집중하지 못하고 그것만 생각하게 될 수 있다. 이것이 중독이다. 아치볼트 하트(Hart)는 그의 책 『참을 수 없는 중독』에서 이렇게 말한다.

> "중독이란 '습관적으로 하는 행동이나 혹은 그렇게 하지 않으면 스스로 참지 못하는 노예화된 행위까지 포함 한다' 라고 정의한다."

그러면서 그는 자극시키는 것과 진정시키는 것, 심리적 욕구를 만족시키는 것과 독특한 식욕을 만족시키는 것도 중독이라고 한다. 게임은 아이들에게서 심리적 욕구나 자극의 중독이 나타나는 현상이다. 시각과 청각에 의해 그들은 습관적으로 되어가고 있다. 어린이에게 게임은 참을 수 없는 중독이다. 이런 게임 중독의 결과는 생각 이상으로 비극적인 결말을 맞이하게 된다.

'게임 중독'은 단순히 개인 차원의 문제가 아니라 사회적인 문제로 부각되고 있다. 지난해 부산의 한 중학생이 컴퓨터 게임을 못하게 하는 어머니를 살해하고 자살한 사건이 발생해 충격을 주기도 했다. 최근 인터넷 게임 중독에 따른 사회적 손실 비용이 직·간접 비용을 합쳐 최소 1조 7,454억원에서 최대 5조 4,570억원에 달할 것으로 추정했다. 의학적으로도 인터넷 게임 중독자의 뇌에서 마약(코카인) 중독자의 뇌에서 나타나는 이상 현상이 나타나는 사실이 확인됐다.

대구에서 중학교 학생이 자살을 했다. 자신이 살던 아파트에서 투신한 것이다. 4장 분량의 유서가 그가 왜 자살을 하게 되었는지를 알게 해주는 실마리가 되었다. 그의 유서에 의하면 그가 자살한 것은 친구들이 원인이었지만, 결국 그 동기가 된 것은 게임이었다. "메이플 스토리"라는 온라인 게임을 함께 하면서 친구들에게 괴롭힘을 당하기 시작한 것이다. "메이플 스토리"라는 게임은 게임 아이템을 사고팔며 게임 캐릭터의 레벨을 높여가는 게임이다. 친구들이 이 게임을 같이 하게 되면서 대신 게임을 시키거나 아이템을 사기 위해 돈을 요구하게 되었고 담배도 피우게 하고 일탈적인 행동을 강요했다.

게임은 이처럼 파괴적인 행동을 낳는다. 그런데 우리 부모들은 아이들이 게임을 하는 것에 대해 심각성을 생각하지 않는다. '내 아이는 괜찮다'라고 생각한다. 아이들이 게임을 요구해 올 때 단호하게 거절하지 못한다. 아이들은 자신의 문제를 인식할 능력이 없다. 이 게임을 하게 되면 어떻게 된다는 것도 모른다. 자극과 심리적 욕구에 의한 요구이다. 스스로 책임을 지는 것도 모른다. 그런데 부모들은 아이들의 이런 무조건적 요구에 대해 경각심을 가지지 못한다.

게임을 요구하는 아이들에게 심각성을 이야기해야 한다. 특별히 죄라는 사실을 가르쳐야 한다. 그리고 만약 중독된 아이들이 있다면 확신을 가지고 포기하지 말고 바르게 지도해야 한다. 성경은 이에 대해서 희망을 가질 것을 말씀하고 있다.

> 사람이 감당할 시험 밖에는 너희가 당한 것이 없나니 오직 하나님은 미쁘사 너희가 감당하지 못할 시험 당함을 허락하지 아니하시고 시험 당할 즈음에 또한 피할 길을 내사 너희로 능히 감당하게 하시느니라(고전 10:13).

내 아이를 향한 하나님의 인도하심에 대해 확신을 가지고 위의 말씀을 붙들어야 한다. 의심하는 것은 부모로서 가장 무책임한 것이다. 의심은 또 다른 불신과 어리석음을 가져온다. 그리스도를 믿는 믿음이 전적이듯이, 자녀를 향한 주님의 사랑과 이끄심에 대해서 전적인 신뢰가 있어야 한다. 그 이유는 하나님이 가장 아름다운 자로 지으셨기 때문이다. 시편 기자는 이에 대해 놀라운 표현을 하고 있다.

> 내가 주께 감사하옴은 나를 지으심이 심히 기묘하심이라 주께서 하시는 일이 기이함을 내 영혼이 잘 아나이다(시 139:14).

내 아이는 하나님이 지으신 유일무이한 존재이다. 이는 비록 게임에 빠져있지만 주님의 시선으로 바라보면서 이제는 끝이라고 생각하지 말고 그럼에도 소망을 가지고 바라보라는 것이다. 주님이 늘 그러하셨다. 주님은 자신의 제자들을 바라보시면서 그럼에도 불구하고의 소망을 가지셨다. 주님의 제자 베드로는 늘 앞장서서 자신 있게 큰소리치면서 행동했다. 자신은 절대로 주님을 부인하지 않겠다고 단언했다. 예수님이 "너희가 다 나를 버리리라 기록된 바 내가 목자를 치리니 양의 떼가 흩어지리라"고 말씀하셨다. 그러자 베드로는 "모두 주를 버릴 지라도 나는 결코 버리지 않겠나이다"라고 자신 있게 말한다.

그러나 주님은 "너는 나를 세 번이나 부인할 것이다"라고 재차 확인하셨다. 이에 지지 않고 베드로는 더욱 강한 어조로 "내가 주와 함께 죽는 한이 있더라도 부인하지 않겠다"라고 말했다. 그러던 그가 주님 앞에서 그것도 하찮은 여종에게 3번이나 부인하게 된다. 그때 주님의 마음이 어떠하셨을까? 그러나 주님은 베드로에게 실망하지 않으셨다. 그를 향한 시선을 거두지 않으셨다. 더욱 지극한 눈으로 바라보셨다. 결국 베드로는 주님의 그 따스한 시선에 자신의 어리석음을 깨닫게 된다. 자녀들은 실수하고 실패하고 자신의 욕구를 다스리지 못해 중독에 빠질 수 있다. 그런 자녀를 정죄하고 쓸모없는 아이라 말하지 말고 그 자리에서 나올 수 있도록 격려하고 기다려주어야 한다.

그리고 자녀들을 위하여 심리적인 안정과 환경적인 안정을 만들어 주는 것이 필요하다. 가정에서 부모가 스마트폰을 아무렇게나 방치해 두는 것은 좋은 일이 아니다. 쉽게 만질 수 있다는 것은 그만큼 중독될 수 있는 확률이 커지는 것이다. 그리고 아이들이 심심해 하거나 요구할 때에 손에 쉽게 쥐어 줘서도 안 된다. 그런 경우 다른 대안을 찾아야 한다. 음악놀이, 창의력을 길러주는 게임, 스스로 놀이할 수 있는 놀이기구를 준다거나 여건을 마련해 주어야 하며, 다른 곳에 관심을 가지도록 유도해야 한다.

아이들의 연령층이 낮을수록 그들이 가지고 있는 의지력은 부족하다. 그 정도가 미약하다. 본능적이다. 그리고 끝까지 요구한다. 자기의 욕구를 충족하기까지 울면서 기다린다. 아이들이 스스로 그만두겠지 라고 생각해서는 안 된다. "철들면 나아지겠지"라고 하는 것도 위험한 생각이다. 스스로 그만두는 경우는 거의 없다. "애야, 이제 게임 그만 할래"라고 하였을 때에, "네"하고 즉각 그만두지 않는다. "조금만 더 하고요. 이것만 더 하고요"라고 하면서 계속 요구한다. 이때에 아이들이 말하는 '조금만'이나 '이것만'이라고 하는 것은 시간적으로 한시적인 것이 아니다. 계속하고 싶다는 표현이다. "엄마나 계속하고 싶으니 방해하지 마세요"라는 의미이다. 그래서 결국 반강제적인 방법을 동원해야 그때서야 마지못해 그만두게 된다. 따라서 아이들의 의지력에 맡겨서는 안 된다.

또한 강제적인 방법이 분명한 해결책은 아니라는 것이다. 강제력은 더 강한 욕구를 불러 일으키게 된다. 면역성이다. 더 강한 자극을 주어야 하며 더 강한 통제가 따라야 한다. 그러면 어떻게 해야 하는가? 답은 분명하다. 스스로 그만두게 하는 것이다. 그러면 여기에서 고민이다. 어떻게 스스로 그만두게 할 것인가 이다.

> "저희 가족의 경우 아들이 자연스럽게 컴퓨터 게임에서 벗어날 수 있도록 많은 것을 해봤어요. 먼저 아들과 함께 힙합을 배웠어요. 남편도 동참했죠. 아이들만이 아닌, 가족 모두가 함께할 수 있는 즐거운 놀이가 됐어요. '극과 극' 비교 체험도 했어요. 최고급 호텔에서 하룻밤을 자고, 다음날엔 싸구려 여인숙에서 하룻밤을 지내는 여행이었죠. 아들에게 '왕처럼 살지, 거지처럼 살지 선택은 결국 너의 몫이란다' 라고 말해줬어요. 아들은 뭔가를 깨달았는지 앞날에 대해 고민하면서, 조금씩 달라지기 시작했습니다."

이 글은 부모가 어떻게 해야 할 것인가에 대해 중요한 생각을 제공해 준다. 자녀에게 스스로 깨달음을 주는 가르침이 필요하다. 깨닫게 하는 가르침이라는 것은 생각하게 하고, 자신의 잘못을 돌아보게 하고 결단하게 하는 것이다. 이것이 아이들로 하여금 돌이키게 한다. 예수님이 이사야의 말씀을 인용하여 제자들에게 이르되, "이 백성들의 마음이 완악하여져서 그 귀는 듣기에 둔하고 눈은 감았으니 이는 눈으로 보고 귀로 듣고 마음으로 깨달아 돌이켜 내게 고침을 받을까 두려워함이라"고 말씀하셨다. 여기에 깨닫고 난 뒤에 나타나는 현상이 바로 돌이키는 것이다. 깨달음은 곧 돌이킴을 유발한다.

그렇다면 부모가 자녀에게 주는 깨닫는 가르침이 무엇인가? 그것은 성경적 사고와 말씀을 동반한 가르침이며 강요적인 것이 아니라 생각하고 경험케 하고 스스로 고백하면서 행동으로 나아가게 하는 것이다. 이를 위해 부모가 노력해야 한다. 또한 부모가 먼저 게임의 심각성을 깨닫고 바로 가르칠 수 있도록 변화되어야 한다.

MY CHILD, FAITH IS ALL HE NEEDS

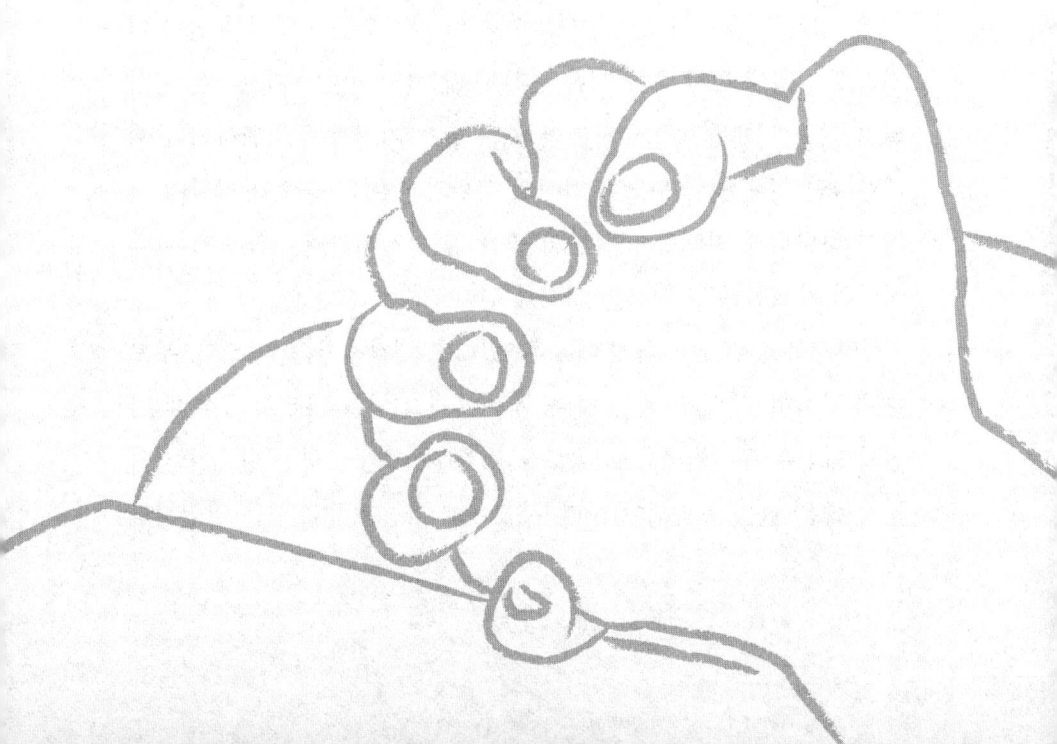

신앙교육 6

신앙교육은 좁은 길이다

신앙교육에서 성급한 열매는 경계한다. 조급한 열매에 집착하지 말고, 결과만 바라보지 말고 성실과 인내로 기다리면서 나아가야 한다

   자녀를 효과적으로 가르치는 방법에 정도가 있는가? 없다. 하나의 방법일 뿐이다. 여기에는 많은 변수가 등장한다. 가정의 전통이나 분위기, 부모의 성격과 관심, 열정과 다양한 방법들이 있다. 그리고 자녀의 습관이나 태도, 학습 능력이나 신앙 수준, 상황이나 부모와 자녀간의 소통의 방법과 수준에 따라 차이가 있다. 그러나 신앙이라는 본질적인 교과서는 있다. 좁은 길이 있다는 것이다. 이것은 변하지 않는다. 상황이 다르고 부모와 아이의 지적수준이 차이가 난다 할지라도 신앙을 위한 좁은 길은 변하지 않는다. 신앙의 가르침은 항상 열려 있고 언제든지 가능하지만 좁은 길을 가기를 두려워하거나 회피한다면 실패한다. 부모가 자신의 상황과 아이의 수준과 발달에 따라서 하나님께 지혜를 구하면서 좁은 길을 걸어가려고 노력할 때에 신앙의 가르침은 그 열매를 가지게 된다.

   신앙교육을 위해서 쉽게 이룰 수 있다고 생각해서는 안 된다. 부모는 누구이며, 무엇을 해야 하며, 자녀에게 신앙을 가르치기 위해 자신의 약점은 무엇이며, 그것을 고치기 위해 어떤 노력을 기울여야 하는지 좁은 길을 통과해야 한다. 부모에게 고통스럽고 힘든 일일지라

도 반드시 이 길을 지나가야 신앙교육에서 소정의 목적을 이룰 수가 있다.

> 너는 가증한 것을 네 집에 들이지 말라 너도 그것과 같이 진멸 당할까 하노라 너는 그것을 멀리하며 심히 미워하라 그것은 진멸 당할 것임이니라 (신 7:26).

이 말씀은 하나님이 가나안 땅에 들어가는 이스라엘 백성에게 요구하신 것이다. 하나님이 말씀하신 가나안에 있는 것들은 소중하게 여겨야 할 것들이 아니라 버리고, 멀리하고, 미워해야 할 것이었다. 이스라엘 백성들은 거룩한 삶을 위해 반드시 하나님이 명령하신 것을 준행해야 했다. 하나님이 요구하신 것은 그들에게는 좁은 길을 걸어가는 것으로 보여지지만 오히려 그들의 생명을 살리고 행복한 삶을 살게 하는 길이다.

이와 마찬가지로 여기에서 다루어지는 내용은 부모가 걸어가야 할 좁은 길에 대한 것들이다. 자녀를 파멸로 인도하는 넓은 길의 유혹을 뿌리쳐야 한다. 좁은 길이라는 것은 신앙을 가르치는 부모에게 있어야 할 것이 아니라 버리고 미워해야 할 것들이다. 이것들을 지키고 사랑한다면 자녀의 영혼은 살게 되고 그 마음과 삶은 하나님의 말씀에 사로잡혀서 이 땅에서 빛과 소금으로 살아가게 될 것이다. 그러나 부모가 여기에서 말하는 좁은 길을 걸어가기를 포기한다면 자녀에게 신앙을 가르칠 수 없을 것이다. 가르친다 하더라도 그 영향력은 미미할 것이다. 그리고 오히려 가정에 혼돈과 무질서를 가져오게 될 것이다.

자녀를 우상으로 삼는 것에서 탈출해야 한다

[3]너는 나 외에는 다른 신들을 네게 두지 말라 [4]너를 위하여 새긴 우상을 만들지 말고 또 위로 하늘에 있는 것이나 아래로 땅에 있는 것이나 땅 아래 물 속에 있는 것의 어떤 형상도 만들지 말며(출 20:3-4).

하나님은 자신보다 높아지는 그 어떤 것도 싫어하신다. 미워하신다. 자녀가 하나님이 주신 선물임에도 그 선물을 우상으로 섬기고 있다. 자녀가 우상이 되었다. 많은 부모가 자녀들을 우상으로 만들어 놓고 살아간다. 자녀가 최고이다. 자녀에게 맹목적이다. 자녀에게 넋이 나간 사람처럼 살아간다. 자녀가 자신의 노후를 안락하게 해줄 것처럼 여기면서 우상화하고 있다.

학교에 재직할 때였다. 불미스러운 일이 있었다. 모든 사건에는 원인과 결과가 있듯이 이 사건 역시 원인이 있었고 결과가 발생했다. 사건을 통해 이전에 피해자였던 학생들이 가해자가 되어버렸고 원인 제공자요, 가해자였던 학생이지만 결과적으로 피해자가 발생했다. 이 사건을 조사하면서 내린 결론은 누구의 잘못을 따지기 전에 모두에게 책임이 있고 모두가 가해자요, 피해자라는 사실을 알게 되었다.

그런데 겉으로 드러난 피해자의 부모는 자신의 자녀의 잘못을 보지 못하고 겉으로 드러난 현상만을 보고서 가해자가 되어버린 상대방 학생들을 고소했다. 순간 중재노력이 실패로 돌아온 사실에 대해 섭섭함과 함께 왜 피해자측의 부모가 꼭 그렇게 해야만 했을까에 대해서 생각하게 되었다. 그러면서 내가 발견한 것은 그 부모의 중심에는 자녀에 대한 우상이 있었다는 것이다. 분명 자기의 자녀도 잘못이 있음에도 그것을 보지 못한 것이다. 그리고는 오직 상대방에게만 잘못을 돌리고 비이성적인 합의금을 요구하는 것은 분명 그 부모의 마음에 자녀에 대한 믿음을 벗어난 우상이었다는 것이다.

이처럼 우리에게 내 자녀가 우상이 되었을 때는 모든 사건 앞에서 합리적으로, 바르게 분별하지 못하게 된다. 내 자녀에게 일어나는 문제들 속에서 하나님이 원하시는 바의 뜻과 그 심오한 의미를 분별하지 못하게 된다. 진심으로 내 자녀에게 필요한 것이 무엇이고 이 사건을 통해서 고쳐야 할 것이 무엇인지 보지 못하게 된다는 것이다. 그래서 자녀의 우상에 빠진 부모들의 공통점은 "자기의 자녀가 이렇게 된 것은 모든 것이 친구들 때문에 그렇게 되었고, 모든 것이 상황이 나빠서 그렇게 되었다"라고 말한다. 이것은 자녀를 바르게 위함이 아니다. 오히려 자녀를 어렵게 하고 그릇된 길로 가게 만드는 지름길임을 냉정하게 바라보아야 할 것이다.

자녀들에 대한 우상은 부모가 가진 기대감에서 비롯되는 경우가 많다. 부모가 자녀에게 기대감을 가지고 있다는 것은 자연스러운 일이다. 하지만 지나친 기대감이 자녀에 대한 우상으로 발전하게 된다는 것을 깨달아야 한다. 그리고 간혹 기대감이 자신이나 자녀에게 우울이나 분노 그리고 거절감이나 혹은 죄책감으로 몰아넣는 경우가 있다는 것이다.

> "결혼 전 내가 엄마가 되면 똑똑하고, 지혜롭고, 사랑스럽게 아이를 양육하고 멋진 엄마가 될 수 있을거라는 막연한 기대감을 가지고 있었다. 첫 아이를 낳고는 근거 없는 자만심이 내 속에 있었고, 알 수 없는 기대감을 가지고 있었다. 하지만 4~5년 후 현실이 그렇지 못하다는 걸 조금씩 느꼈고 나는 어느 순간 아이와 내 모습에 절망감마저 느끼기 시작했다."

긍정적인 면에서의 기대감은 부모와 자녀 사이에 활력소가 될 수 있다. 누군가가 나를 향해 기대한다는 것은 삶의 희망을 지니고 있다는 뜻이다. 그래서 미래에 어떤 일이 일어나기를 바라면서 희망을 가지고 살아간다. 그러나 기대하던 일이 일어나지 않으면 위의 글처럼 감정적으로 실망에 빠지게 된다. 그리고 좌절을 맛보게 되며 이 감정이 발전하여 기대가 분노로 표출하게 된다. 기대가 충족되지 않을 때 실망과 함께 불편한 감정을 반응을 경험한다는 것이다.

예를 들어, 부모가 자녀에게 좋은 성적을 기대하고 있다가 그 일이 이루어지지 않거나 자신의 기대만큼 나타나지 않을 때에 실망하거나 상대방에게 분노하게 된다. 이런 감정은 자연히 자녀에 대한 불만과 불신 그리고 더 나아가서 부모와 자녀 관계에 나쁜 영향을 끼치게 된다. 이런 일이 자주 반복되면 자녀에게도 좋지 않은 영향을 끼치게 된다. 이런 것은 누군가가 끊어야 하는 악순환이다. 따라서 부모에게 있는 자녀에 대한 기대감은 삶의 활력소가 되기도 하지만, 때로는 실의와 좌절을 맛보게 하는 양면을 지니고 있음을 알아야 한다. 부모는 자녀에게 있는 기대가 충족되지 않을 때 오게 되는 극단적 감정을 떨쳐버릴 수 있어야 하며 우상으로부터 벗어나야 한다.

아브라함이 가장 좋은 예이다. 그는 하나님의 은혜가 아니고서는 부모가 될 수 없었다. 그러나 하나님의 은혜로 말년에 이삭을 낳았다. 얼마나 소중하고 중요한 아이였을까? 말하지 않아도 짐작이 간다. 그러나 그는 하나님 앞에서 냉정했다. 하나님과 자녀, 즉 신앙과 자녀의 선택에서 결단력있게 자녀가 아닌 하나님을 선택한다. 아브라함은 그의 아들 이삭을 우상으로 여기면서 살아도 누구라도 비난하지 못할만큼 극적으로 얻은 아이다. 그럼에도 그는 이삭을 하나님보다 더 우선 순위에 두지 않았다.

욕심을 내려놓아야 한다

자녀에 대한 부모의 욕심은 어느 정도일까? 에스컬레이트처럼 끝없이 올라가려고 하는 속성이 부모의 욕심일 것이다. 그 욕심의 색깔 또한 부모의 수만큼 다양할 것이다. 언젠가 부모 그룹에서 이런 질문을 던졌다. "여러분의 자녀가 공부는 좀 못해도 건강했으면 좋겠습니까?" 그러자 반응이 신통찮았다. 참석한 부모들은 내 자녀가 건강하고, 공부도 잘하고, 신앙도 좋고, 좋은 학교에 들어가기를 원하고 있었던 것이다. 이처럼 부모의 욕심은 끝이 없었다.

"농담하시는 거죠? 설마 정말 그것을 요구하는 것은 아니죠?" 피아노, 글쓰기, 영어, 수학, 바둑, 태권도 등 자녀에게 시키는 과외가 혼란스럽기까지 하다. 나는 아이를 통해 부모가 하고 싶어하는 것을 이루기 위해 복제품을 만들려고 하는 것 같은 느낌이 들었다. 부모는 자녀를 관찰할 때에 내 자녀가 좋아해서 하는 것과 부모가 좋아서 하는 것은 구별해야 한다. 부모가 하라고 하니까, 좋아하니까 하는 경우가 많다. 무슨 일이 일어날지 예측하기는 어렵지만 대체적으로 강요적인 행동은 "전 엄마가 아니예요"라고 거부하게 된다. 대체적으로 부모가 무엇인가를 원하는 것이 있을 때에 자녀의 재능이나 흥미 여부를 떠나서 무조건 그렇게 만들어야 한다는 강박관념을 가지고 있다. 이 강박관념은 부모의 욕심에서 비롯되는 것이다. 그리고 내가 훌륭한 부모라는 것을 보여주기 위한 과시욕에서 비롯된다. 자녀는 부모의 욕심을 채워주기 위해 존재한다라고 하는 관점을 고수하려고 하는 한 자녀에게 요구하는 그 강도는 더할 것이다."

"어머니는 늘 '최고가 돼야 한다'고 강조했고, 이 군의 옷차림부터 교우관계, 생활습관까지 일일이 통제하려 했다."

결국 이 아이는 어머니를 떠나기 위해 자살을 선택했다고 한다. 부모의 욕심이 자녀에 대한 지나친 기대감으로 발전했고, 그 기대감으로 자녀의 교우관계까지 단절케 하는 결과를 낳았으며 결국 자녀는 기대감을 충족시킬 수 없기에 극단적인 선택을 하게 된 것이다.

왜 이런 현상들이 일어나는 것일까? 대리만족인가? 자녀에 대한 기대치가 자신의 가치를 반영한다고 믿고 있기 때문이다. 그리고 내 자녀가 곧 나의 모든 것을 입증해준다고 믿고 있기 때문일 것이다. 부모의 욕심은 '최선을 다하는 자녀의 모습'보다는 늘 '최고의 자리'에 서기를 원하는 이기적인 욕망의 결과이다. 극성맞은 부모이다. 교묘할 정도로 미혹적이며 자신의 생각을 자녀에게 관찰시키려고 하는 노력이 집요하다. 천재적인 소질을 지닌 자, 유명한 의사나 정치인, 스포츠 영웅, 한류 스타들, 젊은 CEO나 최연소 박사를 이야기하거나 주일학교 각종 대회에서 우승하는 일이나 게임에서 이긴 일이나 잘 한 일에만 칭찬 해주는 일 등은 욕심에 사로잡힌 부모의 한 단면을 보여준다.

모든 부모들은 아이가 마음이 착하고 정직하며, 부정적이기보다는 긍정적이고, 건강하고 공부 잘하기를 원한다. 내 아이가 남들보다 탁월하고, 부모의 말도 거부하지 않고 순종하는 아이가 되기를 바란다. 부모가 자녀에게 거는 기대치는 끝이 보이지 않는다. 하나가 채워지면 또 하나가 채워지기를 갈망한다. 공부를 잘하면 더 잘하기를 원한다. 부모가 자녀에게 욕심을 갖는 것은 당연한 것처럼 여길 수 있다. 그러나 그 욕심으로 인해 자녀에게 나쁜 영향을 끼칠 수 있다는 것을 아는 부모는 흔치 않다.

"학교에서 요구하는 조건에 맞추고, 시간 맞춰 학원가고, 집에 와서 공부하고, 이것저것 할일은 많은데 이렇게 마냥 노는 것만 좋아하고, 여건만 되면 제 맘대로 하는 아들에게 화가 나있는 나 자신의 모습. 뭐가 정말 아이에게 중요한건가? 내가 정말 주님 안에서 아이의 영혼에 관심을 갖고 영혼을 살피고 마음을 살피고 있는가? 남들의 시선, 나의 기준, 선생님의 요구조건에 맞추려고 하다보니 따라오지 않는 아들에게 자꾸 재촉하고 싶고, 내가 시간이 안되면 '나가 놀아'라고 하고, 안 그래야지 했는데 또 이런 나 자신이 한심스럽기도 하고, 주님 앞에 엎드려 이것밖에 안 되는 나를 용서해달라고 하기에 참 부끄러웠습니다. 내 욕심으로 '이럴땐 이래야지, 저럴땐 저래야지' 하며 잔소리가 늘어나고 있는 엄마의 모습이라니."

이 글은 자녀에 대한 한 엄마의 욕심이 솔직하게 잘 드러나 있다. 엄마의 욕심 때문에 자꾸만 자녀에게 요구하게 되고 통제하게 되며 요구에 따라와 주지 않는 아이에게 화를 내게 된다. 이런 부모의 욕심은 성취욕이다. 특히 세상적 기준에 의한 부모의 욕심과 성취욕은 아주 위험하다. "네가 지금 당장 열심히 하지 않으면, 행동을 수정하지 않으면 대학가기 힘들어. 요즘 같은 상황에서 대학에 들어간다고 해도 취업하기 힘들어"라고 말할 수 있다. 그러나 이 말을 하기 전에 부모인 나의 욕심이 아닌가 하는 질문을 먼저 해야 한다. 내 아이가 그럴만한 충분한 능력이 있고 동기 부여가 된다면 좋은 일이지만 오히려 공부보다는 다른 곳에 관심을 가지고 있다면 역효과를 가져다 주게 된다.

부모의 욕심은 자녀로 하여금 일탈을 꿈꾸게 하거나 거짓을 배우게 한다. 그리고 지나친 부담감과 마음의 눌림으로 인하여 자녀에게 상처를 주거나 진로에 대한 상당한 스트레스를 주게 된다. 종종 부모는 자녀에게 공부 잘하기를 원하는 욕심에 의해 다른 자녀들과 비교하는 경우가 있다. 비교된 그 순간부터 그 자녀의 마음에는 상처가 생기게 된다. 그 상처는 곧 성적에 대한 두려움으로 발전하게 된다. 학교에서 성적표를 가정으로 보낸다는 통보를 받게 되면 그때부터 안절부절하게 된다. 일명 성적표 공포증이다. 이 공포증은 자녀로 하여금 급진적인 행동을 유발하게 하고 정서적 불안감을 가져다 준다. 그리고 이러한 상처는 열등감으로 발전하게 되고 자신의 정체성에 대한 혼란을 가져오게 한다.

또한 자녀가 고급 옷을 입고 화려한 모습을 하기를 원하는 욕심은 자녀에게 부담과 탈선의 무게를 지워지게 된다. 이는 마치 아직 자율신경계에 의존하는 아이에게 분별력을 요구하는 것과 같다. 손으로 닥치는 대로 먹고, 아무데서나 오줌을 누고, 두루마리 휴지를 갈기갈기 찢는다던가 다 풀어버리는 아이에게 얌전히 앉아 식사하고 사용하던 물건은 반드시 제자리에 갖다 놓는 것을 요구하는 것과 같다.

> [14]오직 각 사람이 시험을 받는 것은 자기 욕심에 끌려 미혹됨이니 [15]욕심이 잉태한즉 죄를 낳고 죄가 장성한즉 사망을 낳느니라(약 1:14-15).

위의 말씀은 부모의 욕심이 자녀를 잘되게 하는 것보다는 오히려 자녀를 망가뜨리게 하는 요인이 될 수 있음을 강력하게 경고하고 있다. 욕심은 그 하나에 그치는 것이 아니라 또 다른 것을 요구하게 되며 결국에는 죄로 발전하게 됨을 기억해야 한다. 부모는 자녀에게 무엇이 바른 것인가를 생각하면서 자신의 욕심이 더해졌는지 아닌지를 분별할 수 있어야 한다. 결국 부모의 욕심은 자녀에게 자극을 주고, 동기 부여를 하며 더 나은 일을 하게 하는 긍정적인 면보다는 오히려 마음의 짐을 지우고 일탈을 상상하게 하고 자신의 일을 포기하게 하는 등 부정적인 영향을 더 많이 미치게 된다.

더 나아가서 부모 자신에게도 긍정적인 것보다는 부정적인 요소가 쌓이게 되고 완벽주의자가 된다. 부모가 자녀양육에 대해 완벽주의적인 태도를 가질수록 도리어 자신에게 상처가 되어 자녀양육에 대한 모든 희망을 잃고 죽음과도 같은 후회를 경험하게 된다. 욕심대로 이루어지지 않으니까 자녀양육에서 실패했다고 느끼게 될 것이고 이런 감정은 두려움과 피로, 분노로 표출된다.

과잉보호에서 벗어나야 한다

> "초식학생이라는 말이 있다. 이 말은 부모에 의해 길들여진 학생들을 가리키는 말이다. 즉 부모가 모든 것을 해주는 것에 익숙해진 아이들을 말한다. 그래서 이런 아이들은 누군가가 자신이 할 일을 정해주지 않으면 초조함과 불안함을 느끼게 된다. 다른 말로 하면 초식동물처럼 그저 온순한 것처럼 행동하면서 수동적인 자세를 보인다."

"초식학생"이라는 재미있는 또 하나의 신조어라고 흘려보내기에는 부모가 행하는 일들이 뭔가 잘못되어가고 있음을 느낀다. 부모들의 과잉보호가 지나치다 못해 볼썽사납다. 과거에는 이것을 치맛바람이라 했다. 학교나 학원 그리고 각종 세미나에 거센 치맛바람이 불고 있다. 어린이집, 유치원, 초, 중, 고등학교 뿐만 아니라 대학에까지 이 바람이 불고 있다. 한때 미국에서 유행한 헬리콥터 부모(부모가 헬리콥터처럼 자녀들 주변에 맴돌면서 사사건건 간섭하는 것)가 여전히 우리들 사회를 지배하고 있다. 부모가 자녀 학교의 일에 간섭하고, 그것도 모자라서 심지어 선생을 폭행하는 일이 빈번하게 일어나고 있다.

손석한은 그의 책 『헬리콥터 부모는 방향을 틀어라』에서, 이런 현상은 우리나라뿐만 아니라 타문화권의 나라에서도 나타나는 현상이라고 말한다. 영국의 20세에서 24세까지의 남성 가운데 절반 이상, 여성은 3분의 1 이상은 교육을 마치고도 여전히 부모와 함께 동거하는 것으로 조사됐으며, 이탈리아에서는 30~40대에도 어머니 치마폭을 떠나지 못해 "헬리콥터 어머니"란 말이 예사로 통용되고 있다고 한다. 또한 중국에서는 자식을 "소황제"(小皇帝)라 부를 정도로 대접이 지나쳐 이미 큰 사회 문제로 떠올라 있다고 지적하고 있다.

나는 오랫동안 결혼 후 아이들을 낳고 기르는 과정에 있는 청년가정을 섬긴 적이 있다. 점심을 함께 하고 바로 이어서 우리의 모임이 시작되지만 식탁 공동체가 모임의 시작이다. 식사 때마다 자주 목격되는 장면이 있다. 아이는 도망 다니거나 뛰어다니면서 놀고, 그 뒤를 엄마는 밥그릇을 들고 쫓아가고 있다. 이 장면은 늘상 있는 일이다. 아이들이 밥을 먹지 않으려고 하고 엄마들은 한술이라도 더 먹이기 위해서 밥그릇 들고 자꾸 따라다닌다. 밥그릇을 뺏어버리고 싶지만 엄마가 상처를 받을까봐 그러지 못했다. 요즘 엄마들의 한결같은 모습이다. 아이가 넘어지면 곧장 달려가서 일으켜야 하고, 울면 바로 손에 핸드폰을 쥐어주고, 사탕을 물려주고 하는 부모들을 본다. 자녀들이 조금 더 자라게 되면 아이가 공부하는 것부터 시작해서 옷 입는 것, 세수하는 것 등 모든 생활 태도를 점검하려고 한다.

웬디 모겔은 부모들이 스스로 자신에게 다음과 같은 질문을 진지하게 던져야 한다고 충고한다.

"내가 아이에 대해 가지는 염려는 사랑인가? 아니면 두려움인가?"

　부모가 제공하는 환경이나 역할은 자녀에게 중요한 영향을 미친다. 부모가 자녀에게 무관심한 것도 문제이지만, 과잉보호하는 것 역시 더 큰 문제를 야기하게 된다. 아이가 태어나서 성장해가면서 부모의 사랑과 관심은 필수적이다. 아이들은 부모의 사랑과 관심을 먹고 자란다. 그러나 부모의 사랑과 관심이 과도하게 넘치게 되면 오히려 역효과를 가져다주게 된다. 그 가운데 어릴 때에 부모가 자녀에게 행하는 과잉보호라는 것은 아이가 발달에 따라 맞게 스스로 할 수 있는 일이 있는데 그것을 부모가 대신하는 것이다. 자녀가 스스로 할 수 있는 역할이나 권한을 주지 않고 부모가 자기의 생각이나 의지로 자녀를 통제하는 것이다. 이런 과잉보호는 나이에 따라 그 정도가 다르다. 예를 들어, 2, 3살 아이에게 옷을 준비해주고 입혀준다는 것은 과잉보호가 아니다. 그러나 만약 7, 8살 아이에게도 똑같이 해준다면 과잉보호가 되는 것이다.

　자녀가 어릴 때부터 스스로 모든 것을 할 수 있도록 해야 한다. 넘어지면 일어서는 법을 스스로 깨우치도록 해야 하며, 식사를 할 때에 젓가락, 숟가락을 사용하는 것도 스스로 하도록 가르쳐야 한다. 혹 아이가 밥을 먹지 않아서 조금 배고픔을 느끼는 한이 있더라도 지나친 염려로 인한 행동은 자녀가 스스로 일어서게 하는데 방해꾼이 된다.

　이와 같은 과잉보호의 경향은 이 시대의 젊은 부모에게 자주 나타나는 현상이다. 과거에는 한 가정에 3, 4명의 자녀들이 있었고 생활이 어려워 부모가 과잉보호할 겨를도 없었다. 스스로 알아서 해야만 했다. 먹는 것도 치열한 경쟁이었다. 여럿이서 생존을 해야 하니 거의 본능적인 생존 방식이었다. 그러나 요즘은 대부분의 가정에 자녀가 둘 아니면 하나이다. 자녀교육에 많은 어려움이 있어서 출산율이 저조하다. 그러다보니 상대적으로 자녀들에 대한 애착이 강하다. 자녀에 대한 보살핌이 강하다. 부모가 과잉보호를 하게 되는 것은 자녀가 적은 이유도 있다. 자녀에 대해 지극정성이다. 그것이 결국은 아이들로 하여금 자기 스스로 홀로 서기 하는데 장애가 된다는 것을 우리가 기억해야 되리라 생각한다. 언어 발달이 늦은 아이, 쉽게 또래 아이들과 잘 어울리지 못하는 아이는 신체적, 기질적인 차이로 인해 일어나기도 하지만 많은 경우 과잉보호가 그 원인이다. 그리고 무슨 일이 생기면 즉각적으로 나에게 달려와 주는 엄마가 있다는 것은 아이에게 마음의 편안함을 제공하기도 하지만 모든 일에 스스로 하려고 하기보다는 의존적인 아이로 성장할 가능성이 크다.

부모가 자녀를 과잉보호 하게 되면 어떤 일이 일어나는가? 첫째, 아이가 의지가 약해진다. 스스로 할 수 있음에도 부모가 대신해 주기를 원한다. 넘어져 일어날 수 있음에도 부모가 다가와서 일으켜 주기를 기대한다. 의지력의 약화이다. 그동안 부모가 해준대로 항상 의존적인 생활을 해왔기 때문에 스스로 무엇인가를 하려고 하는 의지가 약하다. 유아기 때의 부모의 사랑이 부족하여 애정결핍으로 성장한 후에 깊은 상처를 가지고 살아가거나 범죄자로 빠질 확률이 높지만 반대로 지나친 보호 역시 나약한 사람으로 만들어서 독립적인 사회생활을 불가능하게 한다.

둘째, 과잉보호는 아이들로 하여금 이기적으로 변하게 만든다. 부모의 과잉보호는 자녀가 다른 사람을 배려하기보다는 이기적인 생각과 행동을 하게 한다. 그리고 스스로 할 수 있는 독립심이 약해져 조금만 어려워도 포기하거나 도망가게 된다. 그리고 무슨 일을 할 때에 나 판단을 할 때에 남을 배려하거나 도와주려고 하기보다는 자기중심적일 수 있는 가능성이 많다.

셋째, 세상을 바라보는 시각이 좁아지게 된다. 자기 안에 갇혀 있게 되는 것이다. 자기만 바라보는 시각은 자신이라고 하는 우물에만 존재하게 한다. 그 우물에서 벗어난 세상을 바라보는 눈이 없게 된다. 부모로서 내 자녀가 진정으로 자신의 울타리에서 벗어나 가슴을 열고 세상을 위해 무엇을 할 수 있기를 원한다면 과잉보호를 하지 말아야 한다.

그렇다면 왜 이런 현상이 일어나는 것일까? 무엇보다도 부모의 염려와 심리적인 요인 때문이다. 아이는 연령층에 맞게 스스로 할 수 있는 능력이 있다. 그러나 부모는 그 능력마저도 불안하여서 자기가 해주기를 원한다. 자녀가 스스로 능력이 있음에도 불구하고 부모가 그 능력을 제한하고 있다. 그리고 자녀에게 무엇이든 필요한 것이면 도와줘야 한다는 욕심이다. 내가 자녀의 뒷바라지를 해주어야 한다는 생각이 앞선다. 나는 아니지만 너는 달라야 한다는 생각에 내 자녀에 대한 욕심이 커지는 것이다. 나는 우리 부모님으로부터 사랑을 듬뿍 받지 못했다고 하는 심리이다. 그래서 나의 자녀들에게만은 사랑을 듬뿍 주고 싶은 마음에서 출발한다. 또한 부모의 과잉보호는 남에게 뒤지거나 혹은 지지 않으려고 하는 경쟁 심리에서 오기도 한다. 자녀가 다른 아이들에게 이기게 하기 위해 부모가 과도하게 자녀의 일에 개입하는 것이다. 결국 부모는 자녀를 자기의 인생을 살아오면서 갖게 된 잘못된 욕구를 충족시키는 도구로 삼게 되는 결과를 낳게 되는 것이다.

"내 아이가 바라는 대로 되지도 않고, 하라는 대로 하지도 않고, 꾸중하면 할수록 더 반대상황으로 자꾸가고, 다른 친구들의 잘하는 모습을 보며 다그치게 되고, 언제나 문제를 만들며 다니는 모습을 보게 되면 화가 나서 통제가 안 되고, 그 문제는 또 다른 문제를 계속 고리 걸듯이 엮어가서 어느새 큰 문제로 내 앞에 다가와 나를 힘들게 하더라구요. 늘 불안한 마음에 아이가 할 수 있음에도 내가 자꾸만 하게 되고, 결국 아이는 내 눈치만 보게 되고, 이렇게 밖에 못키운 나를 자책하며, 마음이 아파도, 울고 싶어도, 참고 버텨야 하는건 아마 한심한 자존심 때문이였을 겁니다."

이 글은 어느 한 부모가 아이를 기르면서 자신이 요구하는 대로 따라 주지 않는 아이를 바라보면서, 자꾸만 불안하여 과잉보호하게 되는 자신의 모습을 바라보면서 고백한 것이다. 이 글에서 드러나는 어머니의 마음은 우리 모두에게 내 안에 있는 그릇된 욕구가 무엇인지에 대해 생각하게 한다.

내가 있는 연구소는 초등학교 앞에 위치하고 있다. 거의 매일 아침 그곳을 지나게 된다. 아침마다 자주 목격되는 장면이 있다. 분명 초등 4, 5학년은 되어 보이는데 엄마가 학교 앞까지 따라와서 준비물을 챙겨주는 모습이다. 문방구에 들어가서 준비물을 사서 그리고 아이의 손에 쥐어준다. 그것도 모자라서 어떤 부모는 비서처럼 가방을 들고 교실까지 따라 들어간다. 이것은 자녀에 대한 불안의 심리에서 나오는 부모의 잘못된 행동이다. 그리고 아마도 이런 부모는 자녀가 집으로 돌아오게 되면 아이의 가방을 열고 학교에서 준 과제물을 일일이 챙기고 직접 해줄 것이다. 또한 아이들 생일잔치를 사치스런 음식점을 빌려서 해주거나, 세수도 직접 해주고, 양말을 신겨주고, 옷을 입혀 줄 것이다.

신앙에서도 과잉보호를 하는 모습이 자주 나타난다. 기도하는 것, 하나님께 헌금을 드리는 것, 매일 성경을 읽고 QT를 하는 것 등 부모가 해주는 일이 많다. 스스로 말하고 고백하고 기도하고 성경을 읽도록 해야 함에도 부모가 대신 해주려고 한다. 아침에 일어나서 교회에 가는 것도 부모가 해주려고 한다. 그러다보니 아이들의 신앙은 수동적인 모습이 될 수밖에 없다.

부모가 일방적인 자신의 생각을 전달하기보다는 "왜 그렇게 생각해"라고 질문하고, "그러면 너는 어떻게 해야 되지?"라고 행동을 유발하면서 스스로 하나님 앞에서 답을 찾아가도록 해야 한다. 믿음의 부모라면 누구나 내 자녀가 하나님 앞에 바로 서고 스스로 자신의 문제를 신앙으로 극복하고 해결해 나가기를 원할 것이다. 그렇다면 때로는 자녀가 겪는 어려운 일들 앞에서 불안해하고 평정심을 잃어버리게 하더라도 개입하려고 해서는 안 된다. 신앙으로 독립적인 삶을 살지 못하게 된다면 홀로서야 할 때가 왔을 때에 쉽게 세상 속에 빠져들어 허우적거리는 삶을 살게 된다.

그러므로 영적 과잉보호는 자녀를 자녀되게 하는 것이 아니라 오히려 망가뜨리게 된다. 부모가 준 안락함과 평안함은 삶의 전쟁에서는 무익한 무기가 된다. 싸워야 할 적도, 싸워야 할 힘도 그들에게는 없게 된다. 그저 작은 돌 앞에서도 무기력할 뿐이다.

자녀가 진정으로 바른 삶을 살고 하나님께 쓰임 받는 인생이 되기를 원하는가? 그렇다면 과잉보호에서 벗어나야 한다. 인생의 어려움이 있을 때에 그것을 극복할 수 있는 힘은 스스로 하나님께 나아가 해답을 찾아가는 신앙이다. 육적, 영적 과잉보호는 자녀를 유익하게 하고 독립적 인격과 삶으로 세우기보다는 오히려 타성과 의존적인 자녀로 만들게 된다. 부모는 자녀를 자신의 삶과 인격과 영적인 삶이 바로 서서 만들어가도록 해야 한다. 자녀를 위한다고 하면서 내가 하는 행동이 과연 내 아이를 위한 일인가에 대해서 다시 생각해보아야 한다.

형식보다는 본질에 초점을 맞추어야 한다

> [1]이에 예수께서 무리와 제자들에게 말씀하여 이르시되 [2]서기관들과 바리새인들이 모세의 자리에 앉았으니 [3]그러므로 무엇이든지 그들이 말하는 바는 행하고 지키되 그들이 하는 행위는 본 받지 말라 그들은 말만 하고 행하지 아니하며(마 23:1-3).

이 말씀은 형식을 강조하고 본질에는 마음을 두지 않는 무리를 향한 예수님의 경고의 메시지이다. 다른 말로 하면 말하는 것과 행동하는 것이 다르다는 것이다. 형식을 말하지만 그렇게 행동은 하지 않는다는 것이다. 서기관과 바리새인은 비판은 잘하지만 자신은 그렇게 행하지 않는 사람의 대표적인 사람들이다. 이들은 참된 경건은 모든 생활을 지배하는 엄격한 규칙을 지키는 데 있다고 가르쳤던 자들이다. 불행하게도 이런 형식을 강조하는 일이 가정에서도 자주 일어난다. 겉으로 드러나는 일에 관심을 갖고 그 내면에 대해서는 무관심하다. 내 아이의 마음속에서 무슨 일이 일어나고 있는지에 대해서는 별로 관심이 없는 듯하다.

그런데 어리석게도 가정에서 부모 역시 본질보다 형식적인 가르침을 하려고 하는 경우가 많다. 자녀에게 형식을 강요하고 요구하는 것은 많지만 정작 그 본질에 대해서는 침묵하거나 본을 보여주지 못한다. 자녀에게 형식적으로 요구하는 것은 많지만 왜 네가 그 일을 해야 하는지에 대한 가르침은 없다.

  부모가 자녀들에게 교회에 갈 것을 요구하는 것은 당연하다. 자녀가 꼬박꼬박 교회에 가는 것은 중요하다. 그러나 그것이 전부라고 생각해서는 안 된다. 얼마나 자주 교회에 가는 것보다 그 자녀가 어떤 마음으로 교회에 가고 있는가를 들여다볼 수 있어야 한다. 불행하게도, 자녀의 마음에 일어나는 것을 들여다보는 일에 소홀히 하거나 학대하는 부모 중에는 교회를 성실히 다니고 열심히 봉사하거나 중책을 맡은 분들이 많다. 그리고 이런 분들은 자녀에게 말씀을 가르칠 때에도 자녀를 책망하거나 정당화하기 위해 성경구절을 인용하는 경우가 많다. 자신의 목적을 위해 성경을 인용하는 수준에서 가르칠 경우에는 오히려 자녀가 하나님을 알고 신뢰하지 못하게 하는 장애물이 된다. 자녀에게 깊은 상처를 남기게 된다. 부모가 바리새인들처럼 되는 것이다. 어느 부모든 자기 자녀를 학대하고 싶은 마음은 없을 것이다. 자녀가 희생되는 것을 원치 않을 것이다. 자녀가 상처받고 우울해지는 것을 소망하지는 않을 것이다. 그러나 부모가 바리새인처럼 형식을 가르치게 되면 얘기는 달라지게 된다. 바리새인처럼 형식을 강조할 때마다 자녀는 영적으로 학대받으며 성장하게 된다.

  자녀에게 신앙의 형식은 중요하다. 분명한 형식을 만들어 놓고 가르치는 것이 필요하다. 주일에는 교회에 가야 한다. 하나님께 예배를 드려야 한다. 신앙을 고백해야 한다. 찬송을 불러야 한다. 식사를 할 때에는 기도를 해야 한다. 매일매일 밥을 먹듯이 성경을 읽어야 한다. 착하게 살아야 하고 나쁜 짓은 하지 않아야 한다. 그러나 형식이 본질보다 앞서서는 안 된다. 신앙은 강요하기도 하지만 마음으로 왜 교회에 가야 하는지, 왜 예배를 드려야 하는지에 대해 먼저 깨닫는 데서부터 출발한다. 자녀의 마음속에 자기는 아직 어리고 부모에 비해 모든 면에서 약하기 때문에, 약자여서 따라야만 한다고 생각한다면 이것은 마음에서 순종하게 되는 것은 가면이 된다. 자기 자신을 속이게 되는 것이다.

  부모에 의한 신앙교육은 자녀가 약자여서 순종해야만 하는 것이 아니다. 아무리 좋은 일이고 반드시 해야 하는 일이라 할지라도 자녀들이 싫어할 경우가 있다. 그런 경우에는 무조건 이유 없이 맹목적으로 순종할 것을 강요하기보다는 왜 그 일이 중요한지에 대해 일깨워 주어야 한다. 종종 자녀들이 교회에 가기 싫어할 때가 있다. 새벽기도회를 가고자 할 때에는 강하게 저항하기도 한다. 그리고 가정에서 예배를 드리고자 할 때에도 꺼려할 때가 있다. 그런 경우, 부모의 입장에서 예배와 신앙을 강요하기보다는 왜 네가 새벽기도회를 가면 좋은지, 왜 네가 가정예배를 드려야 하는지, 왜 네가 교회에 가야 하는지에 대해 가르치고, 또 가르쳐야 한다. 무조건 가야한다고 다그치고 책망해서는 안 된다. 자녀의 상황이나 마음을 고려하지 않고 강제적으로 억지로 하듯이, 형식적인 순종을 강요하는 것은 자녀의 신앙을 해치는 결과를 가져다준다. 본질보다 형식이 우선이 될 수는 없다. 본질보다 형식이 더 강조될 수는 없다.

  가정에서나 교회에서 성경 암송을 자주시킨다. 아이가 어릴 때부터 성경을 암송시킨다. 좋은 일이다. 반드시 해야 하는 일이다. 자녀들로 하여금 말할 때부터 하나님의 말씀을 기억하게 하고 입술로 암송하게 하는 것은 권장할만한 일이다. 그러나 조심해야 할 것이 있다. 내 자녀가 성경 암송을 잘하는 것이 본질이 되어서는 안 된다는 것이다. 암송은 형식이다. 성경퀴즈 대회를 위한 것이 아니다. 교회에서 상을 받기 위해 스티커를 붙이는 프로그램이 아니다. 말씀을 기억시키고 가슴에 심는 성경 암송으로 인생의 기초를 쌓고 견고한 바위가 되도록 해야 한다. 욥이 모델이다. 욥처럼 우리의 자녀들도 말씀에 대한 진솔한 고백에 이를 수 있도록 해야 한다.

> 내가 그의 입술의 명령을 어기지 아니하고 정한 음식보다 그의 입의 말씀을 귀히 여겼도다(욥 23:12).

따라서 자녀가 교회에서 성경 암송을 잘하고, 성경 고사대회에 나가서 상을 받고, 다른 다양한 경연대회에 빠짐없이 참석하는 것으로 신앙교육이 이루어지고 있다고 생각해서는 안 된다. 그 형식에서 벗어나서 진정한 고백에 이르도록 해야 한다. 형식은 신앙교육에서 중요하지만 그것보다 더 우선시해야 할 것이 본질이다.

그렇다면 본질은 무엇인가? 자녀 스스로 내가 왜 성경을 암송해야 하는지에 대해 아는 것이다. 내가 왜 기도를 드려야 하는지, 기도를 드리면 어떤 일이 일어나는지, 내가 왜 찬송을 불러야 하는지에 대해서 이해하고 경험함으로 인해 진정으로 아는 것이다. 내가 왜 하나님께 예배를 드려야 하며 내가 진정으로 예배드릴 때에 하나님은 기뻐하신다는 것을 아는 것, 이것이 본질이다. 내가 왜 하나님께 헌금을 드려야 하는지에 대해 마음으로 알고 고백하는 신앙이 본질이다.

따라서 신앙의 진정한 힘은 형식에서 나오지 않는다. 신앙의 진정한 힘은 강요적인 형식에서 출발하지 않는다. 신앙의 진정한 힘은 억압된 강요에 의해서 나타나지 않는다. 신앙의 진정한 힘은 바리새인 같은 부모 밑에서 가르침을 받은 자녀에게는 나타나지 않는다. 신앙의 진정한 힘은 자녀 스스로가 내가 왜 기도해야 하며, 왜 말씀을 읽어야 하며, 왜 하나님께 예배해야 하는지에 대해 가슴으로 알고 깨달을 때에 나타난다. 이것이 본질의 힘이다. 이 본질을 깨닫게 되고 실천하게 될 때에 복 있는 사람이 되는 것이다.

> [1]복 있는 사람은 악인들의 꾀를 따르지 아니하며 죄인들의 길에 서지 아니하며 오만한 자들의 자리에 앉지 아니하고 [2]오직 여호와의 율법을 즐거워하여 그의 율법을 주야로 묵상하는도다 [3]그는 시냇가에 심은 나무가 철을 따라 열매를 맺으며 그 잎사귀가 마르지 아니함 같으니 그가 하는 모든 일이 다 형통하리로다(시 1:1-3).

신앙의 본질은 이 산에서 저 산으로 옮기는 힘이며, 신앙의 본질은 하나님 안에서 능력 있는 삶을 살게 해준다. 신앙의 본질은 복 있는 사람으로 삶을 살도록 해준다. 신앙의 본질을 깨닫고 힘써 행하는 아이는 망하지 않으며 세상 사람들에게 굴복당하지 아니하며 하나님께 버림받지 아니한다. 이것은 불변의 진리이다.

MY CHILD, FAITH IS ALL HE NEEDS

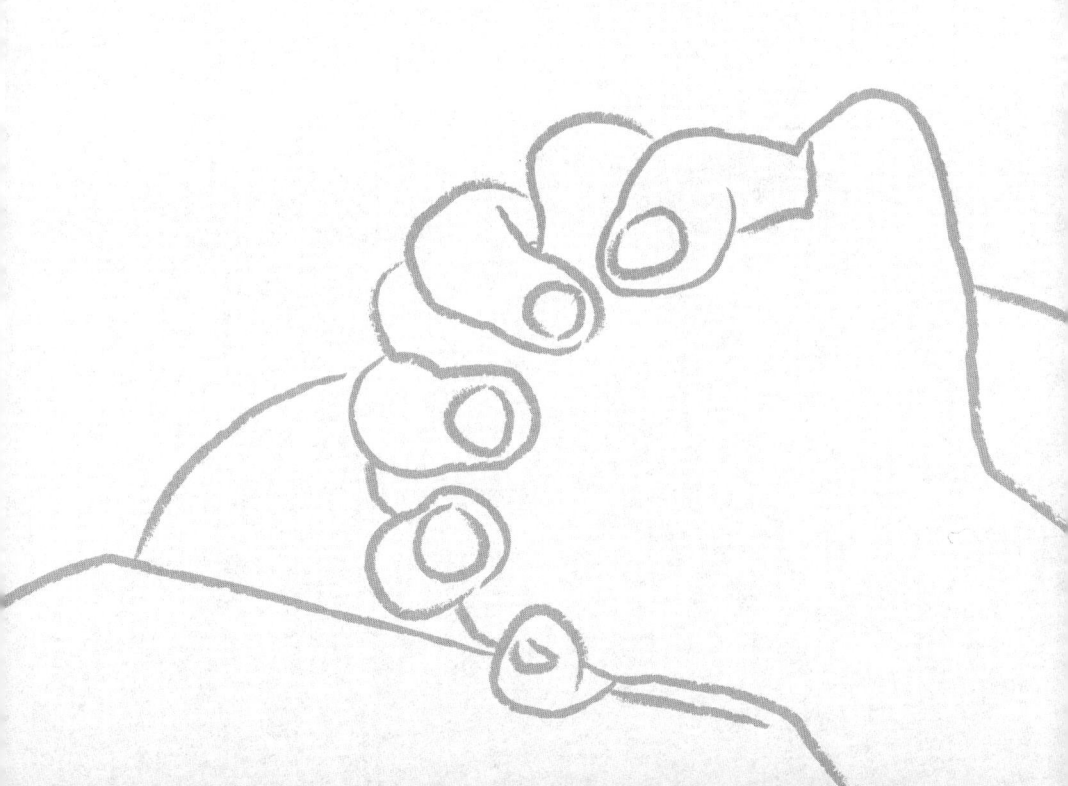

3부

신앙고백으로
자녀 세우기

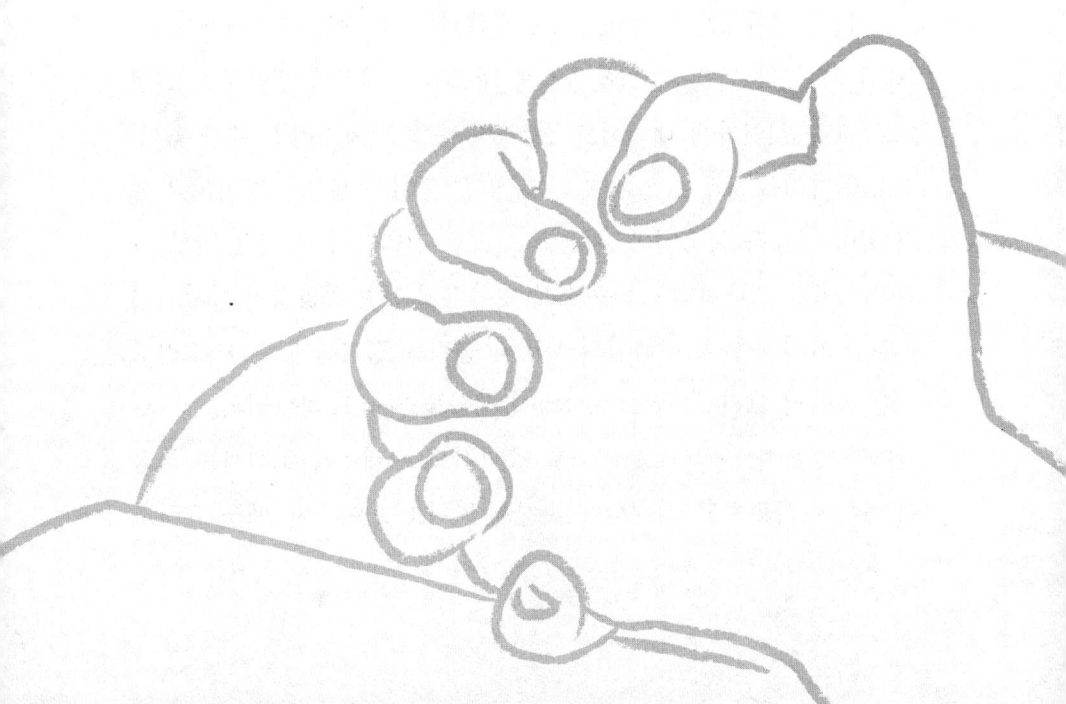

신앙교육 7

자녀를 세우는 네 가지 원리를 이해하라

¹예수께서 무리를 보시고 산에 올라가 앉으시니 제자들이 나아온지라 ²입을 열어 가르쳐 이르시되(마 5:1-2).

　신앙의 중요성과 시급성을 인식한다면 자녀를 세우는 실천에 옮겨야 한다. 자녀를 세우는 기회가 주어졌음에도 바로 세우지 않는다면 부모로서의 사명을 다하지 않는 것이다. 자녀를 세우는 일에 가정만큼 좋은 교육의 장은 없다. 거실에서, 주방에서, 놀이터에서, 침실에서 혹은 쇼핑을 하거나 여행을 하면서 자녀를 세우는 일에 최선을 다해야 한다.
　그러면 "여기에서 무엇으로 세울 것인가?"에 대한 질문이 생긴다. "내가 과연 잘 세울 수 있을까?"에 대해서도 의문이 생기지만 무엇으로 세울 것인가에 대해서도 잘 알지 못해 당황스러울 때가 있다. 부모가 자녀를 세우는 일에 있어 가장 큰 중심은 세상적 방법이나 육적 일이 아니라 복음이다. 성경에 기초한 진리이다. 이것은 악한 마귀가 마음을 지배하려고 하는데서 벗어나게 하며 절망적인 상태에서 소망을 가지게 하며 하나님의 사랑과 능력을 경험하게 한다. 그리고 세상 속에서 그리스도인으로서의 정체성을 가지고 하나님의 자녀로 살아가게 한다. 그러므로 자녀를 효과적으로 세우기 위해서는 성경에 대하여 가르치고, 하나님에 대하여 말하고 보여주며, 예수 그리스도가 누구이신가에 대해 알게 하고 그리고 스스로 자신의 신앙을 고백하고 찾게 해야 한다.

성경에 대하여 가르쳐라

> 하나님의 말씀은 살아 있고 활력이 있어 좌우에 날선 어떤 검보다도 예리하여 혼과 영과 및 관절과 골수를 찔러 쪼개기까지 하며 또 마음의 생각과 뜻을 판단하나니(히 4:12).

성경이 무엇인가? 성경은 하나님의 말씀이다. 성경은 오류와 변함이 없는 영감 된 하나님의 계시된 말씀이다. 그 자체가 그리스도인의 삶의 마지막 권위이다. 성경은 헛됨이 없다. 시대를 초월하여 능력 있는 말씀이다. 이 성경은 계시를 위한 증인이며 성령의 능력에 의해 그들 스스로 계시된다. 죽은 것이 아니라 살아 있어 무언가 놀라운 일들을 만들어낸다. 성경은 우리들의 마음에 감동을 주고 회개에 이르게 하는 능력이 있다. 순종하는 자에게는 놀라운 능력이 있으며 믿지 않는 자에게는 심판과 저주를 일으키는 말씀이다. 그리고 하나님의 말씀은 사람들의 속마음과 생각을 판단하게 된다. 인간은 하나님의 말씀 앞에서 자신을 숨길 수가 없다. 이는 다윗이 그의 아들 솔로몬에게 말한 것처럼,

> 여호와께서는 모든 마음을 감찰하사 모든 의도를 아시나니 네가 만일 그를 찾으면 만날 것이요 만일 네가 그를 버리면 그나 너를 영원히 버리시리라(대상 28:9).

하나님의 말씀이 우리의 모든 판단자가 된다. 다윗이 아들 솔로몬에게 유언한 것처럼 우리 부모도 자녀들에게 하나님의 말씀이 소중함을 유언하면서 지키도록 해야 한다. 재물이 아니라 하나님의 말씀을 유언으로 남겨야 한다. 자녀의 기억 속에 부모가 가르쳐준 말씀이 담겨 있어야 한다. 이 일을 위해 하나님은 부모들을 부르셨다. 그래서 만약 우리 자녀가 하나님의 뜻을 분별하기를 원하고 어두움에서 돌이켜 새로운 삶을 살기를 원하고, 회색지대와 같은 이 땅에서 건강하고 거룩한 삶을 살아가기를 원한다면, 우리는 하나님의 계시된 말씀을 분명히 기억하고 그 말씀대로 살기를 가르쳐야 한다. 그렇지 않다면 우리 자녀들의 삶은 무의미하고 헛된 삶이 될 것이다.

그리고 성경은 사람들에게 믿음의 언어를 제공한다. 믿음은 하나님의 말씀을 들음에서 나온다. 바울은,

> [7]다른 복음은 없나니 다만 어떤 사람들이 너희를 교란하여 그리스도의 복음을 변하게 하려 함이라 [8]그러나 우리나 혹은 하늘로부터 온 천사라도 우리가 너희에게 전한 복음 외에 다른 복음을 전하면 저주를 받을지어다(갈 1:7-8).

라고 말한다. 부모는 자녀에게 성경의 말씀이 들려지도록 가르쳐야 하며 자녀를 말씀의 자리로 데리고 와서 그 말씀을 먹여야 한다. 부모가 이 사실을 외면하고 세상의 출세나 허세를 가르친다면 다른 복음을 전하는 것과 마찬가지가 된다. 이것은 부모에게 주는 엄중한 경고이다. 부모가 이 사실을 인지해야 좋은 가르침을 가정에서 행할 수 있다. 이 세대는 악하다. 사람을 미워하고, 증오하고, 시기하고, 질투하고, 사기하고, 분쟁하고, 갈등하고, 비참에 처하고, 고통이 있고

종국에는 죽음이 있다. 사단이 지배하는 이 세대는 하나도 본받을 것이 없음에도 불구하고 우리의 자녀들은 악한 세대를 모방하고 흠모하고 따르고 있다. 그러므로 부모는 깨어서 복음을 전해야 한다. 자녀에게 하나님이 성경 안에서 어떻게 만나시고 자신의 뜻을 전하시고자 하는지에 대해 분명히 알고 가르쳐야 한다. 자녀가 성경에 대해 알고 깨우쳐 갈 때에 그의 인생은 복이 되는 것이다. 야고보서 1:23-25에 이를 명확히 보여주고 있다.

> [23]누구든지 말씀을 듣고 행하지 아니하면 그는 거울로 자기의 생긴 얼굴을 보는 사람과 같아서 [24]제 자신을 보고 가서 그 모습이 어떠했는지를 곧 잊어버리거니와 [25]자유롭게 하는 온전한 율법을 들여다보고 있는 자는 듣고 잊어버리는 자가 아니요 실천하는 자니 이 사람은 그 행하는 일에 복을 받으리라(약 1:23-25).

우리의 자녀가 말씀대로 살아가려고 몸부림을 칠 때에 하나님은 분명히 그의 인생을 축복해 주신다고 약속하신다. 그렇기 때문에 자녀에게 성경을 가르치는 일에 소홀히 함이 없어야 한다. 종종 부모들 가운데 굳이 가정에서까지 성경을 가르쳐야 할까 하는 의문을 가진다. '교회에서 다 해주는 일인데'라고 생각한다. 성경을 가르치는 일은 부모가 하는 것이 아니라 교회에서 하는 일이라는 고정관념을 갖는 것은 위험한 일이다.

여기에는 부모가 성경에 대해 몰라서 가르치지 못하는 이유가 있고 귀찮아 하기도 하고, 다른 하나는 성경을 가르치는 일은 당연히 교회가 해야 할 일이라고 생각하기 때문이다. 생각해 보라. 부모에게서 이 일만큼 더 소중한 것이 있는가? 상투적인 말로 들릴지 모르지만 자녀를 위해서 무엇이든 다 해준다고 하면서 자녀들에게 성경은 가르치지 않는다면 이치에 맞지 않는 일이다.

그리고 성경을 가르치는 일에 교회에게만 의지하지 말라. 교회가 성경을 가르치는 일에는 한계가 많다. 시간적, 공간적인 제약 등 여러 가지 어려움이 있다. 가정에서 부모가 성경을 가르치는 교사가 되어야 한다. 부모만큼 가장 위대한 성경교사는 없다. 아무리 교회에서 성경을 가르친다고 해도 부모가 직접 가르치는 힘을 능가할 수는 없다. 부모가 성경을 가르칠 때에 어떤 일들이 일어나는지에 대해 분명히 가르쳐주고 있다.

> [14]그러나 너는 배우고 확신한 일에 거하라 네가 뉘게서 배운 것을 알며 [15]또 네가 어려서부터 성경을 알았나니 성경은 능히 너로 하여금 그리스도 예수 안에서 믿음으로 말미암아 구원에 이르는 지혜가 있게 하느니라 [16]모든 성경은 하나님의 감동으로 된 것으로 교훈과 책망과 바르게 함과 의로 교육하기에 유익하니(딤후 3:14-16).

자녀에게 성경을 가르치는 것은 헛된 일이 아니다. 부모가 가르치는 성경은 그 어떤 말보다 권위가 있고 능력이 있다. 세상에서 가장 값진 일이다. 자녀에게 성경을 가르칠 때에 그들에게 일어나는 일은 믿음이 자라게 되며, 하나님을 전적으로 신뢰하는 일이 나타나며, 종국에는 구원에 이르는 지혜를 얻게 되는 것이다. 부모에게 이 일보다 우선시되고 급박한 일이 있는가? 없다. 내 자녀가 성경을 모르고 성경의 가르침을 무시한다면 그 자녀에게서 무엇을 기대할 것인가? 아무것도 기대할 것이 없다.

그렇다면 왜 부모가 가정에서 성경을 가르쳐야 하는가? 부모가 가르치는 일의 목적은 분명하다. 시편 78편은 부모가 성경을 가르쳐야 하는 일에 대해 분명하게 말해주고 있다.

> ⁶이는 그들로 후대 곧 태어날 자손에게 이를 알게 하고 그들은 일어나 그들의 자손에게 일러서 ⁷그들로 그들의 소망을 하나님께 두며 하나님께서 행하신 일을 잊지 아니하고 오직 그의 계명을 지켜서 ⁸그들의 조상들 곧 완고하고 패역하며 그들의 마음이 정직하지 못하며 그 심령이 하나님께 충성하지 아니하는 세대와 같이 되지 아니하게 하려 하심이라(시 78:6-8).

이 말씀은 부모가 자녀에게 하나님의 말씀을 가르치는 목적이 무엇인지에 대해 정확하게 말씀하고 있다. 이 가르침은 구약에서만 적용되는 것이 아니라 오늘 이 시대를 살아가는 부모에게도 동일하게 요구되는 것이다. 부모가 성경을 가르치는 것은 "자녀에게 하나님을 알게 하고 소망을 하나님께 두게 하며 하나님의 말씀을 지켜 충성스런 삶을 살도록 하는 것"이다. 이것은 무조건 성공하라고 가르치는 것이 아니다. 완벽주의의 삶을 살라고 가르치는 것도 아니다. 불완전함에도, 어디엔가 부족함이 있더라도, 고난이 몰려와도 이길 수 있고 감사할 수 있는 삶을 살 수 있게 하는 가르침이다. 자녀가 직면하는 인생은 실수, 실패, 좌절, 실책 그리고 과실은 정상적인 생활의 일부이다. 여기에서 누구나 예외가 없다. 그러나 결과는 다르다. 하나님을 알고, 삶의 소망을 하나님께 두고, 모든 일에 하나님의 말씀에 순종하면서 살려고 하는 자녀의 인생은 실수를 받아들이고, 실패 속에서 소망을 가지게 되고 다시 일어서는 노력이나 항상 즐거움을 찾게 된다.

이처럼 부모가 가정에서 성경을 가르치는 것은 단순한 지식전달에 그치는 것이 아니다. 삶으로의 변화를 가져온다. 이에 대해서 로렌스 리차드 역시 그의 책 『창조적인 성서교수법』에서 바르게 지적하고 있다.

> "성경을 가르친다는 것은 성경에서 말한 지식을 앵무새처럼 지껄이는 것을 말하는 것이 아니다. 성경을 가르친다는 뜻은 성경이 말하고 또 성경이 요구하는 반응대로 말씀을 이해하도록 이끄는 것을 말한다."

그렇다. 성경을 가르치는 것은 지식을 가르치는 것처럼 보여질 수 있다. 지식적인 작업으로 보여질 수 있다. 그러나 성경을 가르치는 일은 지식이 아니라 하나님을 알도록 도와주는 일이며 삶으로 반응을 보이도록 하는 것이다. 이 지식은 바울이 빌립보교회를 향한 기도에서 드러나듯이 지식과 총명으로 사랑이 풍성해지는 근원이 된다. 그리스도에 대한 지식은 결국 자신의 삶을 하나님께 복종시키며 그 안에서 소망을 가지고 살아가게 만든다. 지식의 순종이 아니라 하나님에 대한 순종이다. 만약 내 자녀가 성경의 말씀을 지식으로만 기억한다면 거기에는 능력이 없다. 다른 말로 하면, 우리의 신앙의 기본은 단순한 고백에 이르는 수준이 아니라 성경 그 자체로서 읽고, 듣고, 이해하는 것을 통해서 오는 것이다. 성경의 가르침은 인생의 미래에 대한 소망과 기대, 확신까지 하나님께 두는 기억 그 이상의 것이다.

그리고 성경을 가르침을 통해서 자녀가 바른 길을 걸어가게 할 뿐만 아니라 교만과 불순종의 과거의 어리석음에서 벗어나 하나님 앞에 순종의 삶을 살도록 한다. 예를 들어, 내 아이가 친구 때문에 힘들어하고 미워한다고 하자. 용서에 대한 성경적 가르침을 받은 자녀는 잠시 혼란과 아픔이 있겠지만 자기에게 해를 끼친 친구를 용서하게 된다. 만약 그럼에도 자녀가 용서해주지 못할 경우 주님이 베드로에게 용서에 대해서 가르쳐주실 때에 일흔 번씩 일곱 번이라는 표현을 통해서 무한한 용서를 말씀하셨음을 가르쳐야 한다. 결국 이 말씀의 가르침을 받은 자녀는 친구나 혹은 주변 사람들 가운데 마음에 상처를 받아 미움이 있다면 이 말씀을 그대로 믿고 받아들여 용서하게 되는 것이다.

또한 내 아이가 무엇인가에 단단히 화가 났다고 하자. 왜 화가 났는지에 대해서 아는 것도 중요하지만 왜 화내면 안되는지에 대한 성경적 가르침이 필요하다. 때로는 아무에게나 욕을 하고 도가 지나칠 정도로 감정을 표출한다고 하자. 성경적 가르침을 받은 자녀는 왜 욕을 하게 되면 나쁜 것인지, 하나님의 자녀로서 어떻게 자신의 감정을 다스릴 수 있는지에 대해서 깨우치게 되고 실천하게 된다. 이것이 성경을 가르치는 이유이다. 하나님이 말씀하시는 바를 그대로 실천으로 옮기도록 하는 것이 가르침의 근본 이유이다.

반대로 하나님의 말씀을 그대로 믿고 받아들여 삶으로 드러내지 못하면 성경말씀을 지식으로 받아들이고 하나님을 떠난 마음이 되는 것이다. 지식적으로만 받아들인 말씀은 생명력이 없게 된다. 오히려 완고하여져서 남을 판단하는 도구가 되거나 자신을 합리화하는 데 사용하게 된다.

> 오늘 너희가 그의 음성을 듣거든 격노하시게 하던 것 같이 너희 마음을 완고하게 하지 말라 하였으니(히 3:15).

성경의 말씀이 마음으로 받아들여져서 삶으로 드러내지 못하면 마음이 완고해질 수 있음을 경고하고 있다. 따라서 부모가 아무리 가르쳐도 하나님의 말씀이 자녀의 마음에 받아들여지지 않고 일상생활에 반영되지 못한다면 아무런 유익이 없다. 주변에 성경을 빨리 암송한다고 해서 부모의 역할을 다했다라고 기뻐하는 사람들이 있다. 분명 좋은 일이다. 그러나 성경을 지식적으로 암송한다고 해서 기뻐하거나 부모의 책임을 다했다라고 해서는 안 된다. 암송하여 머릿속에 기억되는 내용이 중요한 것이 아니다. 삶에서 적용하는 능력이 있어야 한다. 이런 능력이 없는 자녀는 아무리 가르침을 받아도 성숙되지 못하고 영적으로 성장하지 못한다.

마지막으로 부모가 자녀에게 하나님의 말씀인 성경을 가르치는 것은 삶으로 적용되어지기 위해서이다. 삶의 열매를 맺기 위해서이다. 부모는 성경을 가르치면서 하나님의 말씀이 아이들에게 필연적으로 연결되도록 해야 한다. 성경의 말씀이 자신에게 "그래서 무엇을?"(so what?)과 "지금은 무엇을?"(now what?)이라는 질문에 답할 수 있도록 해야 한다. 성경을 말하더라도 아이가 자신의 생활에서 반응이 없다면 유익한 일이 못된다.

예를 들어, "하나님은 어디에서나 나를 보고 계신다"라고 가르쳤을 때에 아이는 이 말씀에 반응해야 한다. 엄마가 보지 않는 곳에서, 나쁜 일을 하도록 마음에 욕구가 생길 때에, 혹은 홀로 방에 누워 자려고 할 때에 '하나님이 나를 보고 계시니 나는 무섭지 않아'라고 이길 수 있어야 한다는 것이다. 자녀가 다니엘의 이야기를 들었거나 QT를 했다면 성경을 읽은 일에만 그치지 말고, 다니엘처럼 어떻게 해야 할 것인지에 대해서 생각하고 실제로 행동으로 옮길 수 있도록 해야 한다는 것이다. 구체적으로 기도한다던가 아니면 친구들의 그릇된 요청이나 나쁜 일에 대해 거부하는 힘을 갖도록 하는 것이다.

아들이 학교에서 수련회 문제로 선생님과 있었던 이야기이다. 아들이 다니는 고등학교는 불교 재단으로 불교서적을 의도적으로 국어 수행에 넣어서 읽힐 정도로 철저하다. 그런데 문제가 생겼다. 수련회이다. 아무리 방학 때라고 하지만 수련회에 간다는 것은 어려운 일이었다. 아직까지 허락한 적도 없었다고 한다. 아들은 자신이 직면하고 있는 어려운 환경에서 순응해야 하는가 아니면 용기를 내어 극복해야 하는가 하는 고민이 생겼다. 그러나 아들의 마음속에는 수련회에 대한 강한 열망이 식어지지 않았다. 그리고 수련회를 통하여 자신의 신앙을 다시 점검해보고 싶은 마음이 있었다. 그래서 오랫동안 이 문제를 가지고 기도하다가 용기를 내어서 선생님을 찾았다.

아들: "선생님 저 그 수련회 보내주셨으면 합니다."
선생님: "왜? 논리적으로 얘기해 보렴."
아들: "그, 그게 수련회를 가면, 다른 애들보다 성적이 더 나을꺼에요!"
선생님: "이 녀석아, 논리적으로 말해 보라니까!"
잠시 머뭇거렸지만 이때부터 저는 제가 무슨 말을 하는지 모를 정도로 거침없이 이야기했습니다.
아들: "제가 한 일주일 전에 QT했는데요, 다니엘서였습니다. 다니엘이 바벨론 관원에게 포도주와 고기를 주지 말고 물과 채소를 달라해서 다른 또래들 보다 훨씬 더 지혜롭고 더 잘생겼던 것처럼 저도 다른 애들처럼 포도주와 고기만 먹지 않고 물과 채소를 먹고 싶습니다. 그게 보충수업이 하찮고 친구들과 차별되고 싶어서가 아니라, 저만의 경쟁력을 키우고 싶습니다! 만약 제가 수련회를 간다면 더 지혜롭고 더 잘생겨지지 않을까요"

물론 아주 어린아이들에게 이런 반응을 기대하기가 어려운 일이다. 그러나 어릴지라도 그 아이에게 맞는 행동이 요구된다. 그 행동들은 어느 정도 지각이 되는 연령층부터는 좀 더 구체화되고 더 커져 갈 것이다. 아이들에게 성경의 말씀인 진리에 대한 반응을 하도록 가르쳐야 한다. 이는 성경이 하나의 기억 속에서만 존재하는 말씀이 아니라 삶으로 적용하는 살아있는 말씀임을 알게 한다.

그리고 성경을 가르치려고 할 때에는 가르치고자 하는 아이의 수준에 맞게 가르쳐야 한다. 어린아이들에게는 그림이나 게임이나 혹은 손짓 등으로 가르쳐야 한다. 손 유희라던가 주변에 있는 사물들을 이용하는 것도 좋은 효과를 가져다준다. 규칙적으로 아이들에게 성경을 읽어주는 것은 좋은 교육이다. 아침이나 잠들기 전에 성경을 읽어줌으로써 하나님의 말씀을 가까이하는 습관을 들이도록 하는 것은 좋은 일이다.

여기에서 주의해야 할 것은 부모가 임의대로 성경을 해석하고 가르쳐서는 안 된다는 점이다. 성경은 다 알지 못한다. 어렵고 난해한 구절들이 있다. 성경에서 말하는 바만 가르치고 그렇지 않은 부분은 침묵해야 한다. 모르는 부분들을 억지로 가르치려고 하다가는 오히려 성경의 진리를 왜곡할 수 있다. 그런 경우 교회의 사역자들에게서 도움을 받을 필요가 있다. 코메니우스 역시 성경의 이 점에 대해 특별한 강조점을 두었다. 그는

> "성경이 가르치는 바만 가르쳐야 하며 성경이 침묵하는 것은 역시 침묵하여야 한다."

고 주장하였다. 이는 가르침의 모든 원리는 성경에서 우선적으로 획득되어야 하지만 성경의 것을 벗어나 자신의 경험이나 의지가 드러나지 않아야 함을 말해 준다. 신앙교육은 하나님의 말씀에 기초해야 하며 하나님의 말씀이 중심이어야 한다. 그리고 성경에는 자녀의 모든 문제에 해답이 다 포함되어 있다. 성경을 가르치는 일은 아이가 어릴수록 빨리 시작해야 하며 그 효과는 한 평생을 살면서 드러나게 된다.

하나님에 대해서 말하고 보여주라

> "신앙교육은 어린아이 때부터 실시해야 하며 교육의 기본적 장소는 가정이 되어야 한다고 말한다. 가정에서 하나님 안에서 더불어 생활하는 법을 배워야 한다. 6세 정도의 아이가 되면 하나님은 어떤 분이신가를 알아야 한다."
>
> — 코메니우스

"아빠 하나님은 하늘에 계셔요?" "아빠 하나님은 나처럼 생겼어요?" 아이들이 어릴 때에 자주 들었던 질문이다. 자녀들은 '하나님은 어떤 분이실까?'에 대해 조금씩 사고의 폭이 커져갈수록 하나님에 대한 궁금증은 더해 간다. 나처럼 눈이 있고 코가 있으실까? 하나님은 아버지처럼 생긴 남자일까? 엄마처럼 생긴 여자일까? 하나님은 나처럼 동양인일까? 아니면 백인일까? 흑인일까? 하나님은 어디에 사실까? 아파트에 사실까? 아니면 주택에 사실까? 도시에 계실까? 산 속에 계실까? 나처럼 눈물을 흘리실까? 웃으실까? 내가 하나님을 만나볼 수는 없을까? 나는 하나님을 한 번 보고 싶은데 하나님은 나를 보고 싶어 하실까? 내가 힘들 때에 정말 하나님이 도와주실까? 혹 하나님은 우리 아빠처럼 무서운 분이 아니실까? 엄마처럼 자상하신 분이실까?

조금 성장하고 성경에 대해 알게 되는 아이들은 질문들이 달라진다. 왜 하나님은 선악을 알게 하는 나무를 만드셨을까? 아예 만들지 않았다면 죄를 짓지 않았을 텐데? 왜 하나님은 악한 사람들이 있게 하시는 것일까? 하나님은 믿음 좋은 사람은 힘들게 사는데 왜 악한 사람들은 잘살게 하시는 것일까? 모든 것이 궁금하다. 호기심도 많다. 이해되지 않는 부분이 너무 많이 있다. 부모는 이런 궁금증들에 대해 자녀에게 말해줄 수 있어야 한다.

가정은 하나님에 대하여 알게 하는 최상의 장소이다. 이스라엘 백성의 가정에서 가장 중요한 것은 하나님이 누구이신가에 대해 말하는 것이었다. 그들은 가정에서 절기마다 하나님이 자기 백성들에게 행하신 것을 말하고 가르쳤다. 하나님이 과거 인도하셨던 역사와 삶 그리고 현재와 미래에도 인도하실 하나님에 대하여 가르쳤다.

이처럼 가정에서 부모들이 자녀들에게 하나님에 대해 무엇을 가르칠 것인가 하는 것은 대단히 중요하다. 시편 78:3-8에 부모가 자녀에게 하나님에 대해 가르쳐야 함을 분명히 하고 있다.

> [3]이는 우리가 들어서 아는 바요 우리의 조상들이 우리에게 전한바라 [4]우리가 이를 그들의 자손에게 숨기지 아니하고 여호와의 영예와 그의 능력과 그가 행하신 기이한 사적을 후대에 전하리로다 [5]여호와께서 증거를 야곱에게 세우시며 법도를 이스라엘에게 정하시고 우리 조상들에게 명령하사 그들의 자손에게 알리라 하셨으니 [6]이는 그들로 후대 곧 태어날 자손에게 이를 알게 하고 그들은 일어나 그들의 자손에게 일러서 [7]그들로

> 그들의 소망을 하나님께 두며 하나님께서 행하신 일을 잊지 아니하고 오직 그의 계명을 지켜서 [8]그들의 조상들 곧 완고하고 패역하여 그들의 마음이 정직하지 못하며 그 심령이 하나님께 충성하지 아니하는 세대와 같이 되지 아니하게 하려 하심이로다(시 78:3-8).

이 말씀에서 하나님이 부모에게 갖고 계시는 분명한 계획하심이 있음을 알 수 있다. 그것은 부모가 하나님을 아는 일이며 더 나아가서 그 하나님을 자녀에게 가르치는 일이다. 아이가 자라날 때부터 아이의 수준에 맞게 가르치는 것은 효과적인 일이다.

첫째, 하나님이 누구이신가에 대해서 말하라. 신앙교육은 우선 하나님에 대해서 말해줄 수 있어야 한다. 하나님은 누구이신가? 우선 이방 나라의 왕이었던 다리오의 고백을 보자. 그가 만백성에게 선언하기를,

> [26]그는 살아계신 하나님이시오 영원히 변하지 않으실 이시며 그의 나라는 멸망하지 아니할 것이요 그의 권세는 무궁할 것이며 [27]그는 구원도 하시며 건져내기도 하시며 하늘에서든지 땅에서든지 이적과 기사를 행하시는 이로서 다니엘을 구원하여 사자의 입에서 벗어나게 하셨음이니라 (단 6:26-27).

다리오의 고백처럼 하나님은 창조주이시다. 잠잠히 계시거나 혹은 신화 속에 계시는 분이 아니시다. 직접 활동하시며 내 인생의 모든 것을 책임지시고 인도하시는 분이시다. 하나님은 전 삶을 관여하신다. 하나님은 스스로 나타내시며 스스로 존재하신다. 그리고 우리의 삶을 인도하시는 분이시다. 하나님은 전지전능하신 분이시다. 하나님은 우리의 기도를 들으시며 아픔을 보시는 분이시다. 하나님은

우리가 죄를 짓는 것에 대해 싫어하시는 분이시며 자신을 믿고 신뢰하는 자를 좋아하신다. 하나님은 순종하는 자녀를 기뻐하시며, 불순종하고 의심하는 자녀들은 싫어하신다. 하나님은 거룩하신 분이시며, 그 거룩을 우리에게도 요구하시는 분이시다. 하나님은 비판하기를 싫어하시며, 다른 사람을 미워하거나 마음에 분노를 품는 것을 싫어하신다. 하나님은 이 땅에서 빛과 소금의 역할을 하시기를 원하신다. 하나님은 남의 것을 훔치거나 탐하는 것을 좋아하지 않으시고 좋은 일을 행하기를 원하신다. 하나님은 스스로 우리에게 다가오셔서 자신을 알게 하시며, 나를 변화케 하시고 내 삶을 인도하신다.

그리고 하나님은 무소부재하시며, 자신에게 순종하는 자들에게 모든 좋은 것들을 주시며, 불순종하는 자들에게 징벌을 가하며, 경외와 사랑을 받아야 하며, 선하고 의로운 자들을 하늘로 데려간다는 사실을 가르쳐야 한다.

어쩌면 우리는 내 자녀에게 이 모든 것을 가르칠 수 없을지도 모른다. 지혜도 없고 효과적으로 가르칠 수 있는 능력도 부족하다. 부모인 나도 바쁘고, 아이들도 바쁘다. 가정에서 겨우 마주치는 정도로 지낼지도 모른다. 하지만 일상 생활에서 조금만 세심하게 행동하고 더 귀기울이고 아이들과 대화를 하게 된다면 충분히 하나님에 대해 가르칠 수 있다. 어렵게 생각하기보다는 쉽게 생각해야 한다. 기도하면서 하나님께 지혜를 구해야 한다. 삶 속에서 하나님이 사랑으로 인도하셨던 것을 이야기하고, 사랑으로 가족을 돌보셨던 많은 순간들을 자녀들에게 이야기하면 되는 것이다. 그 이야기 속에서 사랑의 하나님, 능력의 하나님, 거룩을 요구하시는 하나님의 마음을 알게 되는 것이다.

시편 9:16에 "여호와께서 자기를 알게 하사"라고 선언하신다. 우리의 자녀들도 하나님을 알게 해야 한다. 아버지가 용기를 내고 어머니가 지혜를 내어서 아이들에게 가르치기만 하면 우리가 생각하는 그 이상으로 강력한 역사가 내 자녀에게 일어날 수 있다. 내 자녀가 하나님에 대해 지식 뿐만 아니라 마음으로 알게 될 때에 놀라운 일들이 일어나게 된다. 폴 트립(Tripp)은 자녀가 하나님에 대해 알게 될 때에,

> "진실한 자기 자신의 모습에 대해서 알 수 있고, 그 결과 하나님께 대한 갈망이 더욱 커지게 된다. 하나님에 대한 깊은 영적인 이해를 알아가는 것은 영적인 삶의 중요한 상호작용이다."

라고 한다. 이처럼 자녀들이 점차적으로 하나님에 대해서 알아갈 때에 자신은 특별한 존재라는 사실을 깨닫게 된다. 중심을 보시는 하나님에 대해 알게 될 때에 외모에 대한 자신감도 생기게 되고, 한 생명이 귀중하다는 사실을 인식하게 될 때에 자살하고픈 충동에서도 극복하게 된다. 자신의 삶이 단순히 육적인 것뿐만 아니라 영적 삶이라는 사실을 인식하게 된다. 자신의 존재감을 하나님 안에서 경험하게 된다. 거짓말하고, 세상의 유혹에 넘어가려고 하는 자신을 방어하게 되고 자신에게 주어진 일에 인내하면서 하나님의 비전을 발견하려고 한다.

그리고 타락한 또래 그룹에서나 세상에서 경건하고 하나님 보시기에 의미 있는 삶을 살도록 한다. 더 나아가서 자신의 비전을 찾아 가며 학교에서도 성실하게 공부하고 인격적인 삶을 친구들에게 나타내게 된다. "코람데오"(Coram Deo)의 삶이 하나님에 대한 진지한 인식에서부터 출발하는 것이다. 이것은 분명하고도 분명한 사실이다.

"교회에 가면 너처럼 되니?" 고 3인 아들에게 친구들이 자주 하는 질문이다. 아들 역시 사춘기를 지나면서 혼란스러운 과정을 겪었지만 그 가운데 하나님을 발견하고 신뢰하고 그분께 자신의 삶을 맡기는 변화의 과정을 겪게 되었다. 점차 학교에서도 친구들에게 다르게 보이기 시작했고 공부도 자신감이 생겼다. 하나님께 지혜를 구하며 최선을 다하게 되자 성적도 오르기 시작했다. 그러자 아들은 가만히 있는데 학교 선생님이 나팔수가 되어서 들어가는 반마다 아들의 이야기를 한다. "너희들도 그 녀석처럼 열심히 해봐. 포기하지 마! 할 수 있단다."

고 3의 과정이 어렵고 고통스럽지만 아들은 재미가 있단다. 그래서 늘 웃고 다닌다. 한 친구가 곁에 와서 또 묻는다. "교회에 가면 영어를 잘하게 되니?" 영어 과외 한 번 안 한 아들이 미소 지으면서 대답한다. "나처럼 영어 복음송을 들어봐." 그리고는 자기가 듣고 있던 복음송의 파일을 넘겨 준다. 그 다음 날 친구가 와서 또 묻는다. "그 노래에 He는 하나님을 말하는 거니?" 놀라운 변화다. 아들이 하나님을 가슴으로 경험하게 되자 자신의 존재와 하나님의 비밀을 알게 되고 그 비밀이 삶으로 드러나게 되었던 것이다. 그러자 주변에 있던 친구들이 그 삶의 비밀을 질문하게 되고 그 질문에 복음을 말하게 된다. 교회에서 초청 행사가 있는데 6명이 교회에 가겠다고 했다.

또한 가정에서 부모가 하나님이 어떤 분이신지에 대해 삶으로 보여주는 것은 대단한 의미를 지니게 된다. 우리는 때로는 말보다 삶이 더 강력한 가르침을 준다는 것을 알고 있다. 그럼에도 보여주는 일에 게을리하게 된다. 보여주는 삶은 아이들과 함께 교회에 가고 때때로 가정에서 예배를 드리는 것보다 훨씬 더 강력한 영향력을 끼치게 된다. 부모가 하나님이 누구이신가에 대해 가르치고 보여주는 것은 부모의 영적 삶을 의미한다. 부모가 믿는 하나님의 모습이다. 부모의 행동 하나하나가 하나님을 신뢰하며 살아가는 모습이 하나님이 지식 속에 머물러 있는 분이 아님을 알도록 자녀에게 보여주는 것이다. 부모의 행함이 없는 지식은 자녀에게 아무런 생명력이 없다. 잔소리요, 그저 단편적인 지식일 뿐이다.

부모를 통하여 보여지는 하나님은 자녀에게 가장 큰 영향력을 미치게 된다. 이것은 자녀의 나이에 상관없다. 자녀의 나이가 어떠하든 말보다 삶이 더 강력한 가르침을 준다. 주일에 함께 교회에 가고 가정에서 예배를 드리는 것보다 부모가 일상 생활에서 보여주는 행동과 자녀를 대하는 태도가 자녀의 영적 발달에 훨씬 더 깊은 영향을 미치게 된다.

예를 들어, 음악을 좋아하는 부모에게 자란 아이들은 음악에 관심이 없는 부모에게 자란 아이들보다 훨씬 더 음악을 빨리 습득하게 된다. 욕을 잘하는 부모에게서 자란 아이는 다른 아이들보다 욕을 일찍 배우고 잘하게 된다. 폭력을 자주 행하는 아버지에게 영향을 받은 아이는 폭력적인 행동을 망설임 없이 쉽게 하게 된다. 신앙과 삶의 이중적인 태도를 보여주는 부모에게서 성장한 아이는 자신도 모르게 이중적인 태도를 보여주게 된다.

이처럼 아이들은 가정에서 부모가 사랑과 관심 그리고 깊은 애정을 가지고 온화한 모습을 통해서 하나님의 사랑과 인자하심을 깨닫게 된다. 그리고 부모가 순간순간 하나님 아버지를 찾고 그분께 의지하는 모습을 보게 되면서 하나님과의 실제적 관계를 배우게 된다. "아, 하나님은 이렇게 찾게 되는 구나" 하는 것을 느끼게 된다. 그들이 성장하여 독립적인 사람이 되었을 때에 자신의 인생에서 어떤 어려움이나 문제들이 일어날 때마다 부모님들이 보여준 그 하나님을 찾게 된다.

물론 부모가 자녀에게 하나님에 대해 말하고 보여주는 것은 결코 쉬운 일은 아니다. 그리고 자녀가 바르게 자라고 하나님의 사람으로 길러지는 것 역시 우연히 이루어지는 것이 아니다. 부모들이 종종 착각하는 것은 '내 자녀가 언젠가는 알아서 하나님을 만나고 철이 들게 되면 하나님에게 돌아오겠지'라고 하는 생각이다. 틀린 것은 아니다. 하나님의 은혜 아래 있다면 언젠가는 하나님의 사람으로 살아가게 될 것이다. 하나님의 전적인 은혜로 탕자와 같은 아이가 하나님으로 돌이켜서 믿음의 삶을 사는 경우가 있다.

그러나 그것은 부모의 책임을 회피하는 것이며 일종의 요행을 바라는 것이다. 하나님에 대해 가르치는 것과 보여주는 것은 부모의 기도와 헌신 그리고 노력이 뒷받침 되어야 한다. 물론 궁극적으로 자녀에게 향하신 하나님의 놀라운 뜻과 섭리를 통하여 하나님이 허락하셔야 하지만 그전에 부모가 해야 할 역할은 매우 크다. 그러면 하나님에 대해서 구체적으로 무엇을 가르칠 것인가? 이 가르침은 부모가 가정에서 보여주는 삶과 긴밀하게 연결되어 있다.

첫째, 하나님은 역사의 주관자이시며, 내 인생의 주관자이심을 가르쳐라. 이스라엘 백성들은 그들의 자녀들에게 역사 속에서 일어난 하나님의 일들을 끊임없이 이야기했다. 그 속에는 하나님이 어떤 분이시며 어떻게 우리를 이끌어 가시며 우리가 어떻게 섬겨야 하는가에 있다. 바로 이런 행위가 자녀들에게 인생의 주관자요, 인도하시는 분은 하나님뿐임을 가르치는 것이다. 우선 부모된 자가 모든 일에 하나님께 의지하는 법을 보여주어야 하며, 하나님이 자신의 인생을 이끌어가시는 분이심을 끊임없이 고백해야 한다. 그리고 그 고백을 자녀가 보게 하고 듣게 하고 경험하도록 해야 한다. 아울러 내 인생을 하나님이 인도하시는 것처럼 네 인생도 하나님이 인도하실 것임을 가르치고 그 주권에 자신을 인정하도록 해야 한다. 하나님 자녀가 자신의 인생을 주관자인 하나님을 의지하게 된다면 그 인생은 분명 축복일 것이다.

　아들의 진로 문제로 오랫동안 기도하면서 지내왔다. 부모된 나도 기도하는 것을 보여주었고 아이도 자신의 진로를 위해 기도해 왔다. 막연했던 진로가 좀 더 구체적으로 다가왔고 어느 날 확신하게 되었다. 그러던 어느 날 아들은 기도하던 중에 나같은 자를 긍휼히 여기시고 사랑해 주시고 진로에 대한 확증을 주신 하나님께 감사의 고백을 하였다. 이는 스스로의 신앙을 통한 고백이기도 하지만 아들에게 보여주고 가르친 부모의 노력의 결과물이기도 하다.

　둘째, 하나님의 사랑을 가르쳐라. 하나님의 사랑은 최고의 사랑이다. 자기의 아들을 내어주기까지 사랑하신다.

> 하나님이 세상을 이처럼 사랑하사 독생자를 주셨으니 이는 그를 믿는 자마다 멸망하지 않고 영생을 얻게 하려 하심이라(요 3:16).

　하나님의 무조건적인 헌신이고 사랑이다. 이 사랑으로 우리는 그분의 자녀가 된 것이다. 값없이 받은 것이다. 하나님의 사랑을 얻기 위해서 노력한 것이 아니다. 그분의 사랑이다. 이런 하나님의 사랑을 자녀에게 가르치고 경험하도록 해야 한다. 하나님의 사랑과 하나님의 용서는 하나이다. 하나님의 사랑이 충만할 때에 자녀는 탈선하지 않는다. 하나님의 사랑을 알게 되면, 그 어떤 것도 용납이 되며 그 사랑 안에서 거하게 된다. 그리고 자녀가 하나님의 사랑의 진정한 의미를 알게 되면 부모를 사랑하는 법을 깨닫게 된다. 자녀는 하나님의 사랑에 대해 반응하면서 부모의 무조건적인 사랑에 대해서도 눈을 뜨게 된다.

셋째, 하나님의 거룩하심과 죄를 미워하심에 대해서 가르쳐라. 이 가르침은 자녀가 세상의 죄의 유혹으로부터 이길 수 있는 힘이 된다. 자녀가 죄를 미워하게 되는 것은 복이다. 죄에 이끌리어 범죄 하기 쉬운 세상에서 하나님의 거룩하심을 좇아 살게 된다면 하나님 앞에 쓰임 받는 인생이 될 것이다.

기록되었으되 내가 거룩하니 너희도 거룩할지어다 하셨느니라(벧전 1:16).

하나님이 우리 자녀들에게 요구하시는 것은 거룩함이다. 이것은 분명한 하나님의 뜻이다. 이는 내 자녀가 겉으로 보이는 거룩뿐만 아니라 진리의 말씀을 따라 사는 삶의 거룩임을 말한다. 오늘날 자녀들이 자신이 속한 공동체에서 영향력을 드러내지 못하는 것은 거룩함을 잃어버렸기 때문이다. 자녀들이 하나님의 거룩하심을 닮아 가야 한다. 하나님의 거룩하심에 대해서 가르치는 것은 자녀들이 세상을 닮아 살고 싶은 유혹을 이기게 해주고 하나님 곁에 머물도록 해준다.

자녀가 어릴 때에는 부모의 보호와 지도를 받지만 성장해가면서 대부분의 상황에서 어떻게 스스로를 지켜 나가며 하나님의 보호와 인도하심을 구하는지에 대해 부모에게 배워야 한다.

예수 그리스도가 누구이신가에 대해 알게 하라

예수께서 이르시되 어린아이들을 용납하고 내게 오는 것을 금하지 말라 천국이 이런 사람의 것이니라 하시고(마 19:14).

어린 자녀들은 부모에 의해 신앙을 배우게 된다. 그러다가 성장하여 그 배운 지식에 머무는 경우가 많다. 왜 그럴까? 부모의 영향력에 의해 자라난 자녀들이 왜 역동적인 신앙의 삶을 살지 못하고 세상 속으로 빠져들게 되는 것일까? 부모가 자녀에게 그리스도를 만나지 못하는 정적인 신앙을 가르쳤기 때문이다. 한 곳에 머무는 신앙을 가르친 것이다. 이것은 놀랄 일이 아니다. 거의 대부분의 부모들에게서 일어나는 일이고 자녀들이 겪는 것이다. 예수 그리스도를 아는 일에 형식적이거나 그 자리에 머물게 하는 가르침은 생명력이 없다. 생명력이 없는 가르침은 물을 썩게 만드는 것과 같다. 베드로후서 3:18에,

> 오직 우리 주 곧 구주 예수 그리스도의 은혜와 그를 아는 지식에서 자라가라 영광이 이제와 영원한 날까지 그에게 있을 지어다(벧후 3:18).

고 강권하고 있다. 부모가 자녀에게 지식을 주려고 애쓰는 것도 좋은 일이지만 그분의 은혜에 대해 본을 보이고 자녀가 반드시 예수 그리스도를 구주로 경험하도록 도와야 한다. 부모가 자녀에게 영적으로 가장 큰 도움을 줄 수 있는 것은 그를 경험하며 그분의 말씀에 순종하여 날마다 자신의 삶과 행위 속에 말씀을 표현하는 것이다. 그러나 이 과정에서 자녀는 여러 가지 어려움에 직면하게 된다. 실패하기도 한다. 자신의 삶 속에서 어떻게 찾아내는지, 어떻게 의지해야 하는지에 대해서 모를 때가 있다. 그럴 때에 부모가 곁에서 다시 일어서도록 격려하며 그럼에도 그리스도를 신뢰하고 그분의 말씀을 붙들고 살아가도록 자녀의 이해와 수준에 맞게 도와야 한다. 이것이 부모가 할 수 있는 역할이다.

자녀에게 신앙교육을 통하여 예수 그리스도 안에서 계시된 하나님의 그 사랑을 깨닫고 그 사랑을 실천하도록 해야 한다. 그래서 하나님의 뜻에 의해 살고 교회와 세상에서 그리스도인으로서의 삶을 살도록 촉구해야 한다.

이 일을 위해 예수 그리스도가 누구이신가에 대해 가르치는 것과 경험하게 하는 것은 너무나 중요한 일이다. 자녀가 어릴 때에 부모가 말씀을 읽히고 암송시킬 때에 순종하는 것으로 만족해서는 안 된다. 반드시 그리스도와의 만남이 있는 신앙교육을 해야 한다. 자녀들이 조금씩 성장하면서 자아가 강해지고 스스로 그 무엇인가를 추구하고 갈망할 때에 부모의 가르침을 떠나고 교회로부터 분리하려고 하는 경우가 많다. 그 주된 이유 중의 하나는 단순히 부모에게서 강요적인 지식만 채워졌을 뿐이지 자신의 신앙으로 고백하고 자신의 마음에서 그리스도를 인격적으로 만나지 못하였기 때문이다. 자녀는 그리스도를 인격적으로 만나야 모든 것이 다듬어 질 수 있다.

부모가 진정으로 내 아이의 바른 성품을 원하는가? 내 아이가 자신의 길을 제대로 찾아가기를 원하는가? 그럴려면 내 자녀가 그리스도를 만나 주로 고백하여야 하며 그분을 인격적으로 만나도록 해야 한다. 형식적이거나 지식적인 신앙은 길들여지지 않은 성품과 같은 것으로서 그것만으로는 그리스도인으로 성공적인 삶을 살아갈 수 없다. 그리스도가 없는 야성적인 기질들은 환경에 따라 적당하게 타협하면서 살며 자신이 직면하는 그 환경을 거스릴 수 있는 힘이 없다.

아이가 출생하여 일정 기간이 지나면 뒤집고, 일어서고, 걷고, 말하게 된다. 스스로 배설하게 되며 스스로 생각하게 된다. 육체의 자람이 있듯이 영적 자람 즉 그리스도를 알아가는 성장 역시 동반되어야 한다. 그럴 때에 누가복음 2:40의 "예수께서 자라며 강하여지고"라는 말씀처럼 내 자녀도 육과 영이 함께 자라게 되는 것이다.

아주 오래 전에 주일학교 초등부를 지도할 때의 일이다. 제자훈련반에서 신앙을 가르칠 때에 조금은 성장이 멈추어버린 듯한 아이가 있었다. 그 아이는 일주일에 한 번씩 성장 호르몬 주사를 맞으려 병원에 가곤 하였다. 또래의 아이들보다 너무 작았다. 그 아이를 보면서 부모의 마음이 얼마나 아플까를 생각해 본 적이 있다. 마찬가지이다. 내 아이가 영적으로 성장하지 못한다면 부모는 가슴을 찢고 아파해야 한다. 그리고 우리의 자녀들이 어린아이처럼 사사건건 만약 억압된 본능만을 표출하고 자신을 제어하지 못하고, 사회의 나쁜 환경에 빠져들게 된다면 그것은 그리스도를 만나는 교육의 실패에서 비롯되었음을 알아야 한다.

그러면 여기에서 문제가 있다. 어떻게 그리스도를 알게 하느냐 하는 실천적 질문이다. 하나님의 전적인 은혜의 부분이지만 부모로서 아이를 그리스도에게로 가져오는 일을 말한다. 이를 위해 부모는 자녀에게 그리스도가 누구이신가에 대해 쉼 없이 가르쳐야 한다. 그렇다면 예수님에 대해 무엇을 가르칠 것인가?

첫째, 그리스도가 누구이시며 어떤 분이신가에 대해서 가르쳐야 한다. 그리스도는 하나님의 아들이시다. 그분은 나를 위해 십자가의 형벌을 지신 분이시다. 사람은 누구나 죄인이기 때문에 그분을 통해서만 구원을 얻을 수 있음을 가르쳐야 한다. 가장 힘들 때에 손을 잡아주시는 분이심을 가르쳐야 한다.

둘째, 예수 그리스도를 믿게 되면 어떤 일이 일어나는가에 대해서 가르쳐야 한다. 가장 큰 은혜가 구원임을 가르쳐야 한다. 가장 큰 사실은 하나님의 자녀가 되는 일이다.

> 영접하는 자 곧 그 이름을 믿는 자들에게는 하나님의 자녀가 되는 권세를 주셨으니(요 1:12).

이처럼 그리스도를 믿게 되면 하나님의 자녀가 되는 권세를 얻게 된다. 자녀에게 구원은 전적으로 하나님의 은혜요, 내가 진심으로 그리스도를 나의 죄를 사해주시고 나를 위해 돌아가신 분임을 믿음으로 고백하고, 그분을 내 마음에 모실 때에 이루어짐을 가르쳐야 한다. 그리고 더 나아가서 그리스도를 진심으로 믿고 고백하게 되면 영원한 생명을 가지게 될 뿐만 아니라 인생에서 가장 의지할 수 있는 분을 가지게 됨을 가르쳐야 한다. 그리스도를 주로 고백하는 자녀는 상처와 창피를 당하는 일에도 굴복하지 않게 되고, 어디로 가야 할지, 무엇을 해야 할지 몰라 방황할 때에도 흔들리지 않게 된다.

셋째, 그리스도가 마음에 기억되고 입으로 시인하게 하라. 그리스도에 대한 마음의 기억은 내적 건강과 평안을 얻게 한다. 아이들에게 가치와 지각 그리고 의지에도 지대한 영향력을 끼친다. 마음의 기억은 그리스도에 대한 모든 지식을 저장하게 되며 그 저장된 지식을 통하여 선택의 과정에 참여하게 된다. 어떤 부분은 단기 기억에 머물 수 있고 어떤 부분은 오랫동안 기억되어 삶의 지표가 되기도 한다. 그리스도에 대한 기억을 통하여 말씀과 함께 삶의 여정을 헤쳐 나가게 된다. 이처럼 자녀가 그리스도를 마음에 믿으면 의에 이르게 되는 놀라운 일이 일어나게 된다.

> 사람이 마음으로 믿어 의에 이르고 입으로 시인하여 구원에 이르니라 (롬 10:10).

넷째, 그리스도는 나와 교통하기를 원하시는 분이심을 가르쳐야 한다. 이를 위해 개인의 기도와 가정에서의 기도가 중요하다. 기도를 통하여 주님과 교통하면서 자신이 원하는 것이 있거나 자신이 하고자 하는 일이 있을 경우 스스로 하기 전에 그 일을 주님께 의탁하는 훈련이 필요하다. 예를 들어, 무엇인가를 소유하기를 원한다면 그것을 위해 기도하게 하는 것이다. 이것은 단순하면서도 가장 중요한 원리이다. 자신의 욕구를 감정에 의존하여 자신의 억압된 본능대로 행하지 않도록 해야 한다. 하루의 시작과 마침을 기도로 시작하고 마치도록 가르치고 기도가 삶의 일부분이 될 수 있도록 인도해야 한다.

다섯째, 그리스도는 내가 힘들고 아플 때에, 기쁠 때에 슬플 때에, 늘 나와 함께 하시고 도와주시기를 원하시는 분이심을 알게 해야 한다. 이것은 그리스도를 경험하게 하는 것이다. 그리스도에 대한 인격적 경험은 개인적이며, 실현 가능한 것이다. 경험은 자녀에게 가장 강력한 영향력을 줄 것이다. 그리스도와의 경험은 자녀로 하여금 자신의 삶에 활기를 불어넣으며 춤추게 한다. 부모는 자녀가 어려움을 만나거나 문제 속에 있을 때에 주님과 대면하도록 해야 하며 그들에게 그 문제를 해결할 수 있도록 도전을 주어야 한다.

웨스트호프(Westerhoff)는 "경험이 활발하게 학습하게 한다"라고 한다. 자녀에게 그리스도를 경험하게 하는 것은 그리스도가 누구이신가에 대해 인지하고 그 의미를 깨닫고 자신의 삶에 그분의 가치를 불어넣는 것이다. 이때 경험이라고 하는 것은 단순히 외적으로만 드러나는 현상이 아니라, 내면에 저장되고 평생동안 삶의 나침반이 되기도 한다. 그리스도의 경험은 단회성이 아니라는 것이다. 연속성이다. 자녀가 성장하여 부모로부터 떠나 독립적인 삶을 살아가는 것과 긴밀하게 연결되어 있다. 결국 그리스도를 경험함으로 자신의 신앙을 날마다 고백하고, 세상으로부터 분명한 그리스도인으로서의 삶을 가능하게 하며, 사회 속에서 그 책임을 다하게 한다.

스스로 신앙을 고백하고 찾게 하라

> "스스로의 신앙은 개인적, 사회적 활동을 통해 표현할 것을 소망하며 자기의 확신에 기초하여 생활할 것을 바라며, 또 그와 같이 살 수가 있게 되는 것이다."
> — 웨스트호프 3세

강요적 신앙과 지식은 오래 가지 못한다. 경우에 따라서는 따라오기도 하지만 이성이 자라면서 상대적으로 따라오는 힘은 작아지게 된다. 신앙교육에 적극적 참여가 아닌 수동적, 내키지 않는 참여는 또 다른 불안을 야기하게 된다.

내가 만난 사람들 중에 어릴 때 부모에 의해 신앙을 강요받아서 상처를 지닌 분들이 많이 있다. 그들에게서 발견할 수 있는 공통점은 부모들은 교회 일에 대단히 헌신적이었으며 존경받고 있었고 상대적으로 자기의 자녀에게는 강요적인 신앙이었다. 강요적인 신앙도 나쁜 것은 아니다. 적절한 때와 기회가 주어지고 아이들이 믿음으로 순종할 때에는 좋은 효과를 가져다 줄 수 있다. 그러나 내면의 상처와 부정적인 관점을 가진 자녀들에게는 오히려 역효과를 가져다 줄 수 있다. 강요적인 신앙에 의해 교회를 떠난 분들은 거의 대부분 마음의 상처와 신앙에 대한 회의가 있었던 분들이다. 그리고 그들의 부모는 자기의 자녀들에게 새벽기도부터 공예배 그리고 모든 행사에 빠지지 말 것을 강요하셨다. 아래의 글은 어릴 때부터 부모의 강요에 의해 교회를 나갔다가 성장한 후 신앙생활에서 멀어졌던 사람의 고백이다.

> "저는 어릴때부터 교회에 이끌려가다시피 했습니다. 왜 교회에 가야 하는지 몰랐습니다. 한 번도 저에게 가르쳐주거나 이해를 시킨 적이 없습니다. 아버지가 새벽에 나를 강제적으로 깨우실 때에는 잠이 오고, 가기 싫은 마음에 반항도 했습니다. 아버지가 조금만 내 마음을 배려해주고 신앙이 어떤 것인지를 가르쳐주었다면 제가 교회를 떠나지 않았을 것입니다."

이 고백처럼 왜 교회에 가야 하는지에 대한 이해를 듣기보다는 강제적으로 이끌려서 가야만 했다. 친구들과 여행을 가도 반드시 토요일에 돌아와야 했다. 그러나 결국 청소년 시기를 지나면서 차츰 교회로부터 멀어지게 되었다. 모든 것이 교회 중심이었던 삶이 이제는 교회 밖의 삶으로 바뀌어 버렸다.

이처럼 전통적인 신앙교육은 부모의 일방적 형태로 이루어지는 것이라고 생각해 왔다. 부모가 의도한 대로 아이들에게 주입시키거나 강요하고 적용시키려고 했다. 이 과정에서 자녀들의 반응이나 그들의 상황은 고려하지 않았다. 그러다보니 자녀들은 부모의 억압적인 신앙의 가르침에 대해 따분해하거나 지루해 하면서 흥미를 잃어버렸다. 부모는 신앙교육을 할 때에 무엇을 가르칠 것인가도 중요하지만 자녀들이 무엇을 배우냐도 아주 중요하다는 것을 인식해야 한다.

자녀에 대한 바른 이해는 곧 가르침의 성패를 가져다주는 중요한 역할을 하게 된다. 그래서 학습효과를 키우는 방법을 주목하고 있으며 다양한 시도들이 나타나고 있다. 그 가운데 가장 주목을 받고 있는 것은 자기주도 학습이다. 자기주도 학습이란 자녀가 스스로 자신의 학습에서 주도권을 갖는 것이다. 신앙도 마찬가지이다. 부모가 자녀 스스로 신앙을 가질 수 있도록 가르쳐야 한다. 신앙을 위해 아이들에게 좋은 습관을 길러주고 점검해주는 것이 필요하다. 그러면 어떻게 스스로 신앙을 갖게 할 것인가?

첫째, 매일의 삶이 하나님께 있음을 알고 고백하도록 해야 한다. 이것은 대단히 중요하다. 내가 하나님께 속한 사람임을 인식하는 것이다. 이런 인식은 아이가 탈선을 방지하는 데 매우 큰 역할을 한다. 친구들이 유혹을 해올 때에도 거절하게 하는 힘이 된다.

둘째, 방학 기간을 잘 활용하라. 특히 방학 기간 동안에는 신앙훈련을 집중적으로 할 수 있는 중요한 기회이다. 교회 수련회에 보내놓고서는 부모의 책임을 다했다고 해서는 안 된다. 방학이 시작되면 아이와 함께 신앙을 위한 계획을 세워라. 아이에게 지나친 요구보다는 아이 스스로 할 수 있는 훈련의 분량을 계획하고 함께 체크해 나가는 것이 필요하다.

셋째, 점검하라. 아이가 스스로 한다고 해서 방치하는 것이 아니다. '알아서 잘 하겠지'라고 내버려두지 말라. 적당한 점검은 과정을 확인하고 새로운 도전을 하는데 있어 중요하다. 점검을 할 때에, "너 다 했니?" "다 했으면 가져와 봐!"라고 하기 보다는 "하는데 스스로 해보니까 어려움은 없었어?", "어땠어? 재미있었어? 힘들었어?"라고 질문을 해야 한다. 그럴 때 아이는 "네 재미있었어요!", "힘들었어요" 혹은 "다 하지 못했어요!"라고 대답하게 된다. 스스로 잘하고 있을 경우 칭찬을 아끼지 말아야 하며, 힘들어하거나 어려워할 때에는 격려하는 것을 잊지 말아야 한다. 실수하거나 다른 방향으로 가더라도 질책하거나 핀잔을 주지 말고 왜 그렇게 되었는지를 이해하고 거기에 맞게 조언을 해줄 필요가 있다.

넷째, 수준에 맞게 고려하라. 자녀라고 해서 영적인 수준이 다 같은 것은 아니다. 영적 수준은 서로 다르다. 아이의 영적 수준에 맞게 스스로 할 수 있는 분량을 정하는 것이 좋다. 성경을 읽는 훈련부터 고쳐야 한다. 강제적으로 분량을 정해주면 처음에는 따라서 하지만 나중에는 벅차게 될 경우 오히려 반감을 살 수가 있다. 거짓으로 할 수도 있다. 하지 않고서 "했다"라고 말할 수 있다. 이렇게 되면 신앙을 훈련시키려고 거대한 명제 앞에 자칫 하다가 거짓말만 늘어가게 할 수 있다. 쉽게 할 수 있는 정도에서 조금 높게 잡아서 실시하면 좋다.

다섯째, 실천하도록 하라. 아이가 하루에 성경을 많이 읽는 것도 좋지만 한 절이라도 읽고 생각하고 고민하면서 그 말씀을 붙들고 삶에서 실천하도록 하는 것이 좋다. 자신의 신앙 일기를 쓰게 한다던가 혹은 성경읽기표나 포스트잇을 활용하여 성경을 암송하는 훈련도 효과적이다. 아이들로 하여금 성경은 그냥 머리속에 집어 넣어두는 말씀으로 기억하지 않도록 해야 한다.

여섯째, 목표와 그래프를 활용하라. 때로는 아이들에게 동기부여를 위해 목표나 달성 그래프를 그려놓고 거기에 스스로 맞추어 가도록 하는 것도 좋다. 신앙훈련은 단기간에 그 효과가 나타나지 않는다. 더디다고 해서 부모가 조급해서는 안 된다. 신앙의 열매는 서서히 나타나게 된다.

여기에서 질문을 해야 할 것이 있다. 부모가 신앙을 위해 '가정에서 어떤 모습을 보였느냐?'와 자녀에게 '왜'라는 도전과 함께 '바른 신앙을 위해 이해시키고 설명을 하였느냐?', '스스로 신앙을 고백하는 은혜가 있느냐?'이다. 내가 만난 사람은 그렇지가 못했다. 모든 것이 일방적인 강요에 의해서 이루어졌다. 네가 왜 예배드려야 하며 왜 교회 중심의 생활을 해야 하는지에 대해 전혀 가르침이 없었다. 그저 강요에 따른 복종만 요구하였다.

결과적으로 그에게는 스스로 자신의 신앙을 고백하는 은혜가 없었다. 스스로 교회를 가야하는 이유를 발견하지 못했다. 결국 성장하여 부모의 강제적인 영향력이 상실될 때 즈음에 교회를 떠나게 되었다. 결혼을 하고 가장이 되었지만 여전히 그는 교회 밖의 사람이 되어 버렸다. 오히려 그들은 부모를 증오하면서 살아가고 있다. 부모가 믿는 신앙, 부모가 보여준 아름다운 모습들은 기억하지 않고 오로지 자신들을 신앙으로 괴롭힌 존재들로 기억하고 있다. 왜 이렇게 되어버렸을까? 문제가 무엇인가? 부모가 신앙을 제대로 가르치지 않았으며 스스로 신앙을 고백하도록 하지 못하였으며 신앙의 참 모습을 보여주지 못하였기 때문이다. 신앙은 일방적으로 강요하기만 하면 된다라고 생각하였던 것이다.

오늘날 신앙교육에 가장 흔하고도 큰 문제는 아이들이 스스로 신앙을 고백하지 못하는 데 있다. 신앙교육을 한다고 해서 강압적으로 이루어져서는 안 된다. 아이들이 새벽기도회에 참석하고, 십일조를 드리고, 주일을 빠트리지 않고, 금요기도회까지 참석하는 것은 대견한 일이다. 칭찬할만하다. 장려할만하다. 그러나 이러한 행동들이 스스로 자신의 신앙을 고백하면서 참석하도록 해야 한다. 왜 내가 예배하며, 왜 내가 하나님께 헌금을 드려야 하며, 내가 예배의 자리에 무엇으로 나아가야 하는지에 대한 본질을 깨닫는 것이 중요하다. 강요적인 신앙에 의해 하나님에 대한 진정성과 기쁨을 잃어버리게 해서는 안 된다. 무조건적인 강요는 오히려 신앙에 대해 회의를 갖게 하고 좌절감을 갖게 만드는 요인이 될 수 있다. 아이들이 흥미와 기대, 즐거움을 가지고 하나님을 만날 수 있도록 가르치고 이끌어야 한다.

인생은 그 누군가가 대신할 수 없다. 육적인 부모가 자녀에게 줄 수 있는 것은 한계가 있다. 많이 주더라도 자녀가 그것을 올바르게 사용하지 못하면 아무런 소용이 없다. 인생의 해답은 자신과 하나님에게 있다. 자녀가 어려움을 겪고 있을 때에 부모가 도와줄 수 있는 것은 제한적이다. 끙끙 앓으면서 고통이 있어도 그 고통을 같이 경험할 수는 없다. 자녀들이 공부를 할 때에 그 과정이 힘들고, 어렵다고 할지라도 부모가 공부를 대신해 줄 수 없는 것과 마찬가지이다. 스스로 극복해야 한다. 이겨내어야 한다. 야곱처럼 하나님과 씨름하는 사람이 되도록 해야 한다.

신앙교육 8

자녀를 세우는 네 가지 방법을 실천하라

구부러진 말을 네 입에서 버리며 비뚤어진 말을 네 입술에서 멀리 하라
(잠 4:24).

자연스럽게 하라

가정에서의 신앙교육은 어렵다. 신앙교육의 중요성은 알지만 막상 하려고 하면 어떻게 해야 할지 모른다고 말한다. 그 이유는 형식과 틀을 생각하기 때문이다. 전통적으로 신앙교육은 강제성을 띠는 것이라고 여겨왔다. 그래서 아이의 생각이나 행동에는 관심이 없다. 그들이 어떻게 반응하는가에 대해서는 소홀히 여겼다. 자주 강요하고 밀어붙이는 식이 신앙교육이라 생각했다. 함께 노래하고, 함께 예배하고, 기도하고 봉사해도 아이들은 당연히 따라와야 하는 존재로 여겼다. 부모가 그들의 신앙을 이해하고 맞추려고 하기보다는 그들이 무조건 부모의 것을 따라와 주기를 기대했고 강요했다. 자연히 신앙은 자녀들에게 왜곡되게 전달되었다.

그리고 신앙을 가르친다고 하면서 그것을 수단화하여 아이들이 복종하도록 하는 도구로 사용되기도 하였다. 어린이들을 리모컨으로 조정하는 것처럼 움직이게 하려고 했다. 그러나 신앙은 인위적으로

일방적으로 넣어주는 일보다 자연스럽게 하는 것이 더 효과적이다.

부모가 자녀에게 신앙을 가르치는 일은 어렵다고만 생각하지 말아야 한다. 쉽게 생각할 필요가 있다. 쉽게 생각한다는 것은 방법이 쉽다는 의미가 아니라 부모의 신앙으로 자연스럽게 하라는 것이다. 자연스러움이라는 것은 모든 상황이 신앙을 가르치기에 적합하다는 의미이다. 부모가 신앙교육을 위해 기도하면서 하게 되면 순간적인 기회를 활용하는 지혜를 얻게 된다. 그러면 쉬워진다. 신앙교육은 쉬운 일이다. 억지나 인위적으로 하거나 포장하는 식으로는 하지 말라. 순간순간, 상황마다 신앙교육의 기회는 열려있다. 그런 의미에서 신앙교육은 형식적인 틀보다는 자연스러움이다.

그러면 자연스럽게 어떻게 신앙교육을 할 것인가? 부모와 자녀 사이에서 서로가 이해하고 할 수 있는 쉬운 것부터 하는 것이다. 가정에서 일어나는 사건이나 일, 또는 관계에서 하나님에 대해 이야기 할 수 있고 예수님이 어떤 분이신지에 대해 말할 수 있고, 성경적 삶이 어떤 것인지에 대해 교훈할 수 있다. 부모는 자녀의 모든 영역에 걸쳐서 신앙을 가르칠 수 있다.

아이가 학교에서 돌아오자 얼굴에 뭔가 나쁜 일이 있음을 이야기하고 있었다.

"무슨 일이 있었니?"

대답이 없다. 다가가서 눈을 마주치면서 다시 묻는다.

"학교에서 무슨 일이 있었니?"

울먹이는 표정으로 말한다.

"아이들이 나를 놀려요. 어떤 애는 때리기도 하고요."

아이는 이런 일 때문에 학교에서 속상했던 것이다.

"네 마음이 많이 억울하겠네. 어휴 내 아들이 많이 속상했겠구나. 그런데 애야, 혹 우리를 나쁘게 대하는 친구들에게 어떻게 해야 하는지 예수님이 말씀하신 것 기억하니?

아프고 속상하고 억울하지만 예수님은 그런 친구들을 더 사랑하고 그들을 위해 기도하라고 말씀하셔. 아마 그 아이들은 예수님을 몰라서 그럴거야. 예수님이 도와 주셔서 너는 그들을 충분히 사랑하고 용서할 수 있어!"

나쁜 꿈을 꾸어서 울 때에는 꼭 안고 기도해주면 아이는 기도의 실제성을 경험하게 된다.

부모는 충분히 이렇게 할 수 있다. 조금만 자녀의 마음과 상황에 귀 기울이면 자녀가 매일하는 경험 속에서 성경적 가르침을 줄 수 있다. 부모는 자녀와 함께 생활 속에서 하나님이 무엇을 하라고 말씀하시는지에 대해 살펴보아야 하며, 그 말씀의 원리들을 아이가 적용해 갈 수 있도록 해주어야 한다. 즉 자녀로 하여금 하나님의 말씀이 자신의 일상생활과 연관되어 있음을 알도록 해야 한다.

오래 전 큰 딸아이가 고 3이 되면서 많이 힘들어하고 있었다. 누구나 겪게 되는 인생의 과정이다. 부모로서 안타깝고 그렇다고 해서 대신 공부를 해줄 수 있는 것도 아니다. 스스로 싸워 이겨야 한다. 힘들어하는 아이를 그저 지켜보면서 기도할 뿐이다. 그러던 어느 날부터 엄마와 딸이 함께 새벽시간에 말씀을 나누기 시작했다. 딸은 자기의 호기심과 신앙에 대한 궁금증 그리고 현재 자기의 마음의 힘든 감정을 내어놓기 시작했고 엄마는 그럴 때에 어떻게 극복할 수 있는지에 대해 성경적인 답을 이야기해 주었다. 불안하고 초조했던 마음들이 안정을 되찾고 내가 이런 경우에 어떻게 이겨가야 할 것인가에 대해 지혜를 가지게 되었다. 그 이후로 딸은 자신이 견디기 힘들면 기도해 달라고 한다. 불안하면 주님 앞에 머리를 숙인다.

이런 것은 수련회를 통해서, 아니면 특별한 프로그램을 통해서 이루어지는 것이 아니라 삶에서 작은 것에서부터 만들어지는 것이다. 자연스럽게 신앙이 세워지는 것이다. 자녀들의 신앙교육은 바로 이런 것이다. 교회에만 맡겨두지 말라. 자녀들이 교회에서 일주일에 한두 시간 교육 받았다고 해서 그들이 변화되지 않는다. 가정에서 삶과 말씀이 어우러지는 교육이 있어야 한다.

> 지혜 있는 자의 혀는 지식을 선히 베풀고 미련한 자의 입은 미련한 것을 쏟느니라(잠 15:2).

가정에서 부모가 신앙을 자연스럽게 가르치기 위해서는 지혜 있는 자의 입을 가져야 한다. 자녀에게 순간순간 한 마디 한 마디가 자녀의 마음을 움직이도록 해야 한다. 그런 의미에서 가정은 신앙교육을 위한 보고이다. 가정에서의 신앙교육은 어릴 때부터 빨리 시작할수록 좋은 것이다. 자연스럽게 가정에서 할 수 있는 교육이란 이런 것이다. 좀 더 구체적으로 적용해 보면,

첫째, 아이들이 궁금한 것이 있을 때를 활용하라. 아이들은 궁금한 것이 많다. 모든 것이 새롭게 느껴지고 궁금하다. 사물을 보는 것, 느끼는 것, 생각나는 것 등 모든 것이 궁금하다. 그래서 질문을 자주 한다. "하나님은 멀리 계시는데 내 기도를 들으실 수 있을까?"와 같은 신앙적인 질문도 하고 "이건 왜 그렇지? 이건 왜 그래?" 등 일반 사물이나 이치에 관한 질문들도 한다. 마치 질문의 샘에서 끝없이 쏟아져

나오는 것과 같다. 아이들의 질문에 대답을 하다보면 지칠 때도 있다. 그러나 지혜로운 부모라면 아이들이 궁금한 것에 대해 질문을 할 때에 그것을 신앙교육을 위한 절호의 기회로 삼을 것이다. 즉 아이들이 궁금한 것을 신앙적으로 대답해 주라. 그러면 아이들은 궁금한 것을 통해 자연스럽게 신앙을 배우게 된다.

예를 들어, 가족이 여행을 간다고 하자. 차를 타고 가면서 차창 밖에 지나가는 풍경을 바라보면서 노래를 부르기도 하면서 즐거운 시간을 보내게 될 것이다. 멀리 떨어진 곳에서 잠을 자게 된다. 숲 속에 있는 아늑하고 조용한 곳에서 잠을 자려고 하는데 갑자기 아이가 질문을 한다.

"엄마, 자기 전에 내가 기도해야 하는데 우리가 너무 멀리 와 버려서 하나님이 내 기도를 들으실 수 있을까요?"

"우리가 어디를 가든지 하나님은 계시며 하나님이 안 계신 곳은 없단다. 하나님은 우리가 어디에 있든지 우리가 드리는 기도를 다 들으신단다."

여행을 통해 기도에 관한 가르침을 자녀에게 주게 되는 것이다.

둘째, 아이들의 요구를 이용하라. 아이들은 요구가 많다. 길을 가다가도 눈에 꽂히면 그것을 가질 때까지 물러서지 않는다. 가정에서도 무언가를 해달라거나 아니면 갖고 싶은 것을 요구하는 경우가 많다. 그런 경우 무턱대고 사주지 말아야 한다. 그것을 갖거나 혹은 자신이 원하는 것을 얻기 위해 기도하게 하라. 자녀들은 기도를 통해서 소원을 들어주시는 하나님이라는 것을 배우게 된다. 그러다가 점점 성장하면서 자신의 마음을 토로하게 되고 자신의 뜻을 하나님의 뜻에 맞추어 기도하게 된다. 처음에는 자신이 갖고 싶은 것을 얻기 위해서 기도하다가 하나님을 생각하게 되므로 더 가까이 나아갈 수 있고 자신의 생각이 잘못되었다는 것도 깨닫게 된다. 순간적인 요구에서 시작된 기도가 내면의 변화를 가져다 주는 효과를 얻게 되는 것이다. 따라서 내 자녀가 영적인 자녀, 하나님께 쓰임 받는 자녀가 되기를 원한다면 아이들의 작은 요구와 같은 소홀히 하기 쉬운 것에 대한 관심과 관점에서부터 출발한다.

셋째, 아이들이 잘못했을 때를 교훈의 기회로 사용하라. 아이들은 자기가 잘못했을 경우 후회하거나 부모의 눈치를 보게 된다. 그럴 때에 비판하거나, 처벌하거나 혹은 경시하는 태도를 보이는 것보다는 성경적인 바른 가르침의 신호로 받아들여야 한다. 아이가 잘못하였을 때 바른 교훈을 하기에 가장 적절한 때이다. 이 기회를 놓쳐서는 안 된다. 아이가 놀다가 값비싼 물건을 넘어뜨려 깨트렸다고 하자. 불안해하는 아이에게 다가가서 "나는 네가 다치지 않아 다행이라고 생각 해." "하나님이 너를 안전하게 지켜주셔서 감사하구나." "하나님이 너를 참 사랑하시는 것 같아"라고 말할 수 있어야 한다. 아이들은 종종 약속을 어기는 경우가 있다. 자기의 할 일을 약속하고서는 하지 않을 때가 많다. 그런 경우 자기 자신에게 하는 약속이 더 중요함을 가르치고 하나님도 약속을 중요하게 여기시며 그 약속을 지킬 때에 복을 주신다는 것을 깨우치도록 해야 한다. 아이들이 실수했을 때에 종종 거짓말을 하게 된다. 왜 늦게 왔는지에 대해서도 부모에게 혼날까봐 거짓말을 하게 되고 자기가 갖고 싶은 것이 있을 때 그것을 소유하기 위해 거짓말을 하게 된다. 아이가 거짓말을 한다는 것을 알게 되었을 때 거짓말이 왜 나쁜 것이며, 왜 정직해야 하는지를 가르칠 때이다. 더 나아가서 하나님은 거짓말을 하는 자보다 정직한 자를 좋아하시며 사랑하신다는 것을 알게 해야 한다.

 넷째, 아이들이 앞으로의 일이나 걱정이 있을 때를 활용하라. 예를 들어, 어느 가정에 모처럼 가족 나들이를 간다고 하자. 아이들은 그날만 손꼽아 기다리게 된다. 기분이 매우 들떠 있어서 "왜 시간이 안가?"라고 하면서 짜증을 내기도 한다. 하루가 너무 길게 느껴진다. 그러다가 순간적으로 마음 속에 약간의 염려가 생기기 시작한다. '혹시 내일 비가 오면 어떻게 하지? 소풍을 못가는 것이 아닌가? 소풍을 못가면 어떻게 되지? 아, 내일 비가 오지 말아야 하는데? 혹시 아빠가 내일 갑자기 일하러 가셔야 하면 어떻게 하지? 아빠가 일하러 가시지 않아야 할텐데?' 하루 종일 걱정이 되어서 집중이 안 된다. 아이가 이렇게 걱정을 하는 모습은 신앙을 가르칠 접촉점이 생긴 것이다.

 "얘야, 무슨 걱정이 있니?"

 "예, 엄마 사실, 내일이 기다려지는데 혹시 비가 오면 못가잖아요. 그리고 아빠가 일하러 가시면 소풍을 못가잖아요."

 "그래? 그럴수도 있겠지? 그렇게 걱정을 하는 것 보니까 소풍이 무척 기다려지는가 보구나. 그런데 걱정 하지마. 네가 걱정한다고 해서 비가 올 것이 안오는 것이 아니잖아. 하나님께 기도해 보자구나. 하나님이 꼭 소풍을 가야할 것 같으면 가게 해주신단다. 혹 비가 와도 더 좋은 일이 있을 거야."

 걱정하는 아이에게 그 염려를 주님께 맡기는 교육이 이루어지는 것이다. 이것이 바로 자연스러운 신앙교육이다.

인내심을 가져라

부모가 되는 순간부터 인내를 배워야 한다. 자녀는 부모의 끊임없는 인내를 먹고 자란다. 변화는 한 순간에 이루어지기도 하지만 오랫동안 인고의 세월이 필요할 때도 있다. 가치관이나 생각의 수정, 특히 태도나 행동의 변화는 오랜 시간을 필요로 한다. 내가 이렇게 가르치면 아이들이 금방 변화될 것이라고 생각하는 것은 착각이다. 쉽게 바뀌지 않는다.

내 아이는 신앙으로 훈계를 했을 때에 잘 받아들이는 타입이었다. 자신도 매일 말씀을 묵상하고 적용하려고 애썼다. 그러나 자신의 습관까지 말씀에 복종하는 일은 쉽지 않았다. 좀 더 자기가 하는 일에 집중하고 스스로 자신의 일을 해내는 일은 쉬운 일이 아니었다. 언젠가 아이에게 정직에 대해 가르쳤다. 스스로도 자신이 하나님 앞에 정직해야 함을 깨달았다. 그리고 하나님 앞에 정직한 것뿐만 아니라 자신에게도 정직해야 함을 고백한 적이 있었다. 이제는 어느 정도 되었다라고 믿었다.

어느 날 외출을 했다가 예상보다 일찍 집에 들어가게 되었다. 아들은 내가 들어오는 것을 보고는 화들짝 놀라는 눈치였다. 부모가 늦게 귀가하는 줄 알고 혼자 컴퓨터로 무엇인가를 하고 있었던 것이다. 물론 내가 알아서는 안되는 자신만의 비밀스런 일임은 틀림없었다. 나는 아들이 많이 바뀌었고 스스로 자신에게 정직할 수 있으리라 생각했는데 그게 아니었음을 알게 되었다. 순간 아이를 바르게 양육하고 하나님 앞에 서게 하는 일은 부모의 인내가 필요함을 경험하였다.

그렇다. 자녀에게 있는 굳어진 나쁜 습관이나 가치관 혹은 삶의 대한 사고는 많은 시간과 노력이 필요하다. 부모에게 인내가 필요하다. 가르치다가 실망하여 포기하거나 지치지 않아야 한다. 한 번 훈계해서 태도나 습관이 바뀌면 좋은 일이다. 기뻐할 일이다. 그러나 그렇지가 않다. 쉽게 바뀌지 않는다. 훈계해도 나쁜 습관이나 행동은 끊임없이 반복된다.

그리고 순간적으로 변한 것처럼 보이지만 나중에 다시 반복되어 나타날 때도 있다. 1년이 지나고 10년이 지나도 바뀌지 않을 때가 있다. 여전히 제자리에 머물고 있는 것을 발견하게 된다. 그럴 경우 대게 실망하거나 좌절하게 된다. 자신의 가르침에 대해 낙심하게 되고 하나님의 인도하심에 대해 의심하게 된다. 교육을 해야 하는 당위성마저 의심하게 될 때가 있다. 자녀에 대한 기대가 실망으로 다가온다. 따라서 신앙교육에는 인내가 필요하다. 주님의 오래 참으심과 같은 인내가 필요하다.

> 보라 인내하는 자를 우리가 복되다 하나니 너희가 욥의 인내를 들었고 주께서 주신 결말을 보았거니와 주는 가장 자비하시고 긍휼히 여기시는 이시니라(약 5:11).

특히 자녀가 좋아하는 게임이나 인터넷의 문제는 부모의 인내심을 시험하는 듯한 느낌을 받게 된다. 쉽게 극복되지 않는다. 자녀에게 있는 게임에 대한 본능적 충동과 인터넷의 중독의 깊이는 생각 이상으로 깊게 뿌리를 내리고 있다. 이미 깊게 박힌 뿌리를 뽑아내려면 오랜 시간과 노력이 필요하다. 아이가 거짓말을 하는 경우도 쉽게 그 유혹으로부터 벗어나지 못한다. 우선 그 순간을 모면하기 위해서 계속해서 거짓말을 하게 된다. 그럴 경우 '이제는 된 것 같았는데 왜 이리 안될까?'라고 낙심하지 말고 기도하면서 포기하지 말고 실패하더라도 인내심을 가지고 신앙으로 가르쳐야 한다.

> 모든 겸손과 온유로 하고 오래 참음으로 사랑 가운데서 서로 용납하고 (엡 4:2).

성령님이 자녀의 마음에 역사하실 시간을 드리면서 자녀의 마음을 움직이실 때까지 인내하면서 기다려야 한다. 만족스럽지 않고 어떻게 끝까지 사랑해야 할지 모를지라도 조급해하지 말고 인내해야 한다. 실망하지 않고 항상 반복해서 주의 말씀을 가르치고자 하는 노력이 있어야 한다.

자녀의 마음과 소통하라

아버지와 아들이 나란히 기차역에서 열차를 기다리고 있다. 아버지는 군대에 입대하는 아들을 배웅해주기 위해 나왔다. 아버지가 아들을 사랑스런 눈으로 바라보면서 "아들아, 건강하게 잘 다녀와. 내 걱정은 하지마." 아들이 말하기를 "아버지." 그리고는 말문을 잇지 못한다. 이런 아들의 모습을 본 아버지는 더욱 더 애절한 목소리로 "아들아, 아버지 걱정은 마, 아버지는 잘 있을 거야. 괜찮아." 그러나 아들은 또 말문이 막혀서 "아버지"하고는 잇지 못한다. 아버지는 아들과의 헤어짐이 더 아쉬워서, "아들아, 걱정하지 말라니까" 그러자 아들이 아버지에게 말하기를 "아버지, 여기는 금연구역이예요. 공공장소에서는 금연이라니까요." 이 대화는 기차역에서 본 내용이다.

금연을 홍보하는 내용 중 아들과 아버지의 대화이다. 아버지와 아들이 서로 다른 생각을 하고 있었던 것이다. 그러다보니 소통이 되지 않은 것이다. 아버지는 아들과의 헤어짐에 슬픈 감정을 드러내었지만 아들은 아버지가 금연 구역에서 담배를 피우는 데 대하여 슬픈 마음을 가지고 있었던 것이다.

종종 꽉막힌 도로에서 꼼짝하지 못하고 서있는 경우가 있다. 답답하다. 네비게이션을 통해 보여지는 방송도 눈에 잘 들어오지 않는다. 아주 드문 경우이지만 신호등이 고장나서 교차로에 차들이 뒤엉켜있는 경우도 있다. 어디서부터 풀어야 할지 모를 때가 있다. 이처럼 서로 소통되지 않으면 마음도, 삶도 뒤엉키는 것을 경험하게 된다. 그래서 소통은 중요하다. 개인이든, 기업이든, 사회이든 소통은 서로를 이해하게 하고 주어진 일들을 원활하게 해준다. 그러나 불행하게도 서로의 마음을 몰라서 소통하지 못하기도 하고 자신의 욕심과 탐욕으로 인해 소통하지 못한다. 사람들은 저마다 자기의 이기심으로 상대방을 비난하기도 한다.

신앙교육에서도 소통이 중요하다. 신앙을 가르치기 전에 우선 자녀와 마음으로 소통해야 한다. 부모들이 신앙교육을 한다고 하면서 소통을 무시하고 일방통행식의 가르침만을 주려고 하는 경우가 많다. 무조건 성경의 가르침을 하라고 한다던가 안 된다고 하는 것이 신앙교육이라고 생각한다. "성경에 그렇게 하지 말라고 했으니까 절대로 해선 안돼! 성경이 그 일에 대해서 금지하고 있어, 넌, 성경이 하라는 대로 해야 돼!"라고 강압적으로 가르치려고 하는 경향이 있다. 그러나 강요적이거나 일방통행식의 가르침은 자녀에게 선한 영향력을 끼치고 자녀의 생각을 바꾸기보다는 오히려 자녀의 마음을 닫게 하며 더 완악하게 한다. 부모는 자녀에게 하나님의 말씀을 가르치기 전에 자녀의 마음을 여는 소통이 필요하다. 자녀에게 덕을 세우는 말을 해야 하며 선한 말을 통하여 자녀의 마음을 열게 해야 한다.

> 무릇 더러운 말은 너희 입 밖에도 내지 말고 오직 덕을 세우는 데 소용되는 대로 선한 말을 하여 듣는 자들에게 은혜를 끼치게 하라(엡 4 :29).

자녀를 인격과 삶으로 세우는 올바른 소통에 대해서는 자녀를 세우는 네 가지 원리에서 구체적으로 살필 것이다. 여기에서는 주로 부모에게서 나타나는 소통의 문제점들을 이야기하고자 한다.

소통이란 무엇인가? 사전적 의미로는 막히지 않고 잘 통하는 것, 뜻이 서로 통하여 오해가 없음을 말한다. 소통은 이해이다. 소통은 서로 나누는 것, 즉 정보와 생각, 감정을 말과 글은 물론 신체 언어나 심지어 자신만의 버릇, 스타일 등을 통해 상대방과 나누는 것을 말한다. 서로 소통이 되지 않아 위기를 만나기도 하고 서로 불신으로 인해 나뉘어지기도 한다.

신앙교육 이전에 가정에서 소통의 문제는 심각하다. 소통이 잘 되지 않는다. 부모와 자녀가 서로 소통이 되지 않아 오해하고 미워하고 불신한다. 서로 불통이다. 소통의 부재로 자녀가 마음의 상처를 받는다. 자녀가 어릴 때에는 소통의 문제가 그리 크게 드러나지 않지만 사춘기를 지나면서 소통의 문제는 크게 다가온다. 부모의 마음이 다르고 자녀의 마음이 다르다. 서로가 이해하지 못하고 외딴 섬이 되어 간다. 서로가 무슨 생각을 하는지 어떤 고민이 있는지를 알지 못한다. 어렵게 서로의 말문을 열어도 소통의 방법을 잘 몰라서 상처만 주게 된다. 상처를 회복할 시간도 없다. 문제를 지적하거나 단답형의 질문과 대답은 소통을 가로막는 요소들이다. 소통한다고 하면서 강요된 대답을 요구하거나 죄책감을 들게 하거나 두려움을 가지게 하는 표현은 오히려 역효과를 가져다준다.

특히 자녀들은 아버지와 소통하기가 힘들다고 한다. 대체적으로 아버지는 소통하는 형태가 잔소리하거나 지적하는 식이다. 자녀의 마음을 인내를 가지고 귀 기울여 들으려고 하기보다는 윽박지르거나 무조건적으로 규제하려고 한다. 자신의 감정에 치우쳐 화를 내거나 분노의 말을 통하여 짜증을 낸다. 자녀의 마음의 소리를 끝까지 듣기 전에 판단해 버린다. 단답형이다. 한 방에 끝내려고 한다. "안돼! 나가! 그만둬! 하지 마! 공부해!"라는 식으로 큰 소리로 명령한다. 자녀를 힘이나 권위로 윽박지르려고 한다. 말투 역시 지나치게 권위적이고 통제하려고 하는 말투다. 이런 아버지에게 골로새서 3:12-13의 말씀은 중요한 도전이 된다.

> [12]그러므로 너희는 하나님이 택하사 거룩하고 사랑받는 자처럼 긍휼과 자비와 겸손과 온유와 오래 참음을 옷입고 [13]누가 누구에게 불만이 있거든 서로 용납하여 피차 용서하되 주께서 너희를 용서하신 같이 너희도 그리하고(골 3:12-13).

부모는 자녀와 소통하려고 할 때에 긍휼과 자비와 겸손이 필요하다. 온유함이 필요하다. 부모가 겸손하다고 해서 자녀가 무시하거나 아버지의 가르침을 외면하지 않는다. 자녀와 대화는 오래 참는 것이 필요하다. 즉흥적인 언어는 피해야 한다. 금방이라도 나올 것 같은 잔소리가 있다면 인내로 참아야 한다. 참지 못할 정도로 어렵다고 생각되면 잠시 그 자리를 떠나 기도하는 것이 좋다. 그런 후 자신의 감정을 추스르고 난 뒤에 다시 소통을 시도해 볼 필요가 있다. 그런 다음 대회를 마무리해야 한다. 그것이 자녀와 소통하는 지름길이다.

그리고 자녀와 소통할 수 있는 시간을 확보하는 것이 중요하다. 부모는 늘 바쁘고 시간이 없다. 가정에서조차 얼굴이 마주칠 시간이 없다. 특히 아빠 얼굴도 잘 모른다는 우스개 이야기가 나올 정도로 바쁘다. 식사 시간에 잠깐 서로 얼굴을 대하곤 하지만 그 역시 부자연스럽다.

소통은 부모와 자녀의 대결 구도가 아니다. 서로의 차이를 인정하고 존중해야 한다. 부모라고 해서 무조건 군림하려고 해서는 안 된다. 지배하려고 하는 마음을 거둬들여야 한다. 자녀 속에 있는 하나님의 인격을 보아야 한다. 자기의 생각에 맞지 않다고 해서 윽박지르려고 해서도 안 된다. 자녀가 말하는 내용에서 감정과 의도 그리고 마음을 파악해야 한다. 자녀와의 소통은 어떻게 하는 것인가?

첫째, 아이들의 육적, 지적 발달수준에 따라 달라져야 한다. 아이가 어릴 때에는 같이 놀아주고 하는 시간이 있다. 게임이나 운동 그리고 서로 뒹굴고 하는 것도 소통의 방법이다. 어린아이에게 대화한다고 하면서 추상적인 이야기를 한다면 우스운 꼴이 된다. 그러나 조금 성장하게 되면 부모가 다가가도 아이가 스스로 문을 닫아버리는 경우가 많다. 폐쇄적이거나 자기 방에 들어가서 나오지 않는다. 속마음을 잘 털어놓으려고 하지 않는다. 때로는 아주 사소한 말 한마디에도 불쾌해 하거나 당황하는 표정을 하고 기분에 따라 자주 생각과 마음이 바뀌기도 한다.

　이럴 경우 방치하지 말고 아이의 방문을 열어야 한다. 자녀가 자기의 세계에 갇혀 마음을 열지 않고 말을 하지 않는다고 해서 부모도 똑같이 해서는 안 된다. 사랑하고 있음을 보여주고, 너를 신뢰하고 있음을 보여주어야 한다. 끊임없이 자녀와 소통하는 노력이 필요하다. 산책을 한다던가, 짧은 여행을 통하여 자녀의 마음과 생각을 듣는 것도 좋은 방법이다.

　둘째, 자녀의 마음의 이야기를 들어야 한다. 자녀는 종종 "엄마, 아빠 제발 내 얘기를 들어주세요"라고 소리치고 싶을 때가 있다. 그때는 내 마음의 이야기를 하고 싶다는 신호이다. 아들이 고 2때쯤인 것 같다. 어느 날 대화하다가 소통이 잘 되지 않았다. 아버지인 나에게 뭔가 문제가 있었던 것 같았다. 답답했던지 아들이 울먹이면서 "제발 내 얘기 좀 들어보세요"라고 호소했다. 순간 가슴이 먹먹했다. 내가 무엇을 잘못한 것일까? 내 이야기만 하려고 했지 아들의 마음의 이야기를 들으려고 하지 않았던 것이다. 나처럼 자녀와의 대화에서 실수하지 않으려면 자녀와의 대화에서 마음의 소리에 귀를 기울일 필요가 있다. 그럴려면 자녀에게 진솔한 모습을 보여야 하며 진심으로 나는 사랑하는 마음으로 이야기 하고 있다는 것을 느끼도록 해야 한다. 하지현은 그의 책 『소통의 기술』에서,

　　　"한국인의 소통법은 말하지 않아도 마음을 알아줘야 하고, 상대방의 자존심을 세워주기 위해 돌려 말할 줄 아는 따뜻한 공감과 배려가 필요하다."

고 한다. 자녀라 할지라도 부모의 마음을 확인하고 싶어한다. 자기

를 이해해주지 않고 인정해주지 않으면 마음을 열지 않는다. 자녀가 마음의 문을 닫아버리게 되면 아무리 좋은 분위기에서 대화한다고 할지라도 진정한 소통은 이루어지기가 어려울 것이다. 자녀를 이해하고 배려하게 되면 자녀는 부모 곁으로 다가오게 된다. 그리고 자신의 마음을 열고 소통하게 된다. 폴 트립(Tripp)은 부모가 자녀에게 구체적으로 이렇게 하라고 조언한다.

> "아빠가 너희를 사랑하는 것을 알아주었으면 해. 아빠에 대해서나 아빠의 모습이 어떠한지 그리고 교육 방법이 어땠으면 좋겠는지에 대해서 너희의 말을 듣고 싶어."

종종 겨우 소통이 이루어졌는데 부모가 자신의 과거 이야기만 한다면 그 노력이 헛수고로 돌아갈 가능성이 크다. 부모가 "내가 어릴 때"라고 시작하는 대화는 자녀에게 그리 효과적이지 못하다. "나는 시험 기간에 너처럼 그렇게 공부하지 않았어! 지금 이 시간에 어떻게 텔레비전을 볼 수 있니? 너는 잠을 어떻게 그렇게 많이 잘 수 있니? 나는 몇 시간만 자면서 공부를 했는데 너는 그렇게 많이 자서 뭐가 되겠니! 나는 내가 할 일은 스스로 잘 했는데 너는 왜 그렇게 못하니? 내 방은 내가 치웠고 심부름도 잘했어. 그런데 너는 뭐니?"라는 식의 대화는 나는 너와 대화하기가 싫다는 것과 같다. 자녀를 대화의 자리에서 저 멀리 밖으로 밀어내는 것이다.

셋째, 대화하는 형태도 바꾸어야 한다. 일방적인 명령형이나 단답형의 대화는 어려움을 가져온다. 무조건 "하지마", "해라", "너 그렇게 하면 하나님이 기뻐하시지 않아!"하는 식은 좋은 대화가 아니다.

부모는 자녀와 대화할 때에 적절한 말을 해야 하며 저항이나 반발을 불러오는 표현은 삼가해야 한다. 이에 대해 골로새서 4:6의 말씀을 음미해 볼 필요가 있다.

> 너희 말을 항상 은혜 가운데서 소금으로 맛을 냄과 같이 하라 그리하면 각 사람에게 마땅히 대답할 것을 알리라(골 4:6).

가끔 부모는 자녀와 대화한다고 하면서 자녀의 생각을 지워버리거나 이기려고 하는 경우가 있다. 이기고 지는 것이 아니다. 서로의 생각을 알고 이해하는 것이다. 이기려고 하다 보니 자기도 모르게 자꾸 명령하게 되는 것이다. 따라서 생각을 바꾸어야 한다. 이기는 것을 포기하면서 표현을 바꾸어야 한다. "나는 네가 그렇게 행동하니 마음이 아프단다. 다르게 할 수 있는 방법은 없니?"라고 하는 것이 좋다.

더 나아가서 대화 중에 자녀의 생각을 이끌어내는 질문이나 마음을 여는 부드러움이 필요하다. 자녀에게 한 가지의 정답을 원하는 대답 형식의 질문이나 '예' 또는 '아니오' 식의 대답을 요구하는 질문이나 혹은 당혹감을 느끼게 하는 질문은 바람직하지 않다. 그리고 자녀의 마음을 상하게 하거나 의욕을 상실케 하는 다음과 같은 질문들은 하지 말아야 한다.

"너 도대체 왜 그러니?"
"너 그렇게 해서 도대체 뭐가 되려고 하니? 좀 빨리 할 수 없어?"
"너 그 정도밖에 안되는 아이였니?"
"너 정신 안 차리고 뭐하니?"

"너 그렇게 공부하면 꼴찌야, 정신 차리고 공부 못하겠니?"
"너 왜 이렇게 늦었어? 말 안 들을 거야?"
"너 자꾸 그러면 맞을 거야? 잘 할 수 없니?"
"너 한 번만 더 그렇게 해 봐? 가만 안 둘 거야!"
"너 왜 약속을 지키지 않니?"
"왜 가만 두지 않고 그러니?"
"도대체 너는 누굴 닮아서 이렇게 제멋대로니?"
"제대로 하지 않을래? 도대체 네가 잘하는 게 뭐니?"
"엄마 말 안들으면 어떻게 되는 줄 아니?"
"너 왜 교회 가지 않았니?"
"정말 짜증나네. 너 왜 헌금 드리지 않고 사먹었니?"

다른 한편으로 좋은 질문은 자녀로 하여금 긍정적 생각을 갖게 하거나 마음에 무한한 동기 부여가 되기도 한다.

"왜 그런 생각을 하게 되었니?"
"왜 그런지 생각해 봤니?"
"왜 그렇게 하는 것이 나쁘다고 생각하니?"
"왜 그 일이 하기가 싫었니?"
"왜 공부가 어렵다고 생각하니?"
"네가 가장 잘할 수 있고 좋아하는 것이 무엇이라고 생각하니?"
"내가 보기에는 이렇게 하면 더 좋을 것 같은데 네 생각은 어떠니?"
"자꾸 그렇게 하면 다른 사람들이 힘들어 할 것 같은데 그만할 수 없니?"

등 자녀의 생각을 이야기하도록 하는 질문은 긍정적인 효과뿐만 아니라 자신의 마음을 열게 하는 촉매제가 된다.

또한 대화한다고 하면서 자녀의 마음을 상하게 하는 것에 주의해야 한다. 부모의 기분에 따라 날카로운 목소리로 고함치게 되면 긍정적으로 시작했다가 부정적인 결과를 가져오게 된다. 그리고 대화할 때에 내 자식이라고 해서 인격을 무시해서도 안 된다. 대화 중에 자녀에게 화를 내면서 훈육하거나 때리는 것은 조심해야 한다. 또한 대화 중에 다른 아이들과 비교하는 것은 대화를 중단하고 싶다는 의미로 전달된다. 자녀와 소통할 때에 상황에 따라 지혜롭게 말해야 한다. 부모라고 해서 막말을 해도 된다는 권한은 없다. 잠언 기자는,

> [11]경우에 합당한 말은 아로새긴 은 쟁반에 금 사과니라 [12]슬기로운 자의 책망은 청종하는 귀에 금 고리와 정금 장식이니라(잠 25:11-12).

"청종하는 귀"라는 것은 기꺼이 배우고자 하는 태도를 말한다. 자녀가 기꺼이 배우기를 원하는 태도를 가지게 해야 하며, 부모 역시 자녀에게서도 배울 수 있다는 마음가짐으로 임해야 한다. 이를 위해 자녀들과의 대화는 더 지혜로울 필요가 있으며 많은 인내가 필요하다. 부모의 지혜 있는 말은 자녀의 마음을 춤추게 하며 그릇된 행동을 돌이키게 하며, 자녀의 마음에 있는 상처를 고치는 능력이 있다. 따라서 사랑 안에서 참된 말을 하는 것은 부모의 책임이다.

특히 자녀와의 대화에서 경청하는 훈련이 되어 있지 않으면 대화가 쉽게 무너지게 된다. 부모는 자녀의 이야기를 듣기 전에 성급하게 결론을 지으려고 하는 경향이 있다. 자녀를 진정으로 사랑한다면 경

청하는 대가를 지불해야 한다. 자녀의 생각을 다 듣기 전에 무시하거나 자신의 생각을 밀어붙이는 것은 옳은 일이 아니다. 경청하는 지혜로운 부모가 있고 그것을 듣고 순종하는 자녀가 있다는 것은 분명 행복한 일이요 축복된 일이다.

넷째, 신뢰이다. 부모와 자녀의 대화는 서로가 신뢰하는 가운데 이루어져야 한다. 아이들은 종종 거짓말을 하게 된다. 내 아이가 거짓말을 한다는 사실을 아는 순간부터 부모의 마음에는 자녀에 대한 불신이 자리하게 된다. 자녀가 하는 말에 의심하게 된다. 부모가 자녀를 신뢰하지 못하면 대화가 될 수 없다. 자녀가 하는 말이 모두 거짓으로 들려질 것이 분명하기 때문이다. 이 경우 대화를 하면 할수록 의심만 커지게 된다.

부모 역시 자녀로부터 신뢰를 받아야 한다. 부모가 하는 말이 자녀에게 정직하게 다가가야 하며 그 말에 신뢰가 되어야 한다. 예를 들어, 자녀에게 "TV 보면 안돼"라고 말하고서는 밤 늦게까지 TV만 시청하고 있다면 자녀가 신뢰하기가 어렵게 된다. 신뢰는 부모가 무엇을 보여주고 실천하는가에 달려 있다. 그리고 우리 부모님은 어떠한 일이 있어도 내 이야기를 들어주시는 분이시라는 신뢰가 자녀의 마음에 있어야 한다. 부모 자신이 완벽한 것처럼 행동한다거나 권위주의적인 태도로 대한다면 자녀는 부모를 신뢰하기가 어렵게 된다. 대화 중에 자주 꾸짖게 되면 자녀는 자신의 마음을 닫아버리게 된다.

다섯째, 자녀의 의견을 존중하라. 소통을 위해서는 자녀들의 의견을 존중할 수 있어야 한다. 시시하다고 생각하거나 의미 없다라고 생각하는 것은 나는 너에게 관심이 없다는 것과 마찬가지이다. 자녀가 말하는 사소한 이야기라도 주의 깊게 들어야 한다. 부모가 말하려고 하기보다는 자녀가 말하도록 배려해야 한다. 중간에 말을 자르거나 윽박질러서는 안 되며 마음에 들지 않더라도 존중해 주어야 한다. 아이의 의견이나 결정을 존중치 않는 것 등은 대화의 방해꾼이 된다.

> 주 예수 그리스도의 은혜와 하나님의 사랑과 성령의 교통하심이 너희 무리와 함께 있을지어다(고후 13:13).

여섯째, 자녀와 소통하려면 섬기는 자가 되어야 한다. 부모가 자녀와 소통하려면 강압적인 자세나 권위의식을 버려야 한다. 자녀를 섬겨야 한다. 주님은 제자들에게 진리를 가르치시기도 하셨지만, 그들과 어떻게 소통할 것인가에 대해 많은 것을 보여주셨다. 주님은 자신의 권위를 버리시고 겸손과 섬김의 자리에서 그들의 발을 씻겨주심으로 소통을 이루셨다.

> [4]저녁 잡수시던 자리에서 일어나 겉옷을 벗고 수건을 가져다가 허리에 두르시고 [5]이에 대야에 물을 떠서 제자들의 발을 씻으시고 그 두르신 수건으로 닦기를 시작하여(요 13:4-5).

부모는 제자들의 발을 씻기신 주님처럼 자녀들을 섬겨야 한다. 그럴 때에 자녀는 자기의 마음을 열고 부모에게 보여주게 된다. 기업의 원리에서도 같은 이야기를 한다. 좋은 기업은 섬기는 것을 통하여 소통을 잘한다. 롯데백화점의 CEO인 이철우는 그의 책 『열린 가슴으로 소통하라』에서 섬김의 자세를 강조하고 있다. 그는 말하기를,

> "좋은 상품 만들어주는 생산업체, 즉 협력업체를 고객처럼 우리가 먼저 배려하

고 섬기는 자세를 가질 필요가 있었다. 고객을 만나는 자세를 바꾸면 고객도 달라진다. 정중하게 대하고 고객의 입장을 배려하면 파는 사람의 입장도 이해해주게 된다. 협력업체들은 롯데마트가 고객을 대하듯 최선을 다해 협력업체의 입장을 배려하는 정책을 펴자, 적극적으로 협력하기 시작했다."

고 한다. 가정에서 자녀에게도 배려가 필요하고 섬기는 모습이 필요하다. 부모라고 해서 반드시 명령자가 되어야 하는 것은 아니다. 일방적 언어나 행동은 자녀로 하여금 가로막힌 장애물이 되게 한다.

일곱째, 소통하려면 나무를 보지 말고 숲을 보아야 한다. 이것은 대화할 때에 작은 것이나 지엽적인 문제에 비중을 두거나 감정을 드러내어서는 안됨을 말한다. 자녀에게 보이는 작은 실수나 실패를 지적하기보다는 더 큰 의미에서 자녀에게 비전과 꿈을 주는 대화가 되어야 한다. 자녀는 멈추어진 상태가 아니다. 계속해서 성장해가야 하는 자이다. 그 과정에서 일어나는 많은 일을 이해하고 받아줘야 한다. 부모는 내 아이의 일탈적인 행동에 대해 분노하고 야단치고 윽박지르기보다는 먼저 왜 내 아이가 저런 행동을 하는지에 대해 이해해야 한다. 자녀의 행동에는 반드시 이유가 있다. 내 아이만의 문제가 아니다. 내 아이의 친구의 절대적인 영향만은 아니다. 분명한 이유가 무엇인지를 알려고 해야 한다. 이것이 자녀와의 대화에서 나무를 보지 않고 숲을 보는 것이다.

신앙은 지식적으로 머리에 기억되도록 하는 가르침이 필요하지만 무엇보다도 자녀의 마음에 새기도록 해야 한다. 마음에 새겨질 때에 삶으로 변화를 가져오기 때문이다. 그렇게 하기 위해서는 소통이 되어야 한다. 소통이 없는 일방적인 지식은 자칫하면 바리새인처럼 되게 할 가능성이 높다. 바리새인은 외식하는 것을 좋아하고 자기가 가진 지식으로 남을 판단하기를 좋아했다. 자신들이 회개하고 돌이켜야 함에도 불구하고 자신은 완전한 존재요 의인이며 돌이키고 회개해야 할 사람들은 따로 있다고 생각했다. 신앙의 지식적 접근은 바로 이와 같은 현상을 초래할 수 있다. 예수님이 예루살렘에서 바리새인들에게 하신 말씀처럼 자칫하면 외식적인 신앙을 가질 수 있다.

> [8]이 백성이 입술로는 나를 공경하되 마음은 내게서 멀도다 [9]사람의 계명으로 교훈을 삼아 가르치니 나를 헛되이 경배하는도다(마 15:8-9).

따라서 부모가 자녀를 신앙으로 가르칠 때에 겉으로 드러나는 행동에 초점을 맞추게 되면 실패할 확률이 높다. 자녀들이 겉으로는 순종하는 척 하지만 마음으로는 동의하지 않고 거부하는 경우가 많다. 마음에는 다른 생각을 품을 수 있다. 마음에는 거짓이 있고 불신앙이 자리하고 있을 수 있다. 그리고 신앙을 가르친다고 하면서 자존감을 상하게 한다거나 다른 사람에게 창피를 주어서는 안 된다. 물질적인 보상이나 자녀로 하여금 지나친 죄책감을 가지게 해서도 안 된다. 그들의 마음을 끌어내야 한다. 마음을 관찰하고 마음에 말씀이 뿌리를 내릴 수 있도록 가르쳐야 한다. 그래서 스스로 마음의 결정을 내리고 행동으로 이어갈 수 있도록 해야 한다.

비언어적 요소를 활용하라

신앙을 가르치는 것은 반드시 말로만 이루어지는 것은 아니다. 때로는 말이 아닌 다른 요소 즉 비언어적인 것을 통해서 충분히 신앙을 가르칠 수 있다. 어떤 연구에 의하면, 일상 대화의 70% 이상이 언어보다는 비언어에 의해 이루어진다고 한다. 또 앨버트 메라비언(Albert Mehrabian)은 그의 저서 *Silent Messages*에서 "의사소통에서 상대방에게 영향을 주는 요소로서 언어적 요소가 7%, 청각(음성의 언어)적 요소가 38%, 시각(몸의 언어)적 요소가 55%"라는 메라비언의 법칙을 발표하여, 의사소통에서 비언어적 요소(93%)의 중요성을 강조하였다. 이런 비언어적 요소들은 자녀의 미래에 친밀한 결혼생활과 친구관계, 사회 생활에서의 바른 인간관계에 큰 영향을 끼친다. 이는 비언어적 요소가 대화나 가르침에 아주 유용함을 보여준다. 그렇다면 비언어가 무엇인가?

　비언어란 전문적인 용어를 빌리자면 언어가 상징적인 기호라면 비언어는 인간의 자연 발생적인 표현 행동이라고 할 수 있다. 비언어에는 사람의 표정이나, 공간의 사용, 시간, 제스처, 이미지와 시선 등을 들 수 있다. 아이들이 잘못했을 경우 부를 때에 가까이 다가오려는 것을 꺼린다. 이것은 자신이 뭔가 불편하고 부끄럽다는 것 혹은 부모의 꾸지람을 들으려고 하니까 무섭다는 의미이다. 반대로 무엇인가를 얻고자 할 때에 부모의 코 앞까지 다가오는 경우가 있다. 오지 말라 해도 와서 매달리면서 자신의 것을 요구한다. 이것들은 공간을 통해서 이루어지는 비언어들이다. 성경에서도 예수님이 사용하신 비언어의 예가 많이 나온다.

> [14]성전 안에서 소와 양과 비둘기 파는 사람들과 돈 바꾸는 사람들이 앉아 있는 것을 보시고 노끈으로 [15]채찍을 만드사 양이나 소를 성전에서

내쫓으시고 돈 바꾸는 사람들의 돈을 쏟으시며 상을 엎으시고(요 2:14-15).

예수님은 자신의 격한 제스처를 통하여 당시 성전을 강도의 굴혈로 만드는 사람들을 향하여 강한 메시지를 던지셨다. 예수님은 하나님의 성전에서 자기 욕심을 채우는 무리들을 향하여 과격한 몸짓을 보여주심으로서 얼마나 많이 잘못하였는가를 간접적으로 말씀하신 것이다. 또한 서기관들과 바리새인들이 간음한 여인을 예수님께 데리고 와서 율법에 의하면 이런 여인은 돌로 쳐야 하는데 당신은 어떻게 생각하느냐고 물었다. 그러자 예수님은 그들에게 언어로 답을 하시지 않으시고 비언어로 답을 하셨다.

그들이 이렇게 말함은 고발할 조건을 얻고자 하여 예수를 시험함이러라 예수께서 몸을 굽히사 손가락으로 땅에 쓰시니(요 8:6).

예수님이 보여주신 비언어적인 행동은 강력한 힘을 발휘하게 된다. 기세등등하던 서기관들과 바리새인들의 입을 다물게 하였다. 그리고는 주님은 한 번 더 비언어의 예술을 보여주셨다.

[7]이에 일어나 이르시되 너희 중에 죄 없는 자가 먼저 돌로 치라 하시고
[8]다시 몸을 굽혀 손가락으로 땅에 쓰시니(요 8:7-8).

두 번째 하신 몸짓은 더 큰 충격으로 다가갔다. 바리새인들과 서기관들은 양심의 가책까지 느끼게 된 것이다. 그리고 주변에 있던 성난 군중들도 돌을 들어서 치려고 하다가 하나둘씩 슬그머니 도망치듯이 가버렸다.

이처럼 비언어에서 중요한 것은 신체를 통한 전달이다. 신체 언어는 얼굴의 표정과 손의 사용, 머리와 수족, 몸통 그리고 체형 등을 망라하는 것이라고 할 수 있다. 이때 신체 언어는 자신의 생각과 감정, 요구사항을 전달할 수 있는 다재다능한 도구가 되는 것이다. 따라서 비언어의 요소들은 부모나 자녀에게 서로가 자신의 생각과 의견을 전달하는데 보다 효과적으로 사용할 수 있다. 그렇다면 왜 비언어적인 요소들을 사용하는 것이 좋을까?

첫째, 자신이 전달하고자 하는 의미를 언어보다 더 효과적으로 전달할 수 있다. 무엇인가를 전달하려고 할 때에 특정한 행동이나 제스처는 자녀에게 빠르게 전달될 수 있다. 그리고 비언어는 그 표현방식도 매우 다양하며 언어보다 더 감정적 효과를 가져다 주기도 한다. 부모가 자녀에게 양손을 사용하여 하트 모양을 그려서 내가 너를 사랑하고 있다는 것을 말한다면 아이는 더 생생하게 기억하게 된다. 또는 아이를 꼬옥 안아줌으로서 너를 정말로 사랑한다는 것을 전달할 수도 있다.

둘째, 자녀에게 비언어를 사용하게 되면 전달하고자 하는 의미들을 반복해서 지루하지 않고 거부감 없이 전달하는 효과가 있다. 아이들이 게임을 하거나 혼자만의 놀이를 하다가 중단해야 하는 경우가 있다. 이제부터 자기의 할 일을 해야 한다던가 씻고 식사를 해야 한다고 할 때에 "얘야 5분 남았어. 이제 그만해야 돼. 정리 해"라고 말할 수 있지만 그 말과 더불어서 손가락 5섯 개를 펼쳐 보이게 되면 5분의 시간적 의미를 이중적으로 각인시키게 된다. 따라서 한 번 언어로 듣는 것보다 그 인식의 정도가 달라지게 되는 것이다. 성경의 이야기를 해 줄 경우에도 비언어적인 요소들을 사용하는 것은 학습효과가 훨씬 크다. 예수님이 행하신 보리떡 다섯 개와 물고기 두마리의 이야기를 할 경우 손을 사용하면서 설명해 준다면 아이들은 훨씬 오랫동안 기억하고 기억할 것이다.

셋째, 비언어적 방법은 자녀들이 시끄럽게 떠들고 놀 때에 주의를 주거나 확실하게 전달하려고 할 때에 말로 하는 기능을 대체할 수 있다. 시끄러운 거리에서는 말보다 '이리 오라'는 손짓이 훨씬 유용하다. 또 엄지 손가락을 치켜세우면 아무런 말이 없어도 '네가 최고'라는 뜻을 전달하는 것이다. 승리를 나타내는 V자도 마찬가지이다.

넷째, 비언어적 요소들은 언어로 직접 표현하는 것에 보완적인 역할이나 강조적인 기능을 가진다. 부모가 자녀에게 말하고자 하는 의미를 좀 더 보완하게 된다는 것이다. 예를 들어, 자녀에게 '그건 안 돼!'라고 말할 때에 손을 흔든다던가 혹은 고개를 흔들게 되면 자녀는 부모의 말을 강하게 인식하게 된다. 부모의 얼굴이나 시선, 어조, 말의 크기나 제스처, 몸동작 등은 전달하고자 하는 내용을 보완하거나 강조하는 기능을 가지고 있다. 이것들은 모두 의미 전달을 뚜렷하게 해줄 수 있다.

그러면 자녀들을 가르칠 때에 사용할 수 있는 대표적인 비언어는 어떤 종류가 있는가?

첫째, 신체언어이다. 신체를 이용하여 자녀와 소통하는 것이다. 이것은 가장 원초적인 방법이기도 하다. 부모가 만들어내는 몸짓, 자세, 얼굴 표정 등 신체가 만들어내는 언어를 말한다. 이 가운데 얼굴 표정은 자녀에게 무엇을 전달하고자 하는데 매우 유용하다. 놀란 표정, 슬픈 표정, 무관심한 표정, 거부의 표정, 환영하는 표정, 혼내는 표정 등은 얼굴을 통해 전달할 수 있는 비언어들이다.

둘째, 자녀에게 효과적으로 사용하면 좋은 것이 접촉 언어이다. 접촉 언어는 자녀에게 부모의 마음을 전달하는 데 아주 중요한 소통의 수단이 된다. 아이에게 다가가서 안아주어야 할 때가 있다. 머리를 쓰다듬어 주어야 할 때가 있다. 그럼에도 그렇게 하지 않고 냉정함을 유지하는 것은 옳은 일이 아니다. 자주 자녀의 신체와 접촉하는 것이 좋다. 머리를 만져준다던가, 안아준다던가 혹은 볼에 키스를 해주게 되면 아이들은 부모의 사랑을 간접적으로 경험하게 되며 마음의 안정을 얻게 된다. 안아줄 때에는 가급적 팔을 크게 벌려서 안아주면 아이들은 더 큰 사랑을 경험하게 된다. 이 접촉언어는 남녀의 차이에 따라 조금은 달라진다. 남자 아이의 경우 아버지가 좀 더 강한 접촉을 시도하는 것도 좋다.

예를 들어, 함께 뒹군다던가 씨름을 한다던가 하는 등이다. 여자 아이들의 경우에는 강한 접촉이 오히려 역효과를 가져올 수도 있으므로 부드러운 접촉이 필요하다. 그리고 발달 측면에서 신체적인 접촉을 고려해야 한다. 사춘기에 접어든 자녀에게는 많은 신체적인 변화들이 일어나게 된다. 가장 두드러진 변화는 생식 능력이 생겨난다는 것이다. 이것이 다른 변화들 가운데 가장 중심이 되는 것이다. 사춘기의 자녀들은 자신의 이런 신체적인 변화에 민감하게 반응하게 된다. 그럼에도 손과 다리가 뒤엉킨 채 거실 바닥에 뒹구는 것은 나쁜 접촉이 된다.

특히 외모 문제를 겪지 않고 십대의 시기를 넘기는 사람들은 거의 없다. 십대들이 자기 외모에 대해 만족하기 시작하면 그들은 다른 많은 문제들은 작아지기 시작한다. 그리고 십대 후기에 되면 신체적으로 성숙하게 된다. 남자들은 변성기를 지나 남자다운 음성을 가지게 되며, 어깨가 벌어진다. 여자들은 좀 더 여성스러워진다. 이런 신체적인 관심도에 따라서 반응하게 되므로 여자인 경우에는 조심스럽게 시도해야 한다.

  신앙교육을 위해 비언어는 어떻게 사용해야 할까? 직접 아이들에게 가르쳐 주지 않았음에도 아이들이 종종 목사가 하는 축도의 행위를 따라하는 경우가 있다. 무릎을 꿇고 기도하기도 한다. 찬송을 부를 때에 손뼉을 친다. 특히 예배의식에서의 부모가 보여주는 비언어는 훌륭한 교사가 된다. 신앙교육이라고 해서 일반적 비언어의 활용과 다를 바가 없다. 이처럼 부모가 보여주는 것과 아이들이 보는 것을 통해 예배를 배우고 기도하는 것을 알게 된다. 하나님이 크시다는 말을 할 때에 두 손을 머리 위로 들어 큰 원을 그리면서 가르치게 되면 아이는 하나님의 크심에 대해 이해하게 된다. 예배를 드릴 때에 아이가 말을 하려고 한다면 손을 입술에 갖다 대면서 조용히 해야 한다는 것을 깨우쳐 줄 수 있다. 성경의 이야기를 할 때에나 예수님의 기쁨과 슬픔, 강렬한 분노를 이야기할 때에는 표정이나 몸짓을 통해 아이에게 전달하게 되면 내용에 맞는 의미를 깨닫게 된다.

  그러므로 신앙을 적실하고 바르게 가르치기 위해서는 부모가 상황에 맞게 자녀에게 비언어를 사용해야 한다. 비언어의 사용은 매우 좋은 효과를 가져다준다. 부모가 아이들에게 다양한 표정과 몸짓을 통하여 신앙에 대해 가르친다면 분명 아이들은 오랫동안 기억하고 행할 것이다.

MY CHILD, FAITH IS ALL HE NEEDS

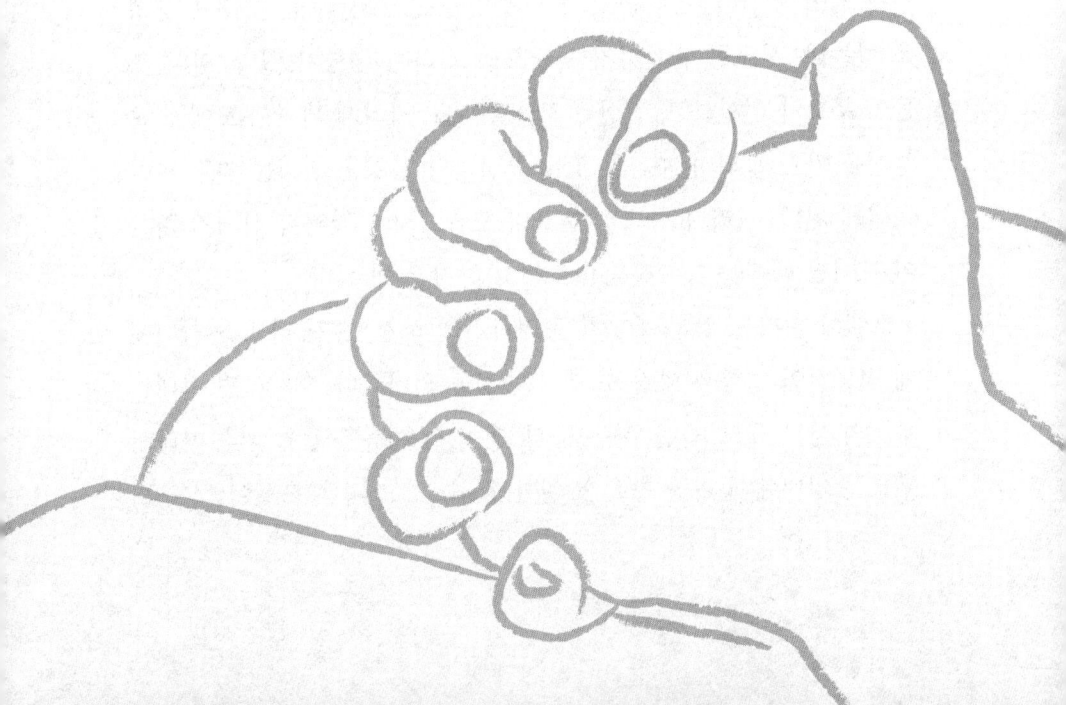

신앙교육 9

부모가 모델이 되는 것보다 더 좋은 것은 없다

¹¹네가 이것들을 명하고 그르치라 ¹²누구든지 네 연소함을 업신여기지 못하게 하고 오직 말과 행실과 사랑과 믿음과 정절에 대하여 믿는 자에게 본이 되어 ¹³내가 이를 때까지 읽는 것과 권하는 것과 가르치는 것에 착념하라 ¹⁴네 속에 있는 은사 곧 장로의 회에서 안수 받을 때에 예언으로 말미암아 받은 것을 조심 없이 말며 ¹⁵이 모든 일에 전심전력하여 너의 진보를 모든 사람에게 나타나게 하라 ¹⁶네가 네 자신과 가르침을 삼가 이 일을 계속하라 이것을 행함으로 네 자신과 네게 듣는 자를 구원하리라(딤전 4:11-16).

부모가 자녀에게 신앙을 효과적으로 가르치기 위해서는 그들의 모델이 되어야 한다. 자녀는 그들이 무엇을 보는 것과 듣는 것에 영향을 받는다. 사소한 습관까지도 닮으려고 하는 경향이 있다. 만약 그들이 부모가 신실하고, 진실된 모습을 보고 자라게 되면 부모에게 존경심을 가지게 되며 자신의 삶에 중심적인 영향을 끼치는 자로 받아들이게 된다. 그러나 반대로 부모의 모습에서 거짓과 진실되지 않음이 보여질 때에는 가르침을 따르려고 하지 않게 된다.

모델이 된다는 것은 부모가 동의하건 안하건, 좋건 나쁘건 자녀에게 역동적인 영향을 끼칠 수 있다는 것을 의미한다. 왜냐하면 자녀는 부모의 삶과 태도, 습관, 행동 양식, 언어 사용 등을 관찰한다. 따라서 부모는 자녀에게 가장 좋은 모델이 될 수 있고 나쁜 모델이 될 수도 있다. 좋은 모델이 된다면 더할 나위 없이 좋은 일이다. 그러나 만약 부모가 자녀에게 나쁜 모델이 된다면 그것만큼 애통한 일이 없을 것이다.

모델(model)이라는 것이 무엇인가? 모델이라는 것은 어떤 양식에 대해 직접 보여주는 것이다. 성경에는 모델의 필요성에 대해 여러 차례 말씀하고 있다. 예수님은 제자들에게 자신이 직접 보여주심으로 모델이 되셨다. 요한복음 13:4-15에 예수 그리스도는 그의 제자들의 발을 씻기셨다. 이는 왕으로 오신 주님이, 다스리는 권세를 가지신 분이 스스로 낮아지시고 섬기시는 모습을 보여주신 것이다. 주님은 진심으로 종 된 모델을 가르치셨다. 그리고 주님은 그의 제자들에게 실제적 모델에 대해서 가르치셨다.

> [43]너희 중에는 그렇지 아니하니 너희 중에 누구든지 크고자 하는 자는 너희를 섬기는 자가 되고 [44]너희 중에 누구든지 으뜸이 되고자 하는 자는 모든 사람의 종이 되어야 하리라(막 10:43-44).

부모는 자녀에게 군림하는 자가 아니다. 지배자가 아니다. 강제적으로 다스리는 자가 아니다. 부모는 자녀의 모델이다. 자녀가 닮기 원하는 모델이 부모가 될 수 있어야 한다. 자녀를 신앙으로 가르치기 위해서는 그들에게 삶의 모델이 되어야 한다. 어려움을 지혜롭게 헤쳐나가는 것도 보여줘야 하고, 쉬지 말고 기도하는 것도 보여줘야 하고, 하나님을 향한 갈급함도 보여줘야 하고, 사랑하는 것, 잘못을 했을 경우 용서를 구하는 것, 공부를 하라고만 야단치기 전에 먼저 책을 읽는 것을 보여주어야 한다.

습관의 모델이 되라

　유학시절이었다. 어느 날 학교에서 돌아와 보니 아들이 쇼파에 기대어 앉아 TV를 보고 있었다. 그런 아들의 모습을 보면서 소스라치게 놀란 적이 있었다. 그것은 아들이 쇼파에 앉아 손에 리모컨을 들고 있는 모습이었다. 그 모습이 나와 너무나 똑같았기 때문이다. 순간적으로 이런 생각이 들었다. '아, 내 모습이 저런 거였는가?' '내가 저런 모습으로 앉아 있었던가?' 아들을 보면서 부정할 수 없는 나의 어리석은 모습이 보였다. 아들이 아버지인 나의 모습을 보여진 그대로 따라 한 것이다.

　한 개인의 습관은 삶의 모습이자 형태이다. 습관을 보면 그 사람의 됨됨이를 알 수 있다. 좋은 습관을 가진 부모에게서 좋은 습관을 가진 자녀가 나온다. 그리고 좋은 습관을 가진 사람은 성공한 인생을 살 수 있는 확률도 높다. 공병호는 그의 책 『습관은 배신하지 않는다』에서 작은 습관들이 모여 인생의 성적표를 결정한다고 한다. 습관이 인생에 미치는 영향력이 크다는 것은 누구나 인정한다. 아침 일찍 일어나는 습관을 가진 사람은 다른 사람보다 더 많은 시간을 활용할 수 있다. 식사를 천천히 하는 습관을 가진 사람은 음식을 소화하는 데 좋다. 생각하기를 좋아하는 습관은 실수를 줄이는 데 유익하다. 칭찬하기를 좋아하는 습관은 주변에 사람들이 모인다. 모든 사람들이 좋아한다. 부지런한 습관은 시간 시간마다 자신의 삶을 소중하게 만들어가게 해준다.

　반대로 나쁜 습관을 가진 사람은 상대적으로 불편함이나 어려움을 겪을 수가 많다. 늦잠을 자는 습관을 가진 사람은 늘 일어나는 것이 곤욕이다. 자녀들이 어릴 때부터 스스로 일어나는 습관을 갖게 하는 것은 중요하다. 어릴 때부터 부모가 깨워서 겨우 일어나는 습관을 가지게 되면 성장한 후에도 똑같은 일이 반복된다. 요행을 바라는 습관은 삶에 불편한 진실을 숨기게 되고 한탕주의에 빠질 수 있다. 자신의 노력은 뒷전이다. 노력하지 않고서도 무엇인가를 얻으려고 한다. 비난하기를 좋아하는 습관을 가진 사람은 상대방의 마음을 아프게 할 뿐만 아니라 자신도 비난을 받게 되어 마음을 다치게 된다. 주님도 이에 대해 잘 아시고 우리에게 비판하지 말 것을 당부하셨다.

> [1]비판을 받지 아니하려거든 비판하지 말라 [2]너희가 비판하는 그 비판으로 너희가 비판을 받을 것이요 너희가 헤아리는 그 헤아림으로 너희가 헤아림을 받을 것이니라(마 7:1-2).

그리고 게으른 습관을 가진 사람은 다른 사람들이 하는 일에 뒤쳐진다. 성경도 이에 대해서 경고하고 있다.

> [9]게으른 자여, 네가 어느때까지 누워 있겠느냐? 네가 어느 때에 잠이 깨어 일어나겠느냐? [10]좀 더 자자, 좀 더 졸자, 손을 모으고 좀 더 누워 있자 하면 [11]네 빈궁이 강도 같이 오며 네 곤핍이 군사 같이 이르리라(잠 6:9-11).

게을러서 자기의 할 일을 하지 않고 자꾸만 자고 싶고 누우려고 한다면 아무것도 이루지 못할 것이다. 또한 약간 비스듬하게 앉아 있는 습관이 있는 사람은 척추에 이상이 생기게 된다. 욕하는 것을 좋아하는 습관이 있는 사람은 그것으로 인해 다른 사람들로부터 욕을 먹거나 배척을 당하게 된다. 불평을 잘하는 것도 나쁜 습관이다.

일곱 살 난 아이가 아버지와 함께 아침 시간을 보내고 있었다. 아이는 얼마동안 얘기를 나눈 후 컴퓨터 앞에 앉아서 무엇인가를 치기 시작했다. 아이가 무엇인가를 치니까 아버지가 호기심에 가서 보았다. 아버지가 보니 아들이 친 글은 상스러운 욕설이었다. 아버지는 혹시나 하고 기대감으로 갔다가 매우 실망하고 놀랐다. 그러나 겉으로 표현하지 않고 아들에게 부드럽게 물었다. "너 어디서 이 말을 배웠니?" "어제 아버지가 화났을 때 엄마한테 이 말을 했잖아요"라고 대답했다. 부부간의 잘못된 대화가 아이들에게까지 영향을 끼치게 되는 것이다. 이처럼 습관이 어떻느냐에 따라서 좋은 영향력과 나쁜 영향력을 끼치게 된다.

그리고 습관은 어느 한 시점에서 나타나는 현상이 아니라 반드시 누적이 된다. 일명 누적 효과이다. 그 누적 효과에 따라 인생의 명암이 엇갈리게 된다. 하루에 1시간씩 책을 읽는 습관을 가진 사람의 누적 효과는 엄청날 것이다. 하루에 10분씩 성경을 읽는 습관을 가진 사람은 하나님의 말씀을 듣게 되는 훈련이 이루어지게 된다. 하루에 한 번씩 기도하는 습관을 가지게 된다면 훌륭한 영성을 가지게 된다. 가정에서 서로 도와주고 인사하는 습관이 있다면 그 가정은 행복할 것이다. 이처럼 우리의 자녀들이나 가족 구성원이 적극적으로 좋은 습관을 들이고 그것을 가정에서 반복하여 행한다면 가정의 분위기가 달라지게 된다. 가족 구성원 모두 좋은 습관으로 인하여 제2의 천성으로 자리 잡는다. 그리고 우리가 매일 반복해서 행하는 것들을 모두 더하면, 그것이 바로 우리 자신의 모습이 되는 것이다.

습관의 누적 효과는 무의식적으로 나타난다. 나는 이사를 자주했다. 자꾸만 이사할 일이 생기게 된다. 가장 오랫동안 살았던 곳이 몇

년이 되지 않는다. 얼마 전 또 다시 이사를 감행했다. 가족에게 미안하기도 하고 나 자신에게도 편안한 마음은 아니었다. 이사를 하고 난 첫 날, 하루의 일과를 마치고 저녁때쯤 퇴근하면서 집 근처 사거리에서 무심코 우회전을 했다. 우회전을 하게 되면 옛날 살던 집으로 가던 길이라는 것을 깨닫는데 그리 오랜 시간이 필요하지 않았다. 집으로 간다면서 나도 모르게 새로 이사간 집이 아닌 옛날 살던 집으로 차를 몰고 있었던 것이다. 이것이 바로 습관의 누적 효과이다. 옷을 입는 것, 옷을 벗는 것, 양치질을 하는 것, 거울을 보는 것, TV를 보는 것, 야단치는 것, 잔소리를 하는 것, 공부를 하는 것 등 습관은 반복적이기도 하고 누적적이라고 할 수 있다.

누적 효과는 자신에게만 국한 되는 것이 아니다. 함께 살아가는 가족에게 전달된다. 그래서 부모가 TV는 나의 목자시니라고 하면 아이들도 TV는 나의 목자시니라고 생각한다. 그리고 동일한 방식으로 행동을 하게 되면 자녀들도 그렇게 된다. 어느 가정에 부모가 TV를 보는 것을 즐겨했다. 퇴근하고 집으로 돌아오면 으레히 푹신한 쇼파에 몸을 기댄 채 TV를 보고 있었다. 그때에 큰 아이가 나와서 곁에 앉으려고 했다. 그러자 아빠가 "너는 방에 가서 공부 해!"라고 소리 질렀다. 아이는 머뭇거리다가 결국 자기 방으로 들어갔다. 아이가 학교에서 돌아온 후 자기가 좋아하는 TV를 보는데 동생이 다른 것을 보려고 했다. 그러자 "너는 방에 가서 놀아"라고 소리쳤다. 아버지가 하던 것을 아이가 똑같이 하는 것이다. 보고 배운 습관적인 행동이다.

그렇다면 습관과 누적 효과가 무엇인가? 운동과 식사하는 것이 좋은 예이다. 매일 조금씩 운동하는 습관을 가진 사람은 건강한 몸을 가지게 된다. 건강한 몸은 운동이라는 습관으로 인하여 얻은 누적 효과이다. 자극적인 것을 피해야 하는 체질임에도 매일 맵게, 혹은 짜게 식사를 한다면 건강에 적신호가 올 것이다. 또한 몸에 해로운 음식을 섭취하게 된다면 몸에 해롭게 된다. 이 경우 먹는 음식으로 인하여 몸에 해롭게 되는 것이 누적 효과이다. 책상에 앉자 마자 컴퓨터를 켜는 일에 습관이 되어 버렸다면 누적 효과는 중독일 것이다. 욕을 자주 하게 되면 그 누적 효과는 욕쟁이가 되는 것이다. 거짓말을 자주 하다보면 그 누적 효과는 거짓말쟁이가 되는 것이다. 그래서 습관은 놀라운 힘을 가지고 있다. 물론 양면성의 문제이기도 하지만 말이다.

그러므로 좋은 부모가 되는 것, 좋은 아버지가 되는 것, 좋은 어머니가 되는 것, 좋은 신앙인이 되는 것은 어떤 습관을 가지게 되느냐에 달려있음을 알 수 있다. 왜냐하면 그 누적 효과가 만만치 않기 때문이다. 기도하는 습관을 가진 부모 밑에서 자란 아이는 기도하는 습관을 가질 수 있다. 그 누적 효과는 어려움과 문제에 직면했을 때 이겨내는 힘이 된다. 성경을 읽는 부모에게서 비슷한 습관을 자녀에게서 발견할 수 있다. 가정에서 부모가 먼저 섬기고 신앙인으로서의 삶을 보여주게 되면 그 누적 효과는 눈 위의 발자국처럼 선명하게 드러난다. 그리고 자녀에게 삶의 곳곳에서 고스란히 나타나게 된다. 아버지로서 아이들에게 좋은 습관을 보여주는 것은 자녀교육에 엄청난 누적 효과를 경험하게 된다.

따라서 누적 효과가 나쁘게 나타나는 습관들은 버려야 한다. 영적인 습관 역시 마찬가지이다. 영적 습관으로 인해 누리게 되는 긍정적인 누적 효과라는 것은 돈으로 환산할 수 없을 정도로 값진 것이다. 부모는 자녀들이 바른 영적 습관을 가지도록 보여주고 가르쳐야 한다. 매일 말씀을 읽는 것과 기도하는 것은 반드시 물려주어야 할 고귀한 습관이다. 왜 안 된다고 생각하는가? 그것은 안되는 것이 아니라 우선 순위의 문제이다. 부모가 가지는 관심에서 벗어나 있기 때문이다. 좋은 영적 습관이 아이의 인생에 정말 중요하다고 생각하는가? 그렇다면 지체해서는 안 된다.

삶의 모델이 되라

어릴 때 부모의 모습을 보면서 나는 절대로 아버지 같은 사람, 어머니와 같은 사람이 되지 않겠노라고 생각해본 적이 한 두 번은 있을 것이다. 아버지가 화를 내시면서 나에게 채찍질을 하신 날이든지, 아니면 술을 드시고 불쾌한 행동을 하신 날에는 어김없이 마음속에 이런 다짐을 해보게 된다. '나는 아버지처럼 되지는 않을래.' '아버지가 안계시면 우리 집은 행복할 텐데.' 그리고 그로부터 많은 세월이 흐른 지금 나 자신의 모습을 들여다보면, 아버지의 모습이 보인다. 술을 먹지 않았지만, 아이에게 매질을 하지 않았다 할지라도 그 어느 구석에선가 아버지의 모습이 보인다. 어쩔 수 없는 닮은 꼴이다.

자녀들은 부모가 보여준 모습 그대로 닮는다. 엄마가 아버지를 무시하는 말을 하면 아이들도 아버지에게 무시하는 말을 한다. 아버지가 엄마에게 사랑하는 것을 보여주면서 가사 일을 돕게 되면 아이들도 엄마의 일을 돕는다. 필자는 청소하는 것을 좋아한다. 특별한 의도나 목적은 없다. 아내를 위해서, 가정을 위해서 시작한 것도 아니다. 그런데 어느 날 곰곰이 생각해 보았다. 왜 내가 청소하는 것을 좋아할까? 어릴 때 아버지가 그러셨다. 아버지는 빗자루로 바닥을 청소하시고 난 뒤 손수 걸레를 빨아서 방을 닦으셨다. 거의 매일 아버지의 이런 모습을 보면서 자랐다. 지금 내가 청소하기를 즐겨하는 것도 아버지의 모습을 보고 자란 영향이었다. 보여지는 것도 자녀에게 영향력을 끼치고 자녀의 롤 모델이 된다.

부모는 마땅히 아이에게 좋은 모습을 보여주도록 힘써야 한다. 아이는 자기의 모델을 찾고 있다. 그 첫 번째 대상이자 가장 큰 영향력을 줄 수 있는 자가 바로 부모이다. 그 일에 대해 소더홀름(Soderholm)은 어린이들에게 본을 보여주는 것이 필요하다고 한다.

> "어린이들은 정직, 인내, 순종, 책임감, 친절, 이타주의, 헌신, 다른 사람을 돕는 일에 대한 모범이 필요하다. 부모는 어린이들이 일을 어떻게 처리하는가, 방을 어떻게 정리하는가, 옷을 어떻게 정돈하는가, 학교 공부는 어떻게 하는가, 책상은 어떻게 정리하는가, 애완동물은 어떻게 돌보는가, 또 어떻게 놀아야 하는가 등을 보여주어야 한다. 부모는 예수 그리스도가 이 모든 일에 어떻게 관계하시는지를 보여주기 위한 하나의 모범이 된다."

부모가 자녀에게 똑같이 그리스도를 따르도록 가르치는 것이 바로 모델이다. 자녀의 눈은 정확하며 눈을 통해 받아들이는 흡인력은 대단하다. 모든 것을 관찰하고 있다. 자녀는 부모의 모습을 배우고 자란다. 부모의 좋은 태도, 좋은 언어는 아이들에게 건강한 태도 건강한 언어를 만들어 준다.

반대로 부모의 그릇된 태도, 그릇된 습관, 그릇된 성격은 아이들에게 비뚤어진 성격, 비뚤어진 습관을 형성케 해준다. 술 마시는 아버지를 보고 자란 아이들은 술에 대해 대체적으로 관대하게 된다. 쉽게 화를 잘 내고 폭력적인 아버지에게서 배운 아이들은 쉽게 폭력적인 아이가 된다. 남자는 더 폭력적인 사람으로 바뀌고 여자 아이들은 언어의 폭력 마술사가 되어 버린다. 이런 가정에서 자란 아이들은 공포, 스트레스, 무능, 불안감, 걱정, 흑백논리나 또래 친구 괴롭힘 등 정상적인 가정의 자녀들보다 훨씬 빨리 비행에 눈을 뜨게 되고 문제아로 전락해 버릴 확률이 높다.

부모는 가정에서 정직과 인내, 순종과 책임감, 친절과 이타주의 그리고 헌신과 다른 사람을 돕는 일 등에 대해 모범이 필요하다. 부모는 자녀에게 어려운 일이 있을 때에 그 일을 어떻게 처리하는가, 방을 어떻게 정리하는가, 옷을 어떻게 정돈하는가, 학교 공부는 어떻게 하는가, 책상은 어떻게 정리하는가, 어떻게 놀아야 하는가 등을 보여주어야 한다. 자신의 감정에 사로잡혀서 숨지 말고 그리스도의 사랑으로 가득 찬 내면의 사랑을 숨겨두지 말며 자신의 어려움과 갈등에 휩쓸리지 말라. 자녀들 앞에서 진정으로 가치 있는 일이 무엇인지를 보여주어야 한다.

예를 들어, 가정에 어려운 일이 있을 때에 부모가 그 일로 인해 당황해하거나 불안정해 하고 감정을 통제하지 못하여 분노하고 격노하게 되면 아이들 역시 그런 감정들을 배우게 된다. 반면 어려운 일이 있어도

수고하고 무거운 짐 진 자들아 다 내게로 오라 내가 너를 쉬게 하리라
(마 11:28).

는 말씀처럼 주께 나아가서 의지하면서 주님의 말씀을 붙들고 자

신이 직면한 문제를 기도로 해결하려고 몸부림치는 부모의 모습을 보게 되면 아이들 역시 자신들이 직면하게 되는 수많은 문제들 앞에서 조용히 하나님께 나아가 기도하면서 하나님이 간섭하여 주시도록 도움을 구하게 된다. 하나님의 말씀이 무엇인지를 깨닫도록 해주는 것이 삶의 모델이다.

따라서 부모가 사람들을 미워하고 관계를 단절하면서 지낸다면 자녀들 역시 단절된 관계를 배우게 될 것이다. 그러나 부모가 성경에 말씀한대로

> [13]너는 구제할 때에 오른손이 하는 것을 왼손이 모르게 하여 [14]네 구제함을 은밀하게 하라 은밀한 중에 보시는 너의 아버지께서 갚으시리라(마 6:3-4).

부모가 은밀하게 나눔의 삶을 실천하게 되면 자녀도 나눔의 삶을 살게 될 것이다. 부모의 행동을 보고 삶 그 자체를 닮는 우리의 자녀들은 살아가는 모습 그대로 배운다. 부모가 하나님의 말씀을 암송하고 묵상하지 않는다면 아이들 역시 배우게 된다. 어릴 때부터 부모가 서로 섬기고 사랑하며 살아가는 모습을 보고 자란 자녀들의 심성은 얼마나 건전한지 모른다. 그래서 교육전문가들과 경험이 많은 지혜로운 부모들은 자녀들 앞에서 절대로 싸우지 말라고 가르치고 있다. 부부싸움은 자녀들에게 상처가 된다. 싸울 때에는 자녀가 보지 않는 곳에서 하라. 학교에서 상담을 종종 하게 되는데 거의 대부분의 학생들이 어릴 때 부모가 심히 싸우는 것을 보고 자라면서 마음에 상처를 간직하게 된 것을 보았다. 그 상처 때문에 성인이 되었음에도 고민하고 힘들어 한다.

부모가 자녀에게 거짓말을 가르치지는 않을 것이다. 만약 그런 부모가 있다면 부모가 아니거나 혹은 정신적으로 문제가 있을 것이다. 그러나 부모가 자녀에게 진실성을 보여주지 않거나 약속을 자주 파기하게 된다면 자녀들은 부모에게서 거짓말을 배우게 되는 것이다. 쉽게 약속을 하고 쉽게 약속을 연기하고, 쉽게 약속을 어기게 되고 화를 내게 된다면 약속을 지키지 않아도 되는 구나, 약속을 어겨도 되는 구나 라고 생각하게 된다. 결국 자신에게 진실하지 못하게 되고 더 나아가서 범죄의 행위로까지 발전하게 된다.

인격의 모델이 되라

자녀들은 부모를 바라보기도 하지만 해석하기도 한다. 자신이 원하는 부모상을 그려놓고 부모를 응시한다. 화내기를 잘하고, 부정적인 말을 쏟아내고, 분노로 자녀를 모욕하고, 즉흥적인 행동을 하는 부모는 자녀의 해석에 치명적이다.

> 그러므로 누구든지 이런 것에서 자기를 깨끗하게 하면 귀히 쓰는 그릇이 되어 거룩하고 주인의 쓰임에 합당하며 모든 선한 일에 예비함이 되리라(딤후 2:21).

자녀가 하나님의 귀히 쓰는 그릇이 되기를 원하는 것은 모두의 소망일 것이다. 이 소망을 이루기 위해서 가르치는 것도 중요하지만 인격적인 부모가 되어야 한다. 진실을 말하는데 자녀는 그 진실을 잘못

받아들인다면 어떻게 해야 할까? 자녀들에게 신앙을 가르쳐도 깨어진 그릇처럼 산산조각나서 들려진다면 어떻게 될까? 부모의 있는 모습 그대로 자녀에게 신뢰를 받고 작은 말 한마디 한마디가 영향력이 있어야 한다. 말을 많이 한다고 해서 자녀에게 영향력이 있는 것이 아니다. 부모의 가르침에 영향력이 있으려면 바른 인격이 스며있어야 한다. 이것을 아리스토텔레스(Aristoteles)는 "에토스"라 칭한다. 이 에토스는 '사람의 관심을 끌고 신뢰를 획득하기 위해 말하는 사람이 지녀야 할 성격'이다. 그에 의하면 아무리 말을 잘해도 말하는 사람의 에토스가 없으면 그 말은 진심으로 전달되지 않는다고 한다. 그래서 그는 로고스와 에토스, 파토스 중에 상대방을 설득시키는 데 있어 가장 큰 요소는 에토스라고 강조한다.

인격은 한 사람이 지니고 있는 고귀한 본성이다. 부모가 말과 행동이 다르면 자녀는 의심하게 되며 믿으려고 하지 않는다. 부모가 싸움을 하면서 자녀에게 "동생하고 사이좋게 놀아라"라고 가르친다면 강요에 의해 우선은 순종하는 척 할지 모르나 나중에는 장담할 수 없는 노릇이다. 부모가 가정에서 게으른 태도를 보여주면서 자녀에게는 부지런하라고 가르친다면 따르려 하지 않을 것이다. 부모라고 해서 자신을 방치해서는 안 된다. 깨끗한 그릇이 되도록 노력해야 한다.

> 그러므로 누구든지 이런 것에서 자기를 깨끗하게 하면 귀히 쓰는 그릇이 되어 거룩하고 주인의 쓰심에 합당하며 모든 선한 일에 준비함이 되리라(딤후 2:21).

부모가 깨끗한 그릇이 되면 자녀에게도 큰 영향력을 미치게 된다.

그 가운데 부모의 인격은 자녀에게 중요한 것을 보여주기도 하고 결정케 하는 요인이 된다. 인격은 널리 사용되고 있는 말이다. 인격이란 무엇인가? 한 마디로 정의하기가 매우 어렵다. 일반적으로 사용하는 의미와 심리학적인 입장에서의 의미들이 있다. 인격이라는 말을 사용한 알포트(Allport)는 말한다.

> "인격은 그의 행동과 생각의 특징을 결정짓는 정신물리학의 체계 내에 있는 역동적인 조직체이다."

인격은 어떤 사람의 태도, 가치의 구별된 양식으로서 개인에게 주어진 특징이라고 할 수 있다. 인격이 가치와 태도가 수반되는 행동의 경향을 결정한다는 것이다. 다른 한편으로, 기독교적 관점에서 본 성격은 개인에 의해 나타나고 소유된 인간 특징의 형태를 언급한다고 볼 수 있다. 인격은 의식하든 그렇지 못하든, 애써 감추려고 해도 드러나게 된다. 특히 가족의 구성원으로서의 삶은 서로를 너무나 잘 들여다 볼 수 있게 된다.

한 개인의 인격 형성은 대단히 중요하다. 왜냐하면 인격에 따라서 그 사람의 삶이 달라지기 때문이다. 인격은 생각을 결정하거나 행동을 결정하는 육체적, 심리적 행동의 중요한 요인이 된다. 인격은 크레치머의 체형별 유형론이나 외향형, 내향형 이론에 의해 어느 정도 분류할 수 있지만 실제로 사람들의 인격은 각양각색이다. 그렇다면 여기에서 중요한 고민을 하게 된다. 인격은 어떻게 형성되는가 하는 것이다. 즉 인격은 어떻게 만들어지는가 하는 점이다. 인격이 반드시 부모를 닮는다는 것은 아니다. 환경도 중요하다. 자라난 환경의 영향을 받아 인격이 형성되기도 한다. 또한 유전자의 요인이나 성장 과정에서의 교육적 환경이 작용하기도 한다. 이처럼 인격의 형성에 대해서는 아직도 의견이 분분하다. 어느 한 요인으로 단정하기는 어렵다. 그러나 부모의 영향력이 절대적인 것은 부인할 수가 없는 사실이다. 부모가 어떤 마음으로, 어떤 방식으로, 어떤 양육 태도로 가르치느냐 하는 것이 인격 형성에 절대적 영향력을 끼치게 된다.

그러므로 부모가 자녀의 인격 형성에 있어 모델이 되어야 한다. 인격의 모델이 된다는 것은 아이들에게 좋은 성품을 가지고 바른 삶을 보여주는 것이다. 삶의 진실성과 가르침의 진실성을 보여주어야 한다. 정직해야 한다. 아이들이 어려서 모른다고 할지라도 부모는 그 어린아이 앞에서 정직해야 한다. 정직한 모습을 보여주어야 한다.

> 하나님이여 내 속에 정한 마음을 창조하시고 내 안에 정직한 영을 새롭게 하소서(시 51:10).

하나님의 말씀이 살아있음을 정직한 인격으로 나타내 주어야 한다. 부모가 신앙생활을 하면서도 늘 불안정하고, 쉽게 화를 내고, 독립적 사고나 행동이 부족하고, 자기주장만 내세우게 된다면 아이들 역시 그런 인격을 닮게 될 것이다.

오스트리아 정신분석학자 A. 아들러(Adler)는 가정환경을 중시한 사람이다. 그에 의하면 아이의 성격에 미치는 부모의 영향력은 결코 무시할 수 없다고 한다. 특히 유아기 때에 부모 중 어느 한쪽이 없이 자라게 되면 성격적으로 비뚤어지기 쉽다고 지적하고 있다. 예를 들어, 어머니가 없이 자란 아이는 대인관계가 좋지 못하고, 집단생활을 하는 데 있어서도 다른 사람에 비해 비협조적이며 시기심이 강하다고 한다. 한편 아버지가 없이 자란 아이는 생활력이 결여되어 있고 일에 대한 책임감이 부족할 때가 많다. 물론 이런 결점들이 그 사람의 성격을 전적으로 형성하게 하는 것은 아니다. 성장 과정에서 다른 요인들에 의해 교정되거나 다른 형태의 인격 소유자로 바뀔 수가 있다. 그러나 고착될 위험성 또한 있음을 주의해야 한다. 부모가 자녀에게 인격의 모델이 되게 하는데 방해하는 요소들은 어떤 것이 있는가?

첫째, 부도덕성이다. 부모에게서 부도덕성, 자기 야망, 교만, 기만, 질투, 자만심, 성적 범죄, 분개, 소유욕 등은 가정을 얽히게 하고 파괴한다. 이러한 것들은 보이지 않지만 자녀들에게 실제적인 영향을 끼친다. 특별히 부모가 직면하고 있는 도덕적인 문제는 자녀들에게 심각한 영향력을 끼치게 된다. 따라서 부모는 모든 면에서 자녀들 앞에서 바른 인격으로 깨끗해야 한다. 사도 바울은 이에 대해 날카롭게 경고한다.

> 내가 내 몸을 쳐 복종하게 함은 내가 남에게 전파한 후에 자기가 도리어 버림이 될까 두려워함이로라(고전 9:27).

둘째, 다른 위험 요소는 부모에게 있는 자만심이다. 부모라고 해서 자녀들에게 교만해서는 안 된다. 하나님은 교만을 싫어하신다. 이에 대해 바울은 고린도인들에게,

> [26]형제들아 너희를 부르심을 보라 육체를 따라 지혜로운 자가 많지 아니하며 능한 자가 많지 아니하며 문벌 좋은 자가 많지 아니하도다 [27]그러나 하나님께서 세상의 미련한 것들을 택하사 지혜 있는 자들을

> 부끄럽게 하려 하시고 세상의 약한 것들을 택하사 강한 것들을 부끄럽게
> 하려 하시며…[29]이는 아무 육체라도 하나님 앞에서 자랑하지 못하게 하려
> 하심이라(고전 1:26-29).

고 권면하고 있다. 부모의 지나친 자랑은 오히려 아이들에게 소심케 하거나 열등감을 갖게 한다. "아빠 학교 다닐 때 공부 잘했어!" "엄마는 학교 다닐 때 부모님의 말씀을 잘 들었거든!" "나는 너희들과는 차원이 달라"라는 식으로 말을 하게 되면 닮으려고 하기보다는 자신을 방어하거나 위축되면서 내면에 열등감을 갖게 된다.

다른 한편으로 자녀의 모델이 되게 하는 긍정적인 요소들도 있다. 정직과 양심, 성실, 겸손 그리고 진실성이다. 이런 것들은 자녀가 부모로부터 닮고 싶어하는 인격 모델이다. 또한 자녀의 마음을 열게 하고 부모의 가르침이 그들의 가슴으로 이어지게 한다.

> 누구든지 네 연소함을 업신여기지 못하게 하고 오직 말과 행실과 사랑과
> 믿음과 정결에 있어서 믿는 자에게 본이 되라(딤전 4:12).

둘째, 겸손이다. 부모가 하나님의 진리에 의한 겸손의 태도를 보일 때에 또한 그 겸손으로 자녀에게 하나님의 뜻을 전달하고, 하나님의 영광을 드러낼 때에 자녀는 변화하게 된다. 부모가 자신의 신앙의 가르침이 권위가 있으려면 먼저 자신 스스로가 하나님의 말씀에 복종하는 겸손이 필요하다. 비록 자녀라 할지라도 마음과 행동의 겸손이 있어야 한다. 겸손은 내 자녀를 올바르게 가르치게 하는 지혜를 얻게 하는 창문이다.

교만이 오면 욕도 오거니와 겸손한 자에게는 지혜가 있느니라(잠 11:2).

내 자녀라고 해서 마음대로 행동하고 말해서는 안 된다. 마음대로 행동하고 말하는 것은 부모의 교만이다. 교만을 버리고 겸손하여 어떻게 자녀에게 인격적으로 모델이 될 것인가에 대한 지혜를 얻어야 한다. 자녀에게 부모의 삶은 믿을 수 있어야 하며, 인격적으로 신뢰할만한 수준이어야 하며 정직한 사람으로 인정받을 수 있어야 한다. 인격이 말씀과 행동으로 나타나야 한다. 결과적으로 부모는 말, 음식, 교제, 오락, 몸짓 등 그의 삶의 전체적인 태도를 조심해야 한다.

부모는 항상 자신의 삶을 돌아보면서 하나님의 능력 앞에, 거룩하심 앞에 민감하게 반응해야 한다. 아주 작고 사소한 것까지 하나님 앞에 내려놓을 수 있는 선한 양심과 겸손함을 가진 자가 되어야 한다. 부모라고 해서 자녀들에게 인격을 버리고 독선과 저주와 같은 말을 해서는 안 된다.

"이 바보 같은 녀석"

"나가서 돈이나 벌어라"

"에이 멍청한 놈"

"꺼져 내 눈 앞에서 사라지란 말이야"

"제 버릇 개 못 준다더니"

"네 아빠랑 똑같다"

"넌 왜 늘 그 모양이니"

"너 또 그럴래"

"버릇없이 굴지 마"

"이 따위로 해서 나중에 뭐가 될래"

"이런 것도 못하면서 나중에 뭘 할 수 있겠어"

부정적인 언어는 부정적인 사고와 관계를 낳는다. 문제와 의심, 의문, 혼란, 슬픔, 고통, 나뉘어진 마음, 반항, 두려움 등을 일으킨다. 자녀의 인격을 파괴하는 요소가 된다.

부모는 항상 자녀들에게 삶을 보여주게 된다. 감추고 싶어도 드러나게 된다. 가정에서 있는 한 순간의 가르침이 자녀에게 깊은 영향을 미칠 수도 있고 그릇된 길로 인도할 수도 있다. 부모의 전 삶과 인격으로 자녀에게 말하는 것은 자녀의 삶과 행동에도 그대로 재현된다는 것을 잊지 않아야 한다.

영성의 모델이 되라

> 내가 아버지께 구하겠으니 그가 또 다른 보혜사를 너희에게 주사 영원토록 너희와 함께 있게 하리니(요 14:16).

신앙교육은 부모의 영성과 밀접한 관련이 있다. 입으로 말하고 잔소리한다고 해서 신앙교육이 이루어지는 것이 아니다. 부모가 기도하지 않고 하나님 앞에 영적 순전함이 없이는 신앙을 가르칠 수 없다. 그렇다고 해서 기도만 한다고 신앙교육이 이루어지는 것은 아니다. 부모의 영성은 자신의 삶을 정결하게 만들며 가르치고자 하는 내용과 밀접하게 연관되어 있는 삶의 지혜를 알게 한다. 신앙을 가르치는 것은 하나님이 주시는 능력이며 성령을 통해 가능하다. 영적 삶이 자녀들의 삶을 자극시키고 그들을 바른 길로 인도하게 된다. 부모가 열심히 교회에 출석하고 집에서 기도하면서 삶은 전혀 다른 모습, 즉 자주 분노하고, 감정에 노출되고, 자녀에게 입술로 격한 말들을 내뱉는다면 그것은 오히려 바른 영성이라 할 수 없을 것이다.

영성이 무엇인가? 영성은 자기 마음대로 조작할 수 있는 매체이거나 자기가 원하는 대로 조정할 수 있는 것이 아니다. 영성은 예수 그리스도를 통하여 성령에 의한 하나님의 개인적 지식에 둔다. 영성은 신비적인 요소만을 이야기하는 것이 아니다. 하나님과 주님과의 수직적인 만남을 통한 보이지 않는 채널이 있어야 한다. 아울러 영성이란 삶과 긴밀하게 연결되어 있으며 삶과 분리되는 것이 아니다. 그것은 영혼의 성품으로서 전인적인 것이다. 로우(Louw)가 잘 표현하고 있다.

> "영성은 변화된 삶의 양식(a changed life-style)을 나타낸다. 그것은 기독교 신앙의 윤리적 영역과 연결되어 있으며 우리의 매일의 삶을 위한 함의를 지니고 있다.
> 그리고 영성은 단순한 감정적 경험의 심적인 사건이 아니다. 영성은 기독교 신앙의 인간적인 영역과 존재론적인 함의들을 지니고 있다."

따라서 영성이라고 할 때에 단순히 기도생활을 열심히 하는 것 그 이상이다. 영성은 매일의 삶과 윤리와 연결되어 있다. 야고보 사도는 이에 대해 이렇게 기술하고 있다.

> 하나님 아버지 앞에서 정결하고 더러움이 없는 경건은 곧 고아와 과부를 그 환난 중에 돌보고 또 자기를 지켜 세속에 물들지 아니하는 그것이니라 (약 1:27).

가정에서 부모의 영성이란 무엇인가? 그것은 다른 가족 구성원들을 배려하고 용서하고, 자신을 하나님께 드리는 삶을 보여주고 자신의 욕망을 제어하면서 사는 삶이다. 부모의 영성은 하나님의 말씀에 중심을 둔다. 그것은 삶의 영역이다. 진리 안에서의 구속의 은혜와 순종 그리고 영원과 관련된 것으로서 자신의 삶에서 나오는 것이다. 그리고 이것은 하나님에 의해 계시된 말씀에 기초해야 하며 하나님의 영과 만나는 존재라는 것을 드러내어야 한다. 즉 부모의 영성은 하나님의 영과 만남을 통해서 나오게 된다. 영성이란 하나님 사랑, 이웃 사랑 곧 가족 사랑이다.

> [30]네 마음을 다하고 목숨을 다하고 뜻을 다하고 힘을 다하여 주 너의 하나님을 사랑하라 하신 것이요 [31]둘째는 이것이니 네 이웃을 네 자신과 같이 사랑하라 하신 것이라 이보다 더 큰 계명이 없느니라(막 12:30-31).

영성은 살아 계신 주님과 관련된 영적 선물로 태어나는 것이며 자라난다. 그리고 영성의 영역은 자신의 삶이 성령에 의해 인도함을 받을 때 가능하다. 그러므로 영성은 크리스찬 부모의 기본적 특징이다. 영성이 없이 신앙을 가르친다는 것은 불가능하다. 왜냐하면 신앙은 인간의 지혜가 아니라, 하나님의 능력이기 때문이다.

확실히 영성은 하나님의 말씀을 바르게 이해하고 그의 삶에 적용하며 그리고 자녀들에게 가르치는 데 하나의 도구로 사용된다. 영성은 부모로 하여금 바르게 교훈하고, 죄를 깨닫게 하며, 잘못된 행위에 대해 경고한다. 유진 피터슨(Peterson)은 최근의 그의 책『다윗 현실에 뿌리박은 영성』에서 이렇게 말한다.

> "삶이란 전부 유기적으로, 개인적으로, 구체적으로 연결되어 있는 세세한 것들이 현실화된 것이다. 이름들과 지문들, 거리 이름과 지역 날씨, 저녁 식사용 양, 빗속에 펑크난 타이어 등. 이런 것들이 삶을 이루고 있다. 하나님은 형이상학적인 논술이나 거창한 표현으로 자신을 계시하신 것이 아니다. 오히려 우리가 자녀들에게 그들이 누구이며 인간으로서 어떻게 성장해야 하는지를 일러 줄 때 같은 이야기를 통해서 자신을 계시하신다."

자녀에게 신앙을 가르치는 그 행위도 하나의 영성이 될 수 있음을 말해 준다. 부모의 영성이 자녀에게 바른 가르침과 지혜로운 길을 안내하게 된다. 그렇다면 신앙교육을 위해 어떻게 영성을 훈련해야 할까?

첫째, 기도이다. 기도의 습관은 좋은 것이다 그러나 기도의 영은 더 좋은 것이다. 기도는 하나님과의 깊은 교제이며 기도를 통해서 하나님의 지속적인 부르심에 응답하게 된다. 비록 부모가 똑똑하지 못하다 할지라도, 바른 겸손의 도를 다하지 못한다고 할지라도 기도의 자리에서 이런 부족함들이 하나님의 전적인 가르침과 깨우침으로 보완되며 하나님의 말씀에 의해 통제를 받게 된다. 그래서 기도는 우리로 하여금 깊은 영적 세계로 인도한다. 부모가 기도하는 소리를 듣고 기도하는 모습을 보고 자란 아이들은 성령 안에 거하고 있는 부모의 모습을 발견하고 그 모습을 닮아가게 된다.

둘째, 자신의 마음이 완고하도록 내버려 두어서는 안 된다. 히브리서 기자는 다음과 같이 권면하고 있다.

> [7]오늘 너희가 그의 음성을 듣거든 [8]광야에서 시험하던 날에 거역하였던 것 같이 너희 마음을 완고하게 하지 말라(히 3:7-8).

여기에서 '완고하다'라는 한자적인 의미는 '미련하다', '욕심이 많다', '악하다', '둔하다'라는 뜻을 지니고 있다. 이 말은 고집이 세고 하나님의 인도하심이나 성령의 인도에 무감각했던 이스라엘의 심령 상태를 나타낼 때 쓰인 말이기도 하다. 그리고 인간 전체의 지적, 영적 중심부를 지칭하는 의미로 사용된 말이다. 이것은 신체기관으로서 정신과 육체 활동의 중심이며 또한 인간의 영적, 지적 활동의 자리이기도 하다. 곧 인간의 내적 본성이라고 할 수 있다. 이곳은 기쁨이나 고통, 화평 같은 것이 머무는 자리이며 이해와 지식의 자리이기도 하다. 그런데 마음이 병들게 되면 완고하게 되는 것이다. 완고하게 된다는 것은 이곳이 굳어지게 되고, 욕심이 생겨서이고, 악하게 되어서이고, 둔하게 되어서이다. 따라서 이처럼 중요한 기관이 굳어져서 제 기능을 못하게 된다는 것은 심각한 문제가 아닐 수 없다.

> 마음이 경건하지 아니한 자들은 분노를 쌓으며 하나님이 속박할지라도 도움을 구하지 아니하나니(욥 36:13).

부모는 항상 내 마음이 굳어지는 것을 조심해야 한다. 내 마음에 욕심이 생기는 것을 경계해야 한다. 내 마음에 악함이 자라는 것을 잘라야 한다. 내 마음이 둔하게 되는 것을 막아야 한다. 그렇지 않으면 여기에서 죄가 나오고 하나님을 거역하고 불순종하는 행동들이 나오게 되는 것이다. 내 마음이 완고하니까 하나님을 시험하게 되고 상대방에게 아픔을 주고, 내 자녀에 대한 하나님의 뜻을 분별하지 못하는 것이다.

셋째, 부모는 영적 게으름을 조심해야 한다. 영적 게으름이라고 하는 것은 주님의 뜻을 깨닫는 노력을 망각하거나 포기하는 것이다. 다른 말로 하면 영적 게으름이라는 것은 세상적이고 육신적인 것들에 매달리는 애착과 같은 것들이다. 그리고 부모의 영적 게으름은 아이들에게 쉽게 새겨지게 된다.

> "바쁘고 내 삶에 현실적인 문제들 속에 늘 헤매며 영적인 게으름에 빠지게 될 때 금새 내 아이들의 모습과 태도에서 나의 모습이 나타나고 아이들이 말로 표현은 다하지 않지만 나를 제대로 판단하고 엄마의 이미지를 마음속 깊이 새기고 있다."

부모는 항상 영적으로 부지런해야 한다. 깨어 있어야 한다. 부모라고 해서 영적 노력에서 제외된 것이 아니다. 하나님의 말씀을 들으려고 노력해야 하며 하나님의 뜻을 분별하려고 힘써야 한다. 그러면서 내 마음 안에 있는 완고하게 하는 쓴 뿌리들을 제거해야 한다. 미움도, 분노도 모두 완고하게 하는 쓴 뿌리가 될 수 있다. 자만과 교만도 내 마음을 완고하게 하는 쓴 뿌리가 될 수 있다. 악한 생각과 원망과 아픔도 내 마음을 완고하게 하는 쓴 뿌리가 될 수 있다.

> 마음에서 나오는 것은 악한 생각과 살인과 간음과 음란과 도둑질과 거짓 증언과 비방이니(마 15:19).

그러므로 부모는 무엇보다도 자신의 바른 영을 유지하기 위해 혹은 갖기 위해 끊임없이 하나님과 대화하는 것이 필요하다. 자녀에게 드러나는 문제들에 대해 낙심하지 말고 그럴수록 오히려 부족한 자신의 모습을 들여다보면서 자기 자신이 자녀의 신앙교육을 위해 주님에게 초점을 맞추는 것이 필요하다.

"아직은 너무나 멀었고 다듬고 고치고 회복해야 될 부분이 너무나 많지만 시작하신 분이 주님이시기에 이젠 의심치 않고 주님이 해 가실 것을 믿는다. 잘 안되고 혼란스러울 땐 처음 시작하는 마음으로 아이들에게 존댓말을 쓰며 같이 기도하는 시간을 갖고 냉정한 말씀의 거울로 나 자신과 아이들을 들여다보려고 한다."

위의 고백처럼 주님을 신뢰하면서 자신을 채찍질하면서 자신과 자녀들이 말씀의 거울 앞에 서야 한다. 자신은 주님에게 초점을 맞추지 않으면서 자녀에게 "주님에게 시선을 고정하지 않는가"라고 말해서는 안 된다. 자신은 기도생활을 하지 않으면서 "왜 너는 기도하지 않느냐"고 말할 수 없다. 자신은 예배드리기를 소홀히 여기면서 자녀에게 "왜 예배를 중요시 여기지 않느냐"고 말할 수 없다. 자신은 아무렇게나 살면서 "왜 너는 바르게 살지 않느냐"고 불평해서는 안 된다. 자신은 하나님께 최선의 기도를 드리지 않으면서 "왜 너는 기도하지 않느냐"고 말해서도 안 된다. 신앙교육은 부모의 영성의 깊이와 넓이만큼 비례하게 된다.

MY CHILD, FAITH IS ALL HE NEEDS

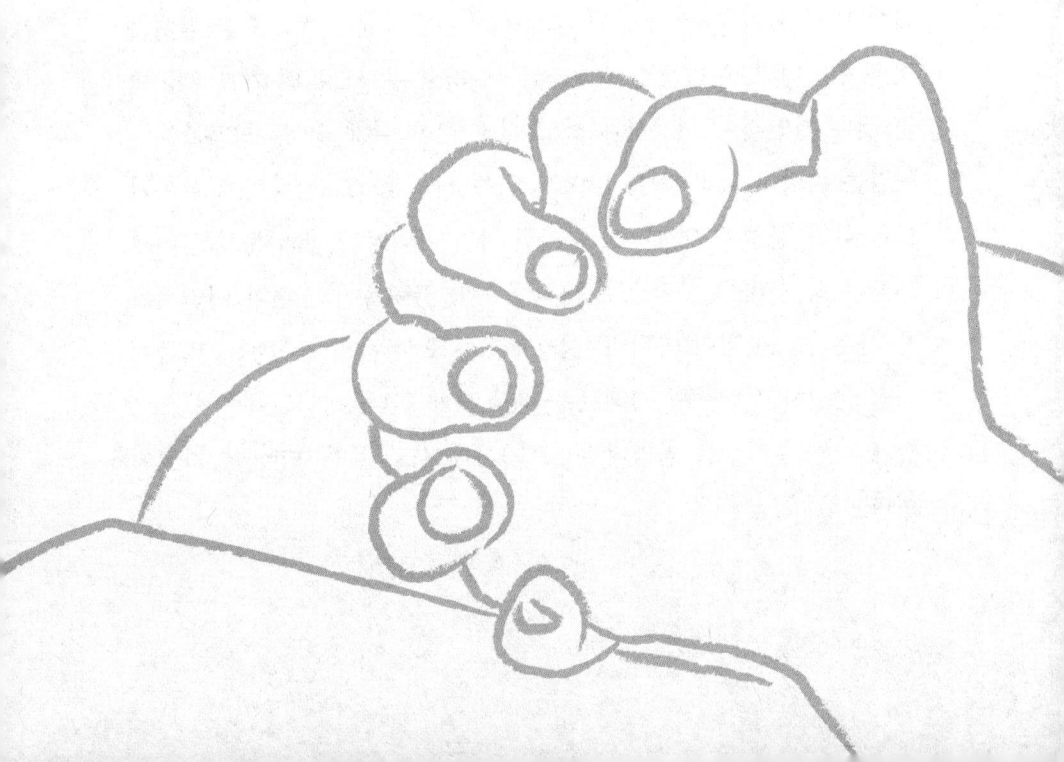

신앙교육 10

신앙의 열매를 기대하라

¹⁶그들의 열매로 그들을 알지니 가시나무에서 포도를, 또는 엉겅퀴에서 무화과를 따겠느냐 ¹⁷이와 같이 좋은 나무마다 아름다운 열매를 맺고 못된 나무가 나쁜 열매를 맺나니 ¹⁸좋은 나무가 나쁜 열매를 맺을 수 없고 못된 나무가 아름다운 열매를 맺을 수 없느니라(마 7:16-18).

신앙만 가르치게 되면 내 아이가 친구들로부터 왕따를 당하거나 그들의 문화로부터 동떨어지지 않을까 하고 염려하는 부모들이 있다. 내 아이가 너무 세상을 모르고 고지식하지 않을까 염려한다. 내 아이가 뭔가 부족하지 않을까 생각한다. 그러나 신앙을 가르친다고 해서 내 아이가 다른 부분에 대해서는 뒤떨어질 것이라고 생각하는 것은 무지이다. 성경을 읽고 예배를 드리고 부모로부터 가르침을 받는 것은 전인격이 성장하게 되고 바른 삶을 살게 하고 불의에 대해 눈감는 것이 아니라, 참지 않고 맞서며 세상에서도 당당하게 살아가도록 한다. 문화에 대해서도 무지한 자가 아니라 세상의 문화를 바르게 직시하게 하는 사람으로 세워준다. 신앙교육이 편견과 어리석음을 가져다주는 것이 아니다. 신앙교육은 오히려 세상 속에서 비둘기처럼 순결하고 뱀처럼 지혜로운 자가 되게 한다. 신앙교육을 함으로 얻게 되는 결과물은 엄청나다. 그 가운데서도 몇 가지만 언급하고자 한다.

자존감을 회복하게 한다

부모라면 내 아이가 똑똑하고 공부를 잘하고 이해도 빠르고 좋은 대학에 들어가기를 원한다. 그러나 인생이라는 것이 그것으로 다 되는 것이 아니라는 사실을 누구보다도 부모가 잘 알고 있다. 그럼에도 내 아이는 그렇게 되기를 원한다. 내 아이가 내면이 건강한가에 대한 관심보다는 무엇을 먹고 키가 자랄 것인가? 아프지 않을 것인가에 더 관심이 많다. 그래서 아이가 아프면 병원으로 곧장 달려가지만 정서적인 감정의 아픔이나 고통에 대해서는 둔감하다. 내 아이가 자기를 이해하고 자기를 사랑하는 것보다 눈에 보이는 것에 집중한다. 자연히 육체적으로 성장은 하지만 내면에는 전혀 성장하지 못하고 자존감이 낮은 채로 살아가는 경우가 많다. 낮은 자존감으로 인하여 시간과 재능을 낭비하고 안타까운 삶을 살아가는 자녀들이 있다.

그리고 종종 부모가 아이가 낮은 자존감을 갖게 하는 원인제공자가 되어 내 아이가 더 큰 상처를 가지고 살아가기도 한다. "징글징글한 녀석", "이제는 정말 지긋 지긋해", "너 왜 그렇게 말을 안듣니?", "너 또 게임을 하지?", "보기도 싫어! 나가 버려!", "넌 매사에 그 정도 밖에 안되는 아이니?"라고 절망적인 말을 되새기다 보면 아이는 낮은 자존감을 가지게 된다.

우리는 자존감이라는 말을 자주 사용한다. 그리고 자존감은 삶에 많은 영향을 미친다. 자존감이 높은 사람보다 자존감이 낮은 사람은 상대적으로 삶에 슬픔과 고통을 쉽게 느끼고 좌절한다. 그렇다면 자존감이라는것은 무엇일까? 알리스터 맥그래스와 조애나 맥그래스는 (Alister McGrath & Joanna McGrath) 그들의 책 『자존감』에서

"자존감이란 인격적 용인 가능성과 사랑받을 가치에 대한 포괄적 평가 또는 판단으로 구성되며, 거기에는 유쾌하거나 불쾌한 감정이 수반된다. 자존감은 삶 속에서 중요한 타인들에 의해 지각된 본인에 대한 시각과 관계가 있다"

라고 정의한다. 그리고 조안 로이드 게스트(Joan Lloyd Guest)는

"자존감이라고 하는 것은 우리가 우리 자신을 어떻게 바라보고 또 어떻게 느끼는가와 관계된 말"

이라고 한다. 즉 자존감이란 한 개인이 지닌 감정이나 자기 존중 혹은 자신에 대한 스스로의 가치 평가라고 할 수 있다. 자존감은 그 사람이 자신을 대하는 자세에서 드러난다고 한다. 낮은 자존감이라는 것은 '스스로 자기 자신에 대해 무가치하다'라고 생각하고 삶에 대해서도 비관적으로 생각한다. 그렇다면 성경에서는 자존감에 대해서 무엇이라고 말하고 있는가? 성경은 자존감에 대해서 구체적으로 묘사하지 않고 있다. 그러나 간접적으로 자존감에 대해 충분한 근거들을 가지고 있다. 성경에서 자존감이란 자신이 죄인이지만 그럼에도 하나님의 소중한 자녀임을 아는 것이다. 그리고 예수 그리스도를 통해 구원을 경험한 존재요, 하나님의 은혜로 살아가는 자임을 인식하는 것이다.

  자녀들이 부모로부터 돌봄을 받으면서 자라지만 낮은 자존감을 가지는 경우가 많다. 가정에서 부모에 의해서 형성되기도 하고 경쟁 구도인 교육적 환경에서 영향을 받기도 한다. 매사에 성적순으로 평가되는 사회에서 쉽게 자신에 대해 좌절하게 된다. 그래서 그들이 소년기를 지나 청소년기에 이르게 되면 자신의 삶의 방향성을 상실한 채

방황하게 된다. 신체적으로 자신의 약점을 보면서 '내가 어떻게 보일까?'에 대해 고민하게 되고 점점 자기 외모에 대해 자신이 없어지면서 실망하고 좌절감을 경험한다. 그리고 자신이 처해 있는 환경에 의해 많은 스트레스를 받으면서 살아가고 있다. 스트레스를 받게 되면 신체적으로 피로와 피곤 그리고 고통을 호소하게 된다. 더 나아가서 탈진하게 되며 마음으로부터 삶의 의욕을 잃어버리게 되고 자존감마저 상실하게 된다.

그때 자신의 내면에 분노와 불신이 가득 차게 된다. 이런 현상은 낮은 자존감을 가진 자녀들에게 자주 나타나는 것이다. 그리스도인의 가정에서 자라고 교회의 구성원이 되어 활동을 하지만 정신적인 고통이나 육체적, 사회적 문제들을 겪으면서 정신적 공황에 빠져 있는 경우가 많다. 삶의 무게에 짓눌려 자신이 무능하며 무가치하다고 느끼면서 살아가고 있다. 그 결과 자신이 처한 외적인 상황을 파괴하기도 하고 자신만이 구축해 놓은 세계를 증오하기도 한다. 이런 자녀들은 대체적으로 다음과 같은 반응을 보인다.

첫째, 자신의 장점을 보지 못한다. 하나님이 주신 좋은 것, 자신이 좋은 장점이 있음에도 자신은 무가치한 존재이며 아무것도 할 수 없는 자라고 여긴다. 그래서 매사에 의욕이 없거나 충분히 할 수 있음에도 자신의 능력을 발휘해서 일을 이루어내지 못한다. 그리고 이런 자녀들은 비전이 없다.

둘째, 낮은 자존감은 열등감을 느끼게 한다. 자신의 존재를 낮게 생각하고 '나와 같은 어리석은 사람은 하나님이 사용하시지 않는다'라고 생각한다. 친구관계도 원만하지 못하다. 자신을 드러내기보다는 감추기를 잘하고 자신에 대한 자아상이 일그러져 있다.

셋째, 비교하기를 잘하고 자신은 거지와 같은 초라한 사람이며 늘 부정적인 의식을 가지고 있다. 자연히 사람들의 눈을 피하고 심지어 친구들의 시선도 피하고 싶어지게 된다. 결국 혼자 고립된 섬이 되어 지낸다. 성경은 이런 자녀에게 이렇게 권면한다.

> 마땅히 생각할 그 이상의 생각을 품지 말고 오직 하나님께서 각 사람에게 나누어 주신 믿음의 분량대로 지혜롭게 생각하라(롬 12:3).

하나님이 각자에게 주신 은혜와 분량을 생각하라는 것이다. 이것이 성경에서 말하는 사람을 보는 관점이다. 그리고 사도 바울도 말하기를,

> [9]내 은혜가 네게 족하도다 이는 내 능력이 약한 데서 온전하여짐이라 하신지라 이러므로 도리어 크게 기뻐함으로 나의 여러 약한 것들에 대해서 자랑하리니 그리스도의 능력으로 내게 머물게 하려 함이라 [10]그러므로 내가 그리스도를 위하여 약한 것들과 능욕과 궁핍과 핍박과 곤란을 기뻐하노니 이는 내가 약할 그 때에 곧 강함이라(고후 12:9-10).

하나님께 자신의 기회를 드려보지도 않고 자신을 과소평가하는 것은 하나님의 일을 방해하는 가장 큰 잘못이다. 그렇다면 내 아이의 자존감을 어떻게 회복시킬 것인가?

우선적으로 하나님의 관점에서 자녀를 보아야 하며 자녀들 역시 하나님의 관점에서 자신을 이해하고 볼 수 있도록 가르쳐야 한다. 조앤 로이드 게스트(Guest)는 그의 책 『자존감』에서 낮은 자존감의 극복은,

"하나님이 우리를 보시는 방식대로 보는 것이 자존감을 회복하는 길"

이라고 말한다. 자기 자신을 그래도 받아들인다는 것은 하나님의 주권을 인정하는 것이며 그분의 섭리 안에서 자신의 인생을 발전시켜 나간다는 것을 의미한다.

둘째, 신앙을 가르쳐야 한다. 신앙은 낮은 자존감을 가진 자녀들에게 성경적 세계관과 가치관을 통해 자신에 대한 바른 인식을 하게 된다. 신앙은 자기 자신이 하나님의 형상으로 지음을 받은 존재이며 하나님의 비전을 위해 태어난 사람임을 자각하게 된다. 자기 자신에 대한 자긍심을 가지고 하나님의 피조물로서 자신의 삶과 미래를 위해 계획을 세우고 나아가게 된다. 그리고 자신의 삶의 힘을 느끼게 되며 다른 것들도 수용하게 된다.

그럼에도 낮은 자존감을 가진 자녀들이 있다면 어떻게 해야 하는가? 우선, 우리 인간은 분명 옛 사람의 성품을 지니고 있음을 알게 할 필요가 있다. 옛 습성을 지닌 존재임을 작가하도록 가르쳐야 한다. 다른 한편으로는 그리스도안에서 새 사람인 존재임을 가르쳐야 한다.

> [22]너희는 유혹의 욕심을 따라 썩어져 가는 구습을 따르는 옛 사람을 벗어버리고 [23]오직 너희의 심령이 새롭게 되어 [24]하나님을 따라 의와 진리의 거룩함으로 지으심을 받은 새 사람을 입으라(엡4:22-24).

아이들이 자라면서 자신에 대해 자각하게 된다. 그 과정에서 신앙 안에서의 성경적 자아를 형성하기보다는 자신에게 있는 어려움과 어리석음, 실수, 실패 그리고 열등감으로 인해 낮은 자존감을 형성하기 쉽다. 하나님의 자녀요 예수 안에 있는 나, 잘난 나에 대한 생각보다는 '못난 나'에 대한 생각에 사로잡히는 경우가 많다. 이런 경우 어떻게 해야 하는가?

자녀들에게 '너는 하나님의 자녀요 소중한 존재'임을 반복해서 가르쳐야 하며 오직 심령을 새롭게 해주시는 하나님께 나아가 열등감을 극복하고 바른 그리스도인으로서의 자존감을 형성하도록 도와야 한다. 그리고 인간은 한없이 연약한 존재이지만 다른 한편으로는 그리스도안에서 강한 존재라는 사실을 가르쳐야 한다.

> 그러므로 내가 그리스도를 위하여 약한 것들과 능욕과 궁핍과 박해와 곤고를 기뻐하노니 이는 내가 약한 그 때에 강함이라(고후 12:10).

하나님의 강함은 내가 지닌 약함이 제거될 때에 나타나는 것이 아니라 여전히 부족하고, 두렵고, 우울하기를 잘하지만 그런 약한 가운데서 은혜를 통해서 강하게 되는 것이다. 이 진리는 내 자녀에게도 반드시 적용되도록 가르쳐야 한다. 이 진리를 깨닫고 아는 자녀는 자신이 직면하고 있는 현실의 문제에서 결코 좌절하거나 포기하지 않게 된다. 바울은 육체의 가시 가운데서도 그는 강한 자로서 삶을 살았다. 그는 자기에게 있는 가시에 대해 좌절하고, 분노하고, 낙심하지 않고 오히려 기뻐하면서 자신의 삶을 영위했다. 또한 우리는 가난하지만 부한 존재라는 사실을 가르쳐야 한다.

> [9]무명한 자 같으나 유명한 자요 죽은 자 같으나 보라 우리가 살아 있고 징계를 받는 자 같으나 죽임을 당하지 아니하고 [10]근심하는 자 같으나 항상 기뻐하고 가난한 자 같으나 많은 사람을 부요하게 하고 아무 것도 없는 자 같으나 모든 것을 가진 자로다(고후 6:9-10).

그리고 내 아이가 하나님을 신뢰하면서 자신의 가치를 발견하도록 도와야 한다. 어려운 일이나 자신의 약점에 대해 성경적 생각을 하도록 가르치며 너는 하나님의 가장 유일한 존재라는 사실과 함께 아주 특별한 사람이라는 것을 마음으로 받아들이도록 해야 한다. 아무리 어려움이 있더라도 항상 삶에 대한 희망의 언어를 주면서 내 아이가 소망을 가지고 살아가도록 해야 한다. 신앙의 열매는 자존감에서부터 나타난다.

바른 세계관을 형성케 된다

우리가 살고 있고 우리의 자녀가 살아갈 세상은 순진하지 않다. 단조롭지도 않다. 복잡하고 동물의 세상처럼 약육강식의 원리가 지배하는 세상이다. 이 세상에는 인본주의적인 사고, 물질을 최고의 가치로 여기는 정신, 본능적 쾌락에 빠져들기를 좋아하는 사람들, 종교적으로는 상대적으로 다른 종교에도 기독교처럼 같은 진리가 있다고 믿는 사람들이 더 많은 사회에 살고 있다. 다원주의 사회이다. 하나님을 믿고 그리스도의 가치를 존중하기는커녕 오히려 무시하고 상업적인 도구로만 그 높으신 이름이 사용되고 있다. 십자가의 목걸이를 걸고 다니지만 그 마음에는 십자가가 없다. 어두운 밤 하늘에 십자가의 아름다운 빛이 세상을 밝히고 있지만 세상은 여전히 어두움의 지배 아래에 놓여 있다. 우리의 귓가에 복음송과 요란한 캐롤송이 울려 퍼지지만 그 안에는 예수님이 없는 세상에 살고 있다.

이런 세상에서 우리의 자녀들이 의미와 소망을 가지고 그리스도인

답게 살고 생각하는 것은 그렇게 쉬운 일이 아니다. 부모라면 당연히 염려가 되는 일이다. "내 자녀가 세상에 넘어지지 않고 살아갈 수 있을 것인가?" "세상의 어리석음에서 이길 수 있을까?" 그러나 신앙으로 가르치게 되면 혼란하고 무질서한 세상에서도 무너지지 않고, 포기하지 않고 당당하게 살아가게 된다. 그것이 바로 신앙교육을 통해 얻게 되는 세계관이다.

일반적으로 세계관(world-view)이라는 말은 이 세계를 바라보는 눈, 즉 세상을 보는 관점을 지칭하는 말이다. 이 세상이 도대체 어떻게 있다고 보는가에 관한 문제가 세계관의 문제라고 할 수 있다. 이를 좀 더 구체화하면서 월터스(Wolters)는 세계관에 대해,

"한 사람이 사물들에 대해서 갖고 있는 기본적 신념들의 포괄적인 틀"

이라고 정의한 바 있다. 이는 삶에 대한, 세상에 대한 바라보는 관점이다. 그렇다면 기독교 세계관(Christian world-view)이란 무엇인가? 하는 질문을 하게 된다. 그것은 그리스도인이 가진 세계관(Christian's world-view)을 뜻한다. 이는 그리스도인이 이 세계를 기독교적 관점에서 바라보는 것과 그 관점에서 그리스도인이 이 세상을 이해한 내용을 말한다. 그렇다면 내 자녀에게 세계관이 왜 중요한가? 첫째, 자신들의 존재뿐만이 아니라, 이 세상에서 직면하는 모든 문제에 대하여 깊이 생각하고 바르게 반응해야 하기 때문이다. 세계관은 곧 행동으로 반응하기 때문이다. 둘째, 내 자녀가 살아가는 이 세계가 바로 그들이 관련하여 살고 활동해야 하는 세계이기 때문이다. 셋째, 수많은 문제와 현대 정신의 혼란 상황 가운데서 자기 자신을 지키게 하고 혼

란에 빠진 현재와 이웃들을 바르게 인도하기 위해서이다. 이것은 그리스도인이 가진 사명이기도 하다.

그러므로 가정에서 부모가 자녀에게 신앙을 가르치게 되면 우리의 자녀들이 그리스도인이란 어떤 존재인가, 그런 그리스도인은 어떻게 존재하고, 생각하는가 하는 것에 대한 근본적인 질문에 자신 있게 답하게 된다. 돈에 대하여, 명예에 대하여, 성공에 대하여 바른 신앙관을 형성케 된다. 내 자녀의 세계는 점점 더 악이 성행할 것이며 종말로 향하는 세상의 미래가 불투명할 것이다. 성경은 종말론적 인간의 모습을 다음과 같이 분명하게 말하고 있다.

> [1]네가 이것을 알라 말세에 고통하는 때가 이르리니 [2]사람들은 자기를 사랑하며, 돈을 사랑하며, 자긍하며, 교만하며, 훼방하며, 부모를 거역하며, 감사치 아니하며, 거룩하지 아니하며, [3]무정하며, 원통함을 풀지 아니하며, 참소하며, 절제하지 못하며, 사나우며, 선한 것을 좋아 아니하며, [4]배반하여 팔며, 조급하며, 자고하며, 쾌락을 사랑하기를 하나님 사랑하는 것보다 더하며, [5]경건의 모양은 있으나 경건의 능력은 부인하는 자니 이 같은 자들에게서 네가 돌아서라(딤후 3:1-5).

이는 바울을 통해 우리가 살아가는 이 세상에서 이루어질 도덕적, 영적 어두운 일, 19가지 항목을 제시하고 있다. 그런데 문제는 이런 일들을 불신자들만 하는 것으로 지칭하고 있지 않다는 점이다. 그리스도인들과 우리의 자녀들을 위한 말이기도 하다. 그렇다면 왜 이런 일들을 하게 될 수밖에 없을까? 그 이유는 그리스도를 믿는 진실한 신앙이 없기 때문이다. 기독교 세계관이 없으면 세상 속에서 적당히 즐기면서 살 수밖에 없다는 것을 말한다.

그러므로 내 자녀들이 기독교 세계관으로 살아가도록 해야 한다. 그것은 신앙교육을 통해서만이 가능하다. 신앙은 내 자녀가 세상 속에서 하나님의 법에 따라 선택을 내리는 것이 중요하다는 것을 알게 해주며 의와 진리로 사도록 해준다. 신앙은 자녀들로 하여금 죄로부터 떠나게 하며 진리 안에 서도록 한다. 신앙은 세상의 유혹으로부터 벗어나게 하는 원동력이 된다. 그래서 신앙에 의해 세계관이 형성된 자녀들은 세상 속에서도 자신감 있게, 다니엘처럼 세상과 맞서는 용기가 생기고, 요셉처럼 자신의 어려움과 유혹 앞에서 당당하게 되며 하나님 앞에 더욱더 정결한 자로 서게 됨과 동시에 세상 앞에 높임을 받게 되며 쓰임 받게 된다.

스스로 비전을 발견하게 된다

비전은 중요하다. 비전이 있는 사람과 비전이 없는 사람은 그 삶이 다르다. 비전은 분명한 방향을 제시해 준다. 비전을 정확하게 정의하기에는 어려움이 있다. 비전은 좋아하는 것을 하는 것, 혹은 보이지 않는 것을 향해 나아가는 것 등 여러 가지 이야기들이 있다. 반면에 비전이라는 단어는 아주 빈번하게 쓰여진다. 그렇다면 비전이라는 것은 무엇인가? 조지 바나(Barna)는 그의 책 『비전 있는 지도자 비전 있는 사역』에서 비전이란,

> "분명한 것이며 현재 상태보다 더 나은 것이며 미래 지향적이며 하나님으로부터 오는 것이며 상황에 맞게 주어진 은사이며 확실히 이룰 수 있는 꿈을 꾸는 것이며 현실 위에 세워지는 것."

이라고 한다. 비전은 단순히 내가 하고 싶은 것 그 이상이다. 그것은 나를 향한 하나님의 뜻 혹은 계획하심이라고 할 수 있다. 비전은 내가 갖는 것이 아니라 하나님이 주시는 것으로서 인생을 바르게 살아가는 원동력이다. 그렇다면 비전과 신앙교육과는 어떤 관계가 있는가?

신앙을 가르치게 되면 중요한 것을 획득하게 되는데 그것이 바로 비전이다. 나를 향하신 하나님의 뜻을 발견하게 된다. 내가 무엇을 해야 할 것이며 어떻게 살아야 할 것이며 어떤 꿈을 이루어야 할 것인지에 대해 분명하게 해준다. 신앙교육이 중요한 것이 바로 여기에 있다. 신앙의 가르침을 받으면서 성장하게 되면 하나님이 나에게 주시는 것이 무엇인지를, 하나님이 나에게 무엇을 하기를 원하시는지를 알게 된다는 것이다. 내가 그린 그림이 아니라 하나님이 그리시고자 하는 그림을 발견하게 된다는 것이다. 간혹 우리의 자녀들이 '비전이 없다'라고 말하는 것을 본다. 그것은 내가 하나님을 만나지 않았다는 것과 같다.

그리고 비전은 여러 모양의 것이 있지만 그 일을 행하는 나라는 사람은 세상 속에 단 한 사람 뿐이므로 유일한 것이라고도 할 수 있다. 이것은 질과 양이 아니다. 이것은 재물을 많이 모을 수 있고 없고의 문제가 아니다. 이것은 높은 자리에 앉을 수 있고 없고의 문제도 아니다. 이것은 명예를 얻고 못 얻고가 아니다. 세상 속에서 나만이 할 수 있는 유일한 것이다.

그리고 또 다른 의미에서 비전이라고 하는 말은 미래에 대한 구상, 미래상이다. 내가 비전을 가지고 있다고 이야기를 할 때에 '나는 미래에 대한 꿈이 있다'라고 해석할 수 있는 것이다. 그 반대로 나는 비전이 없다고 할 때에는 나는 미래에 대한 꿈이 없다는 말과 같게 되는 것이다. 그런데 '비전이 있고 없고가 뭐 그렇게 중요한가?'라고 반문할지 모른다.

비전을 품는다는 것은 꿈이 이루어지는 것을 상상하는 것이다. 마음에 품고 굳게 믿어야 꿈이 이루어진다. 마음에 품는다는 것은 마음속에 원하는 삶의 이미지를 그리는 것이다. 패배와 실패의 이미지를 그리는 사람은 실패자의 인생을 살게 된다. 그러나 승리와 성공, 행복의 이미지를 떠올리는 사람은 아무리 큰 장애물이 있더라도 그런 인생을 살게 된다. 그런데 신앙이 이것을 가능하게 한다. 막연한 허황된 것이 아니라 하나님이 주신 구체적이고도 분명한 것이다. 성경에 포도주와 가죽부대에 대한 말씀이 있다.

> 새 포도주를 낡은 가죽 부대에 넣지 아니하나니 그렇게 하면 부대가 터져 포도주도 쏟아지고 부대도 버리게 됨이라 새 포도주는 새 부대에 넣어야 둘이 다 보전되느니라(마 9:17).

수 세기 전에는 통이 아닌 가죽부대에 포도주를 저장했다. 동물 가죽을 충분히 말리면 포도주 용기 모양으로 만들 수 있다. 새 가죽부대는 부드럽고 유연성이 있지만 오래될수록 탄력이 사라져서 휘어지지 않고 딱딱하게 굳어서 늘어나지 않는다. 그래서 낡은 가죽부대에 새 포도주를 넣으면 부대가 터져서 포도주는 모두 땅바닥에 쏟아진다. 예수님은 가죽부대에 비유를 들어 제자들의 비전을 키워주셨다. 좁은 태도로는 폭넓은 삶을 살 수 없다는 뜻이다. 신앙교육은 자녀들로 하여금 이와 같은 시야를 열어준다.

강한 가정이 세워진다는 것을 기대하라

　가족 중심의 삶은 아무리 강조해도 지나치지 않다. 그런데 가족에게도 강한 가족이 있고 약한 가족이 있다. 강하다는 것은 가족 구성원 중에 힘이 강한 자가 있는 것을 의미하지는 않는다. 그리고 권력과 부를 소유한 가족을 강한 가족이라고 말하지 않는다. 여기에서 강한 가족이라고 하는 것은 신앙이 기초가 된 삶이다. 그래서 어려운 환경을 극복하는 가족, 쇠약하게 하는 위기를 만났을 때에 좌절하지 않고, 망하지 않고 극복하는 가족을 말한다.

　그러면 어떻게 하면 강한 가족이 되는 것일까? 우선 가족 구성원들끼리 영적으로 의미 있는 관계를 유지해야 하는 것이 필요하다. 영적으로 의미 있는 관계라고 하는 것은 각자의 존재 의미와 가치가 하나님께 있음을 고백하는 것을 말한다. 부부사이, 부모와 자녀, 자녀들 사이가 서로 영적으로 존중하고 질서있는 관계여야 한다. 둘째, 가족 구성원으로서의 영적 연합을 유지하는 것이다. 가정안에 서로 다른 종교로 인하여 다른 영을 가진 자들이 있다면 많은 어려움을 드러내게 된다.

> 우리는 하나님께 속하였으니 하나님을 아는 자는 우리의 말을 듣고 하나님께 속하지 아니하는 자는 우리의 말을 듣지 아니하나니 진리의 영과 미혹의 영을 이로써 아느니라(요일 4:6).

　육적으로는 한 가족이지만 가족 구성원 가운데 다른 영을 가진 자가 있다면 연합을 깨트리는 요인이 된다. 미혹에 의해 가정에 세상적 사고와 쾌락이 침투해 들어와서 가정의 연합을 무너뜨리게 된다. 그러므로 가정이 영적 연합을 이루어 서로 격려하며 기도하면서 문제를 극복하고 기쁨을 배가시키는 삶을 살아가도록 해야 한다. 서로 다른 것을 하나로 모아야 하며, 연합을 유지해야 한다. 셋째, 강한 가정이 세워지기 위해서는 개인의 신앙 발달을 격려하고, 하나님이 주신 개인적 능력과 자질들을 존중해 주어야 한다. 부부는 같을 수가 없다. 부모와 자녀도 서로 다르다. 서로에게 있는 서로 다른 재능과 영적 자질을 높여 주어야 한다. 마지막으로 신앙으로 서로를 이해하고 진실됨을 나누며 가족 구성원이 경험한 바를 받아들이며 그리고 서로에게 신앙적인 신뢰를 유지해 주는 것이다. 이렇게 할 때에 그 가족은 역경이 있어도 세상에 함몰되지 않을 것이다. 그리고 어떠한 어려운 난관이 닥치더라도 묵묵히 이겨나갈 것이다.

> 너희 믿음의 확실함은 불로 연단하여도 없어질 금보다 더 귀하여 예수 그리스도께서 나타나실 때에 칭찬과 영광과 존귀를 얻게 할 것이니라 (벧전 1:7).

그러므로 강한 가족이 되기 위해서는 첫째, 가족 구성원간에 헌신이 있어야 한다. 헌신은 그리스도인의 삶의 기초가 되는 요소이다. 가족 구성원끼리 헌신되어질 때에 의미 있는 도전들, 즉 질병이나, 경제적 어려움, 낙심 등을 견디어 낼 수 있다. 많은 사람들은 가족을 위한 헌신을 말로 표현하지만 강한 가족이 되기 위해서는 구체적으로 행동으로 보여줘야 한다. 그리고 자신의 시간을 투자하고 가족의 삶에 우선적으로 에너지를 쏟아 부어야 한다. 결코 말로서는 강한 가족이 될 수 없다. 둘째, 영적 훈련을 위한 프로그램을 기획하고 참여해야 한다. 가족 구성원이 적당한 시간을 영적 훈련의 기회로 함께 가져야 한다. 영적 훈련을 통하여 가족의 필요들을 함께 나누는 시간을 가지는 것이다. 강한 가족은 순간적으로 만들어지는 것이 아니다. 오랜 시간동안 함께 의미 있는 시간들을 보내면서 형성되는 것이다.

> "특별한 곳에서 함께 식사하고(eat meals together), 함께 걷고(working together), 함께 찬양하고(hymn together), 함께 기도하고(pray together), 함께 예배(worship together)에 참여함을 통해서 이루어지는 것이다."

셋째, 서로 간의 신앙적인 대화가 있어야 한다. 강한 가정은 신앙적인 대화가 있는 곳이다. 아버지의 이야기와 어머니의 이야기 그리고 자녀들의 이야기가 서로 신앙적인 연결고리가 되어야 한다. 아이가 학교에서 친구들과 있었던 이야기를 한다면 거기에서 네가 깨달은 것이라던가 혹은 예수님이라면 어떻게 하셨을까 등 신앙으로 삶을 들여다보고 서로 나누어야 한다.

신앙은 강한 가족을 만든다. 시련이 있어도, 고통이 찾아와도, 가족 구성원 가운데 사망의 음침한 골짜기를 지나는 자가 있다 할지라도 강한 가족은 망하지 않는다. 서로를 기도로 세워주며 격려하며 오직 주를 앙망하면서 신앙으로 이겨나가게 되기 때문이다.

에필로그

세상은 브레이크가 고장난 자동차처럼 종말을 향해 치닫고 있다. 인간의 욕망은 하늘을 찌르고 양심과 도덕이 무너져 내리고 있다. 점점 더 포악해지고 있다. 자녀들은 삶의 진정한 의미를 모른 채 방황하고 있다. 세상 쾌락에, 문화에, 거짓에 정신을 놓고 있다. 인터넷과 게임에 중독되어 가고 있다. 가정에 있는 이야기도 가슴을 아프게 하는 것들로 가득 차 있다. 가정 안에 아름답고 소중한 이야기보다 슬프고, 고통스런 이야기가 더 많다. 답이 보이지 않는다. 아무리 살펴보아도 해답이 보이지 않는다. 기성 세대에서 답이 보이지 않고 다음 세대가 되어야 할 자녀들에게도 답이 보이지 않는다. 가정과 자녀의 답은 어디에 있는가? 그 해답은 가정에서 부모에 의해 이루어지는 신앙교육이다. 가정에서의 신앙교육이 회복되어야 소망이 있다. 자녀에게 무엇을 남겨줄 것인가? 신앙이다. 그리스도인 부모들이 정신 바짝 차려야 한다. 이 시대의 그리스도인 부모에게 라오디게아 교회에게 향하신 책망의 말씀이 들려서는 안 된다.

[15]내가 네 행위를 아노니 네가 차지도 아니하고 뜨겁지도 아니하도다 네가

> 차든지 뜨겁든지 하기를 원하노라 ¹⁶네가 이같이 미지근하여 뜨겁지도 아니하고 차지도 아니하니 내 입에서 너를 토하여 버리리라(계 3:15-16).

하나님이냐? 세상이냐? 이것도 저것도 아닌 미지근한 라오디게아 교회를 향한 경고이다. 신앙이냐? 성공이냐? 분명한 태도를 보여야 한다. 혹 내 아이가 신앙이 없이 성장하여 좋은 학교에 가고 성공한다면 그것이 하나님의 복이라고 생각한다면 큰 착각이다. 신앙이 없는 성공, 신앙이 없는 재물은 하나의 허구요 불행의 씨앗일 뿐이다. 우리는 선택을 해야 한다. 여호수아의 외침이 들려온다.

> 만일 여호와를 섬기는 것이 너희에게 좋지 않게 보이거든 너희 조상들이 강 저쪽에서 섬기던 신들이든지 또는 너희가 거주하는 땅에 있는 아모리 족속의 신들이든지 너희가 섬길 자를 오늘 택하라 오직 나와 내 집은 여호와를 섬기겠노라 하니(수 24:15).

이 외침이 오늘 이 시대의 부모들에게도 들려지기를 원한다. 오로지 자녀의 세상적 성공을 위해서 춤추는 자가 아니라 신앙을 가르치겠노라는 결단이 일어나기를 희망한다. 마땅히 부모는 자녀가 신앙을 가질 수 있도록 가르쳐야 한다. 신앙교육은 부모의 선택이 아니다. 반드시 해야 하는 사명이다. 아무리 현대사회가 복잡하고, 분주해서 부모의 역할이 줄어든다고 할지라도 신앙교육을 목숨처럼 생각하면서 해야 한다. 내 아이를 하나님의 선택받은 사람으로서 존재의 가치와 그 위엄을 드러내는 사람으로 가르쳐야 한다. 하나님을 기쁘시게 하고 자기 자신에게는 십자가의 고통을 느끼게 하고, 세상 속에서 심오한 삶을 살아가게 하는 신앙인으로 길러야 한다. 사도 바울처럼, "생각건대 현재의 고난은 장차 우리에게 나타날 영광과 비교할 수 없도다"(롬 8:18)라는 고백을 당당하게 할 수 있는 그리스도인으로 가르쳐야 한다. 세상이 감당할 수 없는 사람으로 세워야 한다. 그러면서 부모가 신앙을 가르칠 때에 한 가지 조심해야 할 것이 있다. 그것은 진실되지 못함과 위선적인 가르침이다.

> 주께서 이르시되 이 백성이 입으로는 나를 가까이 하며 입술로는 나를 공경하나 그들의 마음은 내게서 멀리 떠났나니 그들이 나를 경외함은 사람의 가르침을 받았을 뿐이라(사 29:13).

신앙은 사람의 지식적인 가르침이 아니다. 지식으로 이루어지는 것이 아니다. 달변적인 언어로 가르치는 것이 아니다. 세상의 교육 방법으로 가르치는 것도 아니다. 신앙교육은 부모의 가슴으로, 눈물로, 영혼에 대한 안타까움으로, 부모의 신앙에서 흘러나오는 가르침이다. 이 가르침으로 자녀들이 마음으로 하나님을 경외하며 신앙이 마음으로부터 흘러나와 삶 속에서 열매를 맺도록 해야 한다. 부모가 하나님을 인격적으로 추구하며 사랑의 삶을 살아가면서 가르칠 때에 우리의 자녀들은 신앙을 흉내내는 것이 아니라 진정으로 고백하며 살게 될 것이다. 위선적인 삶이 아니라 내면에서 우러나오는 영적 삶을 추구하게 될 것이다.

신앙, 그것은 이 시대에 부모가 할 수 있는 마지막 보루요 희망이다. 내 아이, 신앙만 있으면 충분하다. 신앙만 있으면 두렵지 않다. 신앙만 있으면 목자되신 하나님과 함께 하므로 부족함이 없는 삶을 살게 될 것이다. 신앙만 있으면 부모가 이 땅에서 생명을 다하고 떠난다 할지라도 염려가 되지 않을 것이다. 신앙만 있으면 여호와 하나님께서 함께 하실 것임을 경험하는 삶을 살게 될 것이다. 성경은 요셉을 삶을 이렇게 기록하고 있다.

여호와께서 요셉과 함께 하시므로 그가 형통한 자가 되어(창 39:2).

신앙교육 사명선언문

신앙교육 비전 1) 다음 세대를 준비시켜라

 부모가 잘못하면 다음 세대는 없다. 다른 세대만 있을 뿐이다. 다음 세대는 하나님을 두려워하며 경배하면서 살아가게 되지만 다른 세대는 하나님을 두려워하지 않고 살아가게 된다. 그러므로 바르게 신앙을 가르쳐서 다음 세대가 되도록 해야 한다. 최고의 유산은 다음 세대가 되게 하는 것이다. 다음 세대를 준비시키기 위해서 항상 하나님께 민감해야 한다. 하나님과 친밀해야 한다. 하나님이 부모에게 주신 사명을 다하여야 한다. 내가 이 시대의 빛과 소금이 되며 내 자녀를 다음 세대로 준비하여야 한다.
 우리는 한 세대로 왔다가 가게 될 것이다. 이 땅에서의 사명을 다하고 떠날 준비를 하면서 다음 세대를 준비시켜야 한다. 다음 세대를 하나님의 사람으로, 믿음의 사람으로 준비시키지 못하면 우리는 헛된 삶을 산 것이다.

신앙교육 비전 2) 자녀에게 교사가 되라

진정으로 아이들의 미래를 걱정한다면 부모가 가정에서 신앙을 가르치는 교사가 되어야 한다. 자녀들에게 신앙을 이야기하고 기억하게 하며 행하게 하라. 아이에게 가장 큰 영향력을 끼치는 사람이 부모요, 아이의 인성이나 성품이 형성되게 만들어주는 동인도 바로 부모이다. 한 번 뿐인 인생이다. 무엇을 위해 살 것인가? 주를 위해 살면서 자녀에게 신앙을 가르쳐서 제자 삼는 일에 최우선 순위를 두어야 한다. 위선적인 가르침이 아니라 신앙의 가치와 신념을 가진 자로서 확신 있는 가르침을 주는 교사가 되어야 한다. 부모가 자녀에게 교사가 되는 것은 가장 크고 비밀스런 일이다.

신앙교육 비전 3) 가정을 경건훈련의 장으로 만들라

가정은 가장 좋은 경건훈련의 장이다. 칼빈(Calvin)은 『기독교 강요』(*Christian Institutes*)에서 "경건이란 하나님에 대한 두려움과 그분을 향한 사랑이 하나로 결합된 상태"라고 말하고 있다. 따라서 경건이라는 것은 하나님과의 관계와 삶과의 관계를 빼놓을 수 없다. 흔히 우리는 경건훈련하면 딱딱하거나 혹은 어렵다고 생각한다. 그러나 경건훈련은 어려운 것이 아니며 딱딱한 것도 아니다. 그리고 경건훈련은 특별한 곳에서만 할 수 있는 프로그램으로 여기고 있다. 그러나 진정한 경건의 훈련은 가장 가깝고도 친밀한 곳인 가정에서부터 출발한다.

가정에서의 경건훈련은 거창한 것에서부터 시작하려고 해서는 안 된다. 오히려 작은 것에서부터 이루어져야 한다. 부모들이 조금만 관심을 기울인다면 훌륭한 경건의 훈련을 할 수 있다. 예를 들어, 아이들이 학교에 갈 때 축복해 주면서 꽉 껴안아 준다던가, 식사 시간에 함께 손을 잡고 기도한다든가 혹은 각자의 하루의 일과를 마무리하고 난 뒤 잠자리에 들기 전에 서로를 위해 기도해 주는 것은 가정에서의 경건훈련의 시작이 될 수 있다. TV를 보는 시간에 찬송가나 혹은 복음송이나 CCM을 듣게 한다면 그 역시 좋은 경건훈련이다. 또한 자녀들에게 성경의 말씀을 문자로 보내주거나 혹은 전화로 세상적인 격려의 말보다는 성경의 말씀으로 격려해 준다면 그들은 경건훈련을 하게 되는 것이다. 그 가운데 식사 시간은 가족 구성원이 다 같이 할 수 있는 훌륭한 경건훈련의 시간이다. 식사 전 가족이 함께 손을 잡고 기도하는 것은 자녀들에게 매우 흥미로운 일이 될 것이며 그들의 인생 스토리에 경건훈련의 장으로 기억되게 될 것이다.

그러므로 가정의 경건훈련은 자녀를 건강하게 하며 강하게 만들어 준다. 이렇게 가정에서 경건훈련이 이루어지게 되면 기막힌 현상들이 일어난다. 첫째, 하나님의 임재이다. 삶에서 하나님이 나와 함께 하심을 체험하게 되고, 나에게 향하신 하나님의 뜻을 발견하게 된다. 둘째, 가정의 공동체 의식이다. 하나님과 나와의 관계에서 나와 부모, 형제로의 관계가 순종과 섬김으로 나타나게 된다. 셋째, 자아존중감이다. 자녀들의 자아가 그리스도안에서 형성되며 비전으로 나타나게 된다.

육체의 연습은 약간의 유익이 있으나 경건은 범사에 유익하니 금생과 내생에 약속이 있느니라(딤전 4:8).

가정에 있는 경건훈련은 부모와 자녀와의 관계를 사랑으로 묶어주며 자녀에게 분명한 신앙인으로서의 삶을 살게 해준다.

신앙교육 비전 4) 자녀의 거울이 되는 부모가 되라

부모는 자녀의 거울이다. 자녀는 부모를 보면서 자라게 된다. 옷 입는 것, 밥 먹는 것, 앉아 있고 걷는 모습, 말하는 것, 심지어 취미까지 닮는다. 그래서 부모된 것이 힘이 든다. 그러나 부모는 세상에서 가장 아름다운 사명자이다. 이것보다 고귀한 일은 없다. 부모는 이 사명을 위해 존재하며, 자녀의 바른 삶의 거울이 되기 위해 몸부림을 쳐야 한다. 자녀들은 자신의 생활을 위해 삶의 점검표를 만들어서 스스로 노력한다. 마찬가지로 부모들도 자녀들을 위해 생활 점검표를 만들어서 스스로 점검하고 자녀들의 거울이 되도록 노력해야 한다.

부모라고 해서 자녀들 앞에서 자기 마음대로 하라는 법은 없다. 기도하기, 청소하기, 성경읽기, 자녀들과 놀아주기, 문자 보내기 등, 조금은 어색하고 어떻게 해야 할까 하는 고민이 된다. 그러나 내가 할 수 있는 작은 것에서부터 마음에서 우러나오는 기도와 문자를 보내다 보면 어느 새 내가 거울이 되고 있음을 경험하게 될 것이다. 예를 들어, 자녀를 위해 기도한다는 것이 처음에는 산만하고 때로는 힘들게 느껴지지만 내 마음을 다스리고 하나님 앞에 초점을 맞추게 되면 잘하게 될 것이다. 우선적으로 자녀를 위해 기도해 주는 자신이 분노나 혹은 다른 근심으로부터 영적 조명을 받게 되기 때문에 날마다 영적으로 건강하게 될 것이다. 그리고 그 기도를 받는 자녀는 아버지의 축복을 받으면서 성장하게 되므로 영적 자양분을 공급받으므로 그 무엇보다도 인생의 귀한 것을 경험하게 된다. 이런 모습은 돈으로도 환산할 수 없는 엄청난 보물이 될 것임에 틀림없다.

신앙교육 비전 5) 신앙으로 명품 가정을 세워라

버버리, 팬디, 구찌, 프라다, 샤넬, 페레가모, 아르마니, 루이비통 등 누구나 갖고 싶어하는 제품의 상호들이다. 사람들은 이들을 가리켜 명품이라 한다. 이 상품들의 공통점은 투철한 장인정신으로 대를 이어왔다는 것이다. 그래서 명품하면 좋은 물건, 혼이 담긴 물건을 연상케 된다. 사전적 의미로는 사물 자체가 자기 스스로에게 부여하는 가치이자, 실질적인 사용가치를 웃도는 아우라(Aura)를 지닌 물건을 일컫는다고 한다. 그래서 명품의 가치는 부르는 것이 값이다. 아주 고가이다. 손수건 하나에 몇십만 원 머플러 하나에 몇백만 원하니 우리 같은 서민은 평생 이런 명품을 만져 보기만 해도 가슴이 뛴다. 보기만 해도 소유하고 싶은 욕구를 자극한다. 그래서 명품에는 꼭 짝퉁이 존재한다. 명품은 사용하여도 변형이 적고, 쓸수록 그 기품이 뛰어나며 다음 세대에 물려주어도 자랑스러워 할 수 있지만 짝퉁은 쉽게 변질하고 부끄러워하게 된다.

그런데 가정도 명품 가정이 있고 짝퉁 가정이 있다면 지나친 비약일까? 투철한 신앙심으로 뭉쳐진 가정, 가정의 아픔이나 고통 그리고 슬픔이 있어도 신앙이 변함이 없고, 다음 세대에 물려줄수록 그 가치를 존중하고 선조들의 신앙을 자랑스러워하는 가정, 그것이 명품 가정이 아닐까? 반대로 짝퉁 가정은 구성원이 나뉘어져 있고, 신앙이 상황에 따라 춤추고 세상의 가치관에 쉽게 물들고 다음 세대의 신앙을 준비하지 못하는 가정일 것이다. 지금 우리들 주변에는 짝퉁 가정이 너무나 많다. 그리스도인의 가정이 명품 가정이 되었으면 한다. 신앙의 가치가 살아있고, 믿음이 이어가면 갈수록 그 깊이와 은혜가 베어나오는 가정이 되어야 한다.

참고도서

국내서

강정구. 『현대 학습심리학』. 서울: 문음사. 1996.
강준민. 『나를 위로하시는 하나님』. 서울: 두란노. 2009.
공병호. 『습관은 배신하지 않는다』. 서울: 21세기 북스. 2011.
박성창. 『수사학』. 서울: 문학과 지성사. 2000.
박원호. 『신앙의 발달과 기독교교육』. 서울: 장로회신학대학교출판부. 1996.
변순복. 『유태인 교육법』. 서울: 대서. 2008.
손경구. 『습관과 영적 성숙』. 서울: 두란노. 2002.
손석한. 『헬리콥터 부모는 방향을 틀어라』. 서울: 넥서스주니어. 2007.
손승락. 『가정 경영 이야기, II』. 서울: 처음. 2001.
송인규. 『아는 만큼 누리는 예배』. 서울: 홍성사. 2003.
양승훈. 『기독교적 세계관』. 서울: CUP. 1999.
이기복. 『성경적 부모교실』. 서울: 두란노. 2005.
이창호. 『자녀와 소통하는 부모 상위 1%를 만든다』. 서울:해피앤북스. 2011.
이철승. 『교회교육의 회복』. 서울: CLC. 2011.
이철우. 『열린 가슴으로 소통하라』. 서울: 더난출판사. 2009.
정정숙. 『기독교교육학』. 서울: 도서출판 베다니. 1997.
─────. 『인간발달과 상담(I)』. 서울: 도서출판 베다니. 2006.
─────. 『성경이 가르치는 자녀교육』. 서울: 도서출판 베다니. 2010.

주서택. 『결혼 전에 치유 받아야 할 상처와 아픔들』. 서울: 순출판사. 2001.
하지현. 『소통의 기술』. 서울: 미루나무. 2007.

번역서

노오만 디 종. 『진리에 기초를 둔 교육』. 신청기 역. 서울: 생명의 말씀사. 1985.
다고 아키라. 『심리학 콘서트 #1, 2』. 장하영 역. 서울: 스타북스. 2006.
데이빗 A 씨맨즈. 『상한 감정의 치유』. 송헌복 역. 서울: 두란노 서원. 1986.
롤란트 안트홀저. 『심리치료와 성경적 상담』. 이혜란 역. 서울: CLP. 2005.
로렌스 리차드. 『창조적인 성서교수법』. 권혁봉 역. 서울: 생명의 말씀사. 1972.
로이 B. 주크. 『예수님의 티칭 스타일』. 송원준 역. 서울: 디모데. 2000.
마이크 플린 & 더그 그레그. 『내적치유와 영적성숙』. 오정현 역. 서울: IVP. 1995.
마크 드브리스. 청소년 사역, 『이젠 가정이다』. 오화선 역. 서울: 성서유니온선교회. 2001.
소더홀름. 『어린이 양육은 이렇게 하라』. 서울: 파이디온 선교회. 1990.
스토미 오마샨. 『자식의 장래는 부모의 무릎에 달려 있다』. 이영란 역. 서울: 나침반. 1997.
스티븐 그레이브스 & 토머스 애딩턴. 『최고의 리더 예수의 영향력을 배워라』. 정성묵 역. 서울: 예문. 2003.
아멘드 M. 니콜라이. 『루이스 vs 프로이드』. 홍승기 역. 서울: 홍성사. 2004.
아치볼드 하트. 『참을 수 없는 중독』. 온누리 회복사역본부 역. 서울: 두란노. 2005.
알리스터 맥그래스·조애나 맥그래스. 『자존감』. 윤종석 역. 서울: IVP. 2003.
에밀리 반스. 『행복한 가정 만들기』. 최규선 역. 서울: 크레도. 1999.
엘리스 채핀. 『우리 아이의 믿음이 자랄 때까지』. 정영선 역. 서울: 두란노. 1991.
웬디 모겔. 『내 아이 그만하면 충분하다』. 안승철 역. 서울: 궁리. 2008.

월터 챈트리. 『사라진 복음』. 정득실 역. 서울: 엠마오. 1993.
유진 피터슨. 『다윗 현실에 뿌리 박은 영성』. 이종태 역. 서울: IVP. 2011.
제임스 돕슨. 『격동의 십대들』. 오연희 역. 서울: 두란노. 1992.
존 드레셔. 『어린이가 꼭 필요로 하는 일곱 가지』. 김인화 역. 서울: 생명의 말씀사. 1994.
존 드레셔. 『믿음을 심는 자녀교육』. 김성웅 역. 서울: 생명의 말씀사. 2000.
조지 바나. 『비전 있는 지도자 비전 있는 사역』. 곽춘희 역. 서울: 죠이선교회. 1993.
존 H. 웨스트호프. 『교회의 신앙교육』. 정웅섭 역. 서울: 대한기독교교육협회. 1983.
조앤 로이드 게스트. 『자존감』. 서울: 한국기독학생부출판부. 2011.
폴라 샌포드. 『상처받은 여인들』. 손상영 역. 서울: 요단출판사. 1995.
폴 트립. 『위기의 십대, 기회의 십대』. 황규명 역. 서울: 도서출판 디모데. 2004.
토니 던지. 『사람의 가치를 끌어올리는 멘토 리더십』. 김진선 역. 서울: 토기장이. 2011.
테드 워드. 『자녀교육을 깨운다』. 김희자 역. 서울: 두란노서원. 1989.
캘빈 S 홀. 『프로이트 심리학 입문』. 황문수 역. 서울: 범우사. 1977.
페닝톤 C. 차티어 M. R.. 『말씀의 커뮤니케이션』. 정장복 역. 서울: 대한기독교서회. 1990.
후안 까를로스 오르띠즈. 『주님과 동행하십니까』. 김병국 역. 서울: 도서출판 바울. 1990.
헤르만 호온. 『예수님의 교육방법론』. 박영호 역. 서울: 기독교문서선교회. 1980.

외국서

James Stalker. *The Life of Jesus Christ*. New York: American Tract Society. 1909.
Allport, G W. *Pattern and Growth in Personality*. New York: Holt, Rinehart &

Winston. 1961.

Diana R. Garland. *Family Ministry*. Illinois: Inter Varsity Press. 1999.

Haystead Wes. *Teaching Your Child About God*. California: Regal Books. 1974.

Ira J. Gordon. *Human Development a Transactional Perspective*. New York: Haper & Row, Publishers. 1975.

Jay lesler & Paul Woods. *Energizing Your Teenager's Faith*. Colorado: Family Tree. 1990.

Lawrence O. Richards. *Youth Ministry*. Michigan: Zondervan Publishing House. 1985.

Mike Phillips. *Building Respect, Responsibility & Spiritual Values in Your Child*. Minnesota: Bethany House Publishers. 1981.

Nicholas Wolterstorff. *Educating for Responsible Action*. Grand Rapids: Eerdmans. 1980.

Robert W. Pazmino. *God Our Teacher*. Michigan: Baker Academic. 2001.

──────────. By *What Authority Do We Teach?* Michigan: Baker Books. 1994.

Victor Hoag. *It's Fun to Teach*. New York: Morehouse-Gorham Co. 1951.

William R. Yount. *Created to Learn*. Tennessee: Broadman & Holman. 1996.

http://news.chosun.com/site/data/html_dir/2012/01/02/2012010200128.html

http://news.chosun.com/site/data/html_dir/2012/01/12/2012011200078.html?news_topR

http://news.chosun.com/site/data/html_dir/2012/01/11/2012011101899.html

부모의 신앙고백하기

자녀의 신앙고백하기

내 아이, 신앙이면 충분하다 MY CHILD, FAITH IS ALL HE NEEDS

2012년 10월 30일 초판 발행

지은이 이철승

펴낸곳 사)기독교문서선교회
등 록 제16-25호(1980. 1. 18)
주 소 서울시 서초구 방배3동 983-2
전 화 02) 586-8761~3(본사) 031) 942-8761(영업부)
팩 스 02) 523-0131(본사) 031) 942-8763(영업부)
www.clcbook.com
clckor@gmail.com
온라인 기업은행 073-000308-04-020, 국민은행 043-01-0379-646
예금주: 사)기독교문서선교회

ISBN 978-89-341-1236-5 (03230)

낙장·파본은 교환해 드립니다.